Ein Jahr Wochenblatt

Uwe Kraus

ISBN: 9783753464206

Herstellung und Verlag: BoD – Books on Demand, Norderstedt

© **Uwe Kraus**

Lektorart: Axel C. Englert

2020/2021

Buchbesprechung: Nelly Sachs, Gedichte

Nelly Sachs war eine deutsche Lyrikerin, 1891 geboren, die als Jüdin 1966 den Nobelpreis quasi im „Exil" für Schweden gewann. Im letzten Jahr war ihr großer Gedenktag, da sie am 12. Mai 1970, vor 50 Jahren, starb. Sie hatte eine enge Freundschaft zu Celan, und am Tag seiner Beerdigung in Paris, im Jahr 1970, verstarb sie in Stockholm. Sie schrieb sphärische, biblische Verse, die sich durch einen sehr ernsten, hohen Ton auszeichnen. Stark beschäftigte sie der Holocaust, die Verfolgung, und auch vor allen Dingen die Natur, die sie in Blumenbildern und schweren bildmächtigen Szenerien dazu nutzt, den Tod der Menschen zu verstecken, um etwas Grausames in sehr schönen Worten zu sagen. Erst muss ich erwähnen, dass ich mir weit mehr davon versprochen hatte sie zu lesen, wohl weil ich nicht richtig las! Ich vermisste einen anderen Tonfall. Ich dachte, sie würde weitaus härtere Dinge sagen. Eigentlich gehört sie in die Riege der großen Dichter der Nachkriegszeit, sowie natürlich auch schon zu den Exilliteraten, bestimmt auch Weltliteraten ... Ihr erstes Buch erschien bereits 1921, mit Unterstützung von Stefan Zweig. Celan war jünger als sie, auch Bachmann, aber ich finde, man muss sie alle drei lesen, zudem Hilde Domin oder Rose Ausländer, um zu empfinden, was Nachkriegslyrik und erlebtes Leid bedeuten. Berührend finde ich zum Beispiel diese Stelle aus dem Buch der Sammlung ihrer Gedichte:

Chor der Tröster
Gärtner sind wir, blumenlos gewordene
Kein Heilkraut läßt sich pflanzen
Von Gestern nach Morgen
Der Salbei hat abgeblüht in den Wiegen –
Rosmarin seinen Duft im Angesicht der neuen Toten verloren –

Ein sehr genaues Bild, fast expressionistisch, unheimlich, gefühlvoll, die Menschen als Gärtner zu bezeichnen, die nicht mehr pflanzen können, kein Kraut ist dem Faschismus gewachsen. Wie ein Bild eines Feldes, auf dem der Salbei und Rosmarin vergehen, eventuell ein Grabplatz oder Schlachtfeld wird hier zu Metaphern … Wie wird das Gedicht enden? Wird es versöhnlich? Oder wird es noch sphärischer? Noch trauriger?

Ich verrate es nicht. Wer Einblick in die Lyrik von Nelly Sachs bekommen möchte, dem empfehle ich:

Nelly Sachs – „Die Gedichte" – Bibliothek Suhrkamp, No. 549, mit einem Nachwort von Hilde Domin.

Das Buch kostet: 14 €.

Betze, Part 1

So, hier ein altbekannter Rückblick. Die Frage ist, wie es jetzt weitergeht. Wir wollen alle keinen Abstieg in die Regionalliga. Es ist der zweite Spieltag in der Rückrunde. Man hat noch Zeit und kann noch da unten raus. Die Frage ist, ob wir mit den Führungsleuten die richtigen haben. Und ob Saibene wirklich der richtige Mann ist. Hier möchte ich auch für die aktuellen Spieler zeigen, was uns Fans oder mir der Verein bedeutet:

Das goldene Jahrzehnt des FCK in den 90ern

Als ich zur Welt kam, war es der dritte Platz, den der FCK in der laufenden Saison belegte. Es war die erste Amtszeit von Feldkamp … Ich erinnere mich selbst erstmalig an das WM-Finale 1986, in dem man in grünen Trikots in sengender Hitze nach einem 0 : 2 das 2 : 2 erreichte und unglücklich 2 : 3 gegen Argentinien verlor. Mein Leben ist mit dem Fußball verwurzelt … Mein Bruder sah fast jedes Spiel der Lautrer innerhalb der letzten dreißig Jahre. Er wurde vom 7 : 4 gegen die Bayern geprägt und hängte sein ganzes Geld in den FCK. 1990 begann meine wirkliche Leidenschaft für den Fußball … Das erste Spiel bei der WM in Italien, gegen Jugoslawien, dann das starke Spiel gegen die Niederlande ... Auch der

Triumph von Rom ... Man musste einfach Fußballfan sein.
Vor der WM 1990 wäre der Betze beinahe abgestiegen, er
rettete sich durch Feldkamp auf den 12. Tabellenplatz. Dann
kam der Pokalsieg gegen Bremen! Es begann ein
Fußballjahrzehnt, die goldenen 90er des EFCEKA. Im ersten
Spiel in Hamburg 1990 gewann der FCK klar, und ich
beschwor, dass der Betze Meister würde. Mein Bruder glaubte
es nicht! Es war ein Wunder, das den FCK aufblühen ließ, der
Hexenkessel von Kaiserslautern ... Die Bayern glaubten
wirklich, sie wären besser und waren hochmütig!
Ich war das erste Mal in dieser Saison gegen Köln auf einem
Heimspiel ... Danach in dieser Saison gegen Bayer Uerdingen
... Es waren wunderbare Momente...
Man spielte gegen Barcelona, Genua, später dann gegen
Glasgow, Tottenham, auch Belgrad und auch gegen
Eindhoven, Ajax usw.
Es waren Fußballfeste ...
Das wichtigste Spiel war meiner Empfindung nach, als der
FCK im Pokal Dortmund bezwang ... Ich konnte nach diesem
Spiel nicht mehr sprechen ...
Es gab so wichtige Spiele ... das 4 : 0 gegen Bayern usw.
Jetzt ist der Betze drittklassig, aber es geht wieder bergab ...
Man kämpft sich nicht ins Spiel ... Erst wollte ich mich vom
Fußball abwenden, da es so viel negative Serien und
Niederlagen gab ... Aber man sollte kein Erfolgsfan sein. Man
leidet mit seiner Mannschaft.
Ich denke, die Mannschaft hätte Potential ... Auch wenn man
das fast nicht mehr glauben will ...
Man braucht den FCK, auch in oberen Ligen.... Deswegen:
Wacht auf und kämpft, rennt und spielt!

Uwe Kraus

Einweg, der Weg zum Leergut

Warum überall Plastik, Saftflaschen, Kaffeedosen, die kein Pfand kosten und dann wieder Dosen, die 25 Cent kosten, obwohl der Inhalt noch nicht mal so viel wert ist ... Trittin hatte das Dosenpfand eingeführt, trotzdem werden seit dem Gesetz immer noch Sixpacks angeboten, die zerstört werden und eingeschmolzen werden oder auf eine Lagerstätte gebracht werden ... Warum ... Cola kann man auch so wie das Bier in kleineren Packungen anbieten! Vor allem die Discounter bieten nur Einweg an ... auch das Flaschensammeln ist ein Zeugnis davon, dass immer mehr weggeschmissen wird ... Früher sah man im Wald am Wegrand überall Müll. Das ist aber jetzt ebenfalls eingedämmt ... Das Rauchen mit einem Plastikfilter sollte sofort eingedämmt werden, nicht besteuert ... Plastik zu rauchen ist wahrscheinlich giftiger als Kohlenmonoxid! Was mich in diesem Zusammenhang zudem interessieren würde: Warum man die Rauchentwöhnung nicht mehr unterstützt, man lässt aber E-Zigaretten zu, die genauso gefährlich sind und auch Krebs erzeugen können ... Die EU, hat mal in der Zeitung gestanden, gibt 700 Milliarden für Tabakanbau aus ... und einen geringen Teil zur Antitabakwerbung! Warum ... Ich würde eher andersherum entscheiden... Man kann z. B. mit Nikotinkaugummis aufhören ... habe ich selbst geschafft ... aber die gibt es nicht auf Rezept ... die Liquids werden auch bald besteuert ... Und was bleibt? Plastikmüll! Man versteht nicht, warum die Umwelt und der Mensch selbst schikaniert werden ... Im Hambacher Forst wurde abgeholzt, dann Stuttgart 21 ... wohin will die Industrie, und wer von den Nachkommen macht noch etwas anderes als die, die sich Mühe geben, auszunutzen? Man sagt, es werden immer weniger Raucher ... aber wie viele 16-Jährige rauchen schon Shisha mit lebensmittelechtem Geschmack und Konsistenz!

Plastik: Die Industrie steuert das Debakel, die Werbung den Hunger – da die Politik gerne Geld macht, verschiebt sie wichtige Entscheidungen – und lässt zu, dass der Mensch sich selbst zerstört ... und bspw. weiter Sixpacks kauft, anstatt dass man zurück zur Natur kehrt.

Das Gedicht sagt: Lasst Euch impfen, hört auf zu leugnen und protestieren, wir wollen alle da wieder raus!

Liebe Grüße, Uwe Kraus

was?

was bleibt
wenn die tage länger werden
die nächte kürzer
der sonnenschein tiefer?
was wenn die sommer beginnen
die masken uns zwingen
zuhause zu bleiben
keine zeit am strand zu verweilen
wenn immer noch tod und verderb uns drohen
kampf und tod nicht verschonen
wenn licht zu schatten wird
und unsere erde knirscht
dann werden wir wissen
mit bestem gewissen
dass wir nie mehr vermehren
den spuk dieser lehren
waren faul und satt
und die welt schachmatt
mit diesem gedeih
nie mehr einerlei
wird es ein krieg im stillen
ohne die waffe nur sein
auch wenn wir wollen stein auf bein
tun wir uns killen
mit unserem freien willen
dem der impflicht so ist
du dein eigener kranker bist
ganz egal wer der krankheits kern
wir haben gelernt bleibt die wahrheit so fern ...

Lyrik-Reformation ... oder wie schreibt man ein Gedicht

Was gab es für Dichter, die nennenswert die Poesie zum Leben brachten. Von Otfrid von Weißenburg über Hildegard von Bingen, dem scholastischen, althochdeutschen Minnesang, den metaphysischen Dichtern, der Wiedergeburt der Renaissance, bis hin zur Postmoderne. Romantische Geniegedanken, Sturm und Drang, ja die Aufklärung, all das ist Lyrik! Novalis und Schlegel forderten die Unendlichkeit, den hohen Schein. Was wurde daraus: Postmoderne, Spitzen, bis zu Überspitztem. Philosophisch gesehen ist, meiner Meinung nach, die Poesie, Freiheit und Schönheit, die apollinische Kraft, die geführt wird durch einen dionysischen Pol, der das Herz erweckt, den Seelenspiegel offenlegt und zur Verbesserung unseres Dichterdaseins führt! Was ist heute Lyrik?
Von der Gruppe 47 und der damaligen Art der Poesie lässt uns Enzensberger schön erkennen, dass ein Gedicht etwas ist, was wir verstehen sollten! Celan schrieb seine Seele rein, bis ihn der dunkle Fleck zum Selbstmord trieb. Ingeborg Bachmann ließ uns träumen von der verladenen Fracht! In der Antike gab es Sophokles, Archilochos, Thales, Anaximander von Milet, die die Poesie und die Darstellung der Kunst forderten. Cicero, der Philosoph, aber auch Aristoteles schätzten den Reim ... Shakespeare und viele andere, wie der Schreiber der „Blumen des Bösen", ja Goethe und Hölderlin, sie lebten für das geschriebene Wort. Jetzt zum Anliegen meines Textes: Welcher moderne Dichter hat noch die erzählende, poetische Kraft, die ursprünglich ein Gedicht hatte? Mir geht es um eine Reformation der Lyrik!
Heute gibt es viele Dichter, die sich überschlagen vor Fremdworten und Wortstafetten, die uns nicht mehr erfreuen, die uns eher traurig und rational machen ...
Schöne Lyrik ist das nicht!
Es wäre so schön, wenn die Lyrik wieder mehr Sinn bekäme! Heutzutage findet sich kein unendlicher Schein in den Poemen. Es wird nur noch auf Gehör geachtet ... Was ist das Gedicht in meinen Augen: Ein Gedicht sollte erzählen oder beschreiben ... es ist eine kurze Traumsequenz für den Leser. Jedes Gedicht ist ein eigener Trip. Es kann ausholend und

lakonisch, aber auch pathetisch und pathisch sein.
Bitte schreibt wieder Lyrik – sonst braucht man das nicht.

Liebe Grüße, Uwe Kraus

Liebe Leute aus KL und Kreis.

Ich möchte euch auf meinen LICHTpunkt aufmerksam machen und würde mich freuen, wenn ich Mitstreiter finden würde.

LICHTpunkt ist ein kleiner Blog bei Facebook, bei dem ich bis dato eigene politische Dinge, Leserbriefe, politische Gedichte und Feuilletonartikel teilte.
Nun bitte ich junge Autoren, Politikinteressierte, mir zu helfen.
Erst mal solltet Ihr euch das anschauen.
Hier ist der Link: LICHTpunkt
Ich suche ähnlich wie das Wochenblatt junge Autoren, die über Dinge schreiben möchten. Vielleicht kennt ihr Politik und Zeitgeschehen im Internet. Und das möchte ich aus meinem LICHTpunkt machen: Einen riesigen Anlaufpunkt für junge Menschen. Am liebsten aus dieser Region.
Ich kann keine Tantiemen oder Margen zahlen, einzig möchte ich Texte erstellen, mit anderen ... Ich werde nichts Rechtsradikales veröffentlichen ... Es dürfen auch eure Wochenblattartikel sein, die Ihr teilt. Ich gebe ja auch den Fliegenpilz heraus. Vielleicht wollt Ihr ein gelesenes Buch rezensieren oder über ein Konzert schreiben ... Ein paar Leute wollen schon schreiben.

Ich bin für vieles offen. Bitte nur ernsthafte Zuschriften:
uwekrauslyrik@gmx.de

Vielen Dank,

euer Uwe, Kulturinteressent

Tagebucheintrag No. 2

Die Frage nach dem Wohin ist die Antwort zur Frage: Wo geht der Weg hin? Ich verständige mich in Gebärden und ziehe eine Grimasse nach der anderen, es wird Fasching ... an Fasching werden nur Verrückte geboren, schrieb Günter Grass in seiner Blechtrommel, als Oskar Matzerath das Licht der Welt erblickte ... warum wurde ich wohl vom lieben Herrgott in diese Zeit geplant. Er vermacht mir ein Wesen der Ungenauigkeit, und doch, der Ehrgeiz sollte glaubwürdig darstellen, worum es in meinem Leben geht ... Manchmal überkommt es mich und ich muss schreiben, manchmal verfällt man in Skizzen und zeichnet millimetergenaue Betrachtungen, die man auch musikalisch oder zeichnerisch bündeln könnte ... Warum sollte man sich multiplizieren, wenn auch? Ich hatte die Hoffnung, vom Schreiben zu leben, mich in ein Leben zu verfassen, das Licht bringt. Nunmehr bleibe ich Fahrzeuglackierer und werde keine gebundenen Werke zur Seite legen, denn man muss wissen, für wen man schreibt! Schreibt man für die große Bühne, die die Welt erläutert oder erschauert, oder schreibt man für Freunde und Kollegen, die mittlerweile einen Überdruss von sämtlicher Literatur verwalten ... Ich werde mich davor hüten, eine weitere ISBN-Nummer zu erstellen, denn wer kauft, verkauft, wer gibt und nimmt ... Einzig das Ziel, Bücher zu machen, die sich nicht rechnen würden, bleibt hinter vier Quartalen eines Jahres stehen ... Lest mich hier, das genügt ... liebe Welt, bis bald!

© Uwe Kraus

11

Tagebuch No. 6

Es folgt. Der Weg, der nach Thule führt, die Erinnerung an alte
Fahrten und Fährten ... wie hieß es: „Allzeit bereit" oder „Der
Große schützt den Kleinen" und die musischen Stunden am
Lagerfeuer. War ich Pfadfinder, Fremder, in mir, doch ich finde
Wege, die mit Wegzeichen den Pfad benennen ... Einst wie
Mowgli geführt in der Meutenstunde, dann der rabiate Kampf
um die Nutella im Morgengrauen .. Was gibt es Besseres, als
an eine Fahne zu glauben, die der Romantik entsprang ... Der
Schwur der Treue, immer alles recht und nicht schlecht zu
machen ... Ich erinnere mich an mein zweites Lager: Mein
Cousin Michael hatte so Angst und ich wollte ihn beruhigen...
Er hatte Heimweh, wir beide waren 8 Jahre alt und befanden
uns auf dem Umweltlager des Landesverbandes. Irgendwie
überstanden wir den Dauerregen ... Immer noch, nach 30
Jahren, vermülle ich keine Umwelt und helfe dem, dem man
helfen sollte. Ich vergesse nie den Klang der Gitarren am
Abend ... „Denn wer nie den roten Wein ausschenkt und nie
an seine Freunde denkt" ... Ich werde immer derselbe
bleiben ...

© Uwe Kraus

„Gut Pfad"

Zur Wahl 2017 ... immer noch gültig!

Tagebuch No. 3

Verhält sich das Verhalten, und ist wahllos, so wie die
Regierungsbildung in nahbarer Zeitrechnung? Kommt die
Groko, die uns stocken lässt, da wieder gegen die Opposition
die Furcht geschürt wird ...
Ich bin einfach, koaliere vegetatives und zentrales
nervenaufreibendes Zentrales und Dispositioniertes ... kann

man leben, ohne auf die Krücken der Weltachse zu treten? Ich habe gewählt, ja, und meine Idee verfestigte sich nicht ... ich hielt mich an die Jamaika Voraussetzung, dass für alle Dinge gleichberechtigterweise etwas getan wird ... Eigentlich müsste jeder Politiker dasselbe wollen: Arbeit für alle, Infrastruktur, gute Bildung für Jedermann und Frau, Steuererleichterungen für Wenigverdiener ... man müsste die Großen mehr zur Kasse bitten ... Sozialschmarotzern den Schneid abkaufen, die Natur fördern, die Umwelt entlasten, in der Industrie weniger Müll und Zerstörung des biologischen Lebensraumes fordern ... auch für einzelne große Umweltbelastungen neue Wege finden, investieren in Forschung und neuen Energieressourcen ...

Auch was Merkel ursprünglich mit dem Marshallplan für Afrika wollte, ist nicht falsch, solange die, die arm sind, etwas davon haben, nicht die oben stehenden Politiker ...

Ist das so schwer? Eine Kinder-Überraschung mit vielen Geheimnissen, die es zu lösen gilt, wenn nicht jetzt, dann in naher Zukunft ... auch die Diskriminierung und die Verbrechen sollten gerügt werden, die Flüchtlingsfrage geklärt werden ...

Warum ziehen die Politiker nicht an einem Strang, weiß doch jeder, dass wir ein gemeinsames Ziel haben – Wohlstand für alle und Freiheit, Gleichheit, Brüderlichkeit ... wäre ich in der Politik, würde ich mir nicht einfach Diäten erhöhen, sondern eher das Gegenteil ... Wir haben in diesem Land viele Menschen, die auch berechtigt sind, dass es ihnen gut geht!

Heute fuhr ein Bus der Stadtwerke vor mir her, auf diesem stand, dass über 11000 Menschen im Landkreis nicht mal richtig lesen und schreiben können, das ist traurig, aber etwas, das verändert gehört ...

Liebe Grüße, liebe Welt, bis demnächst ...

© Uwe Kraus, den 01.02.2018

Über DSDS

Jeden Samstag heißt es in deutschen Wohnzimmern „Deutschland sucht den Superstar" ... Ich fordere im Gegenzug vom deutschen Fernsehen, das ohne 10-minütige Werbepause auskommt, eine Show mit wirklich begabten Bands.
Wie viele können eigentlich keine Noten lesen und trällern nur einigermaßen nach, was das Radio hergibt. Überhaupt gibt es meist nur noch das Ziel für junge Menschen, da mitzumachen und sich so den harten Weg durch Schule und Ausbildung zu sparen. Junge Menschen, die jedes Jahr darauf fiebern Musikstar zu werden, können sich gar nicht vorstellen, wie schwer ein musikalisches Studium ist. Keiner kann Noten lesen oder ein Instrument spielen!
Früher, in den 60ern, hatten z. B. die Organisten der Bands wie „Renaissance" wenigstens oder sogar eine Kantorenausbildung! Die konnten wirklich mit Instrumenten umgehen. Zudem wurde richtig programmiert. Auch in der Barockmusik oder in der klassischen Musik würden sich Wagner oder Bach im Grabe drehen, weil der junge Mensch sich nur noch aufs Singen konzentriert, ohne jegliches Talent, und damit z. B. bei Youtube eine Menge Follower hat.
Im Musikkonservatorium sieht es anders aus. Hier werden Noten gelernt. Was mich auch irritiert, wie Bohlen das alles weiß, da er selbst überhaupt nicht singen kann ... Seine Musik war bearbeitet, genauso wie die Auftritte in den Mottoshows, sowie in den Castings. Man merkt total, wie der Zuschauer verarscht wird. Mal ist Hall in der Stimme, mal nicht! Übrigens müsste man das nicht aus der Konserve holen. Die Castings sind im letzten Sommer abgedreht worden!
Ich erhebe Einspruch und fordere, es sollte bloß noch live sein, dies Casting. So sieht man wirklich, ob gesungen oder getrickst wird.
Zurück zum Band Contest. Man könnte so etwas mal ohne Werbung mit Bands probieren! Mittlerweile kommt nach zwei Sängern in RTL Werbung ... Bei Bands ist die Voraussetzung, dass man Instrumente spielen muss, Noten lesen und auch selbst komponieren und mischen ... Das kann kein Superstar.

Es muss eine Antwort der Öffentlich-Rechtlichen her!
Wer singen lernen will, kann sich bei Herrn Kronibus von der
Emmerich-Smola-Schule melden. Er hat Gesang studiert und
vermittelt sehr gut. Ich pausiere zur Zeit, wegen des
Lockdowns, aber es ist auch online möglich zu lernen. Es gibt
nichts Schöneres als selbst zu musizieren ...

Viel Spaß!

Künstler der Stadt

Die Untiere – ein Rückblick.

Vor ein paar Tagen kam der Rückblick des vergangenen
Jahres, der „Untiere" um Wolfgang Marschall und Marina
Tamassy.
Es war mal etwas anderes, was ich nicht gewohnt war.
Kabarett schaute ich mir nie so gern an. Aber „Der
Scheibenwischer" oder die „Lach- und Schießgesellschaft"
machten in meiner Kindheit Laune.
Also, man konnte mich mit Bespaßung jagen. Aber dieser
Rückblick der satirischen Art fand bei mir Anklang. Außerdem
muss ich sagen, Kabarett, wie es zum Beispiel Bülent Ceylan
macht, wenn es das sein soll, geht, wie bei aller Comedy
heute, unter die Gürtellinie. Das fing bei Raab an, den ich
überhaupt nicht mochte, und geht bis heute zum Stadienfüller
Mario Barth.
Da war die „Harald Schmidt Show" was ganz anderes.
Nämlich intelligenter und so geht es mir auch bei den
„Untieren", und es wundert mich, da man fast nur idyllische
Themen und Regionalpolitik einseift, dass man davon ein
schönes Stück leben kann.
Ich hatte vor einem halben Jahr erstmals Kontakt zu
Marschall, der 1991 den Pfalzpreis zugesprochen bekam. Er
ist ein schlauer Kopf, dessen Leistung man im städtischen
Raum sicher mit einem neuen Preis würdigen könnte, z. B. mit
dem Kunstpreis der Stadt. Ich würde gerne den Untieren

diesen Preis zuordnen, kann aber nichts für deren Bewerbung tun.

Aber zurück zum Jahresrückblick. Marschall, immer sitzend wie ein Nachrichtensprecher, haute einen Gag nach dem anderen raus. Über die Vielbebauung durch regionale Baubetriebe, die nur Herr Weichel evtl. mit quasi Vetternwirtschaft speist ... Aber auch Marina Tamassy, die sehr toll singen kann, und der Gitarrist Tulius, der so parodiehaft Weichel darstellte, machte die Digitalreihe der Kultur der Stadt zu etwas ganz Besonderem.

Man kann nur hoffen, diese drei bald wieder live zu erleben. Ich bin ein neuer Fan. Und möchte wirklich der Stadt empfehlen, diese Truppe bei der Wahl des Kunstpreises zu prämieren. Ich, der ich nicht viel, über die Verfehlungen der regionalen Politik weiß, gerate ins Schmunzeln, obwohl ich normalerweise ein eher ernster Mensch bin.

Der Kanzlerinnengruß ist ebenfalls toll gelungen gewesen. Ich kann durch die vergangene Zeit nicht mehr alles genau erinnern. Aber auch der Weihnachtskalender war brillant.

Ich werde mir das auf jeden Fall richtig ansehen, wenn man wieder darf, und ich werde zusätzlich morgen in der Dirgitalkulturreihe die „Blue Notes" mit Sabrina Roth anschauen ...

Bis demnächst in diesem Theater,

euer Uwe

Über die Welt des Freitagabend

Dieses Gedicht hängte mal im Music-Club „Underground", wo ich Stammgast war ... Dann bekam ich mit dem Chef Krach, warum, weiß ich bis heute nicht. Das Gedicht beschreibt die Werbewelt 2002 und die Welt des Freitagabends ... Da war ich noch relativ fit ... Schade, dass man nicht mehr weggehen kann. Auch schade, dass ich nicht mehr tanzen kann,

aufgrund eines Tibiakopfbruches ... Ich war gerne am
Wochenende unterwegs ...

Hoffentlich kann man bald wieder ... zumindest ins „WebEnd"
würde ich gerne wieder oder mal ins „Kult" ...

Der teppich auf ...

Dem ich durch die welten düse ist aus lammwolle und mit dem
bodenstaubsauger von miele gut entstaubt und der kaffeefleck
den ich in ihn wob aus der rowentamaschine mit dem
melittakaffee ist auch noch drin da hilft kein swiffer mehr kein
viledatuch doch ich düse ja nur und drehe meine runden über
den gorbatschow-eismeeren in den promarkt und schleiche
mich wie die werbekampagnen im fernsehen in die regale
zwischen den dvd-recordern und der cd-abteilung/die neue
chili-pepper-cd die muss ich noch haben die ist original cool
und dann wieder auf den teppich doch vorher muss ich noch
einen adac-vertreter abwimmeln weil der so nervt und düse
zur nächsten lammfelltankstelle um die gasanstalt mit
sparprodukten und carazza in die taschen den rangerssnack/
schluss jetzt ziehts mich heim zum dichten aufm aldicomputer
und mit word 97 das ich nicht gegen das von 2002 tausche
und die festplatte die darf nicht abstürzen weil dann verlier ich
mein gesamtwerk 1100 seiten dichtung aber eigentlich hab ich
noch 'n paar auszüge vom tip computerpapier/gott sei dank!!!
Nach dem dichten dann muss ich noch 'n paar tassen kaffee
trinken 'n valbriebrötchen (camembert) und dann hau ich mir
nachdem ich die gillette-rasur vollzog das chiemsee
aftershave in die mit niveagesichtspflege bearbeiteten
porentiefreinen gesichtspartikel.
Jetzt noch bac denn mit dem duft kann ja einem alles
passieren und ab geht die post zum MUSIC CLUB
UNDERGROUND in kl wo ich dann noch etwas schwelgerisch
die flaschen streichel und bei music von depeche mode das
tanzbein schwinge! ...

Uwe Kraus, Kaiserslautern, den 03.08.02

Über Depressionen

Diesen Text schrieb ich, um jemandem zu helfen, der sich nicht helfen lassen wollte. Derjenige war depressiv. Er wollte nichts für sich selbst tun. Mittlerweile, durch den Lockdown und die aufbegehrende Einsamkeit, geht es mir wie diesem Menschen. Also, wenn jemand depressiv ist, bitte Hilfe suchen, sich beschäftigen, gegen die Antriebslosigkeit etwas machen. Mal zusammen was spielen, spazieren gehen. Der Lockdown macht uns irgendwo alle einsam. Bitte lasst euch nicht hängen. Probiert positiv zu sein. Ich selbst merke jetzt, wie wichtig Kontakte und Abwechslung sind. Bleibt tapfer und nicht launisch. Dieser Text ist entstanden, als es mir unheimlich gut ging. Menschen brauchen Kontakte. Wir alle brauchen einander. Bitte helft einander und seid füreinander da ...

LG Uwe Kraus

Therapie oder wo geht's lang?

Es gibt Menschen, die sehen ihre Fähigkeiten nicht mehr, können sich noch nicht mal selbst leiden, nehmen keine Hilfe an. Wann wird man depressiv?

Wird man traurig, durch fehlende Neuronalverbindungen, da endogen die Nervenbotenstoffe nicht mehr interagieren! Nicht nur! Es ist so, dass man nicht mehr für sich selbst sorgt, anfängt sich zu hassen, da Partnerschaft, Arbeitsplatz und Familie am Kränkeln sind. Wenn mein Partner, meine Kindheit in ein schlechtes Licht gerückt werden, ist es dann nicht so, dass eigentlich auch das Umfeld daran schuld ist und man sich nicht mehr wehren möchte ... Wenn man jemanden fragt, was er zuhause macht ... z. B. Hobbys oder Freunde treffen und dann als Helfer und Beobachter sagt, schau dir bloß nicht die Decke an, geh spazieren, hat man dann etwas Böses getan? Manche wollen keine Hilfe annehmen und maulen rum. Depressiv sein kann launisch machen, und das macht mich traurig! Ich kenne viele, die ein schlechtes, vielleicht auch

psychotisches Leben hinter sich haben – mit denen kann ich
weitaus besser umgehen! Es tut mir für mich weh, wenn ich
jemand helfen will und der sich dann noch beschwert! Schade
ist das ... denn die Menschen merken dann in ein paar
Monaten doch, dass derjenige recht hatte .... Das Gute liegt
nah, wird aber verwischt durch eigene Dummheit ... so weit
der Doktor –

Uwe Kraus' Lyrische Hausapotheke

der geheimweg

für den geheimweg
ist geheim.
da kommt nie jemand hin,
da wo der geheimweg hingeht ...
viele fragen, was ist sein ziel
– ich kann es sagen, denn ich kenne ihn –

dort bei der eberesche im laternenen pfad
da geht er hin
und geht, ja
er geht zu einer pforte.
dahinter ist ein haus
im tiefen mond,
so schattig behangen
von weinreben,
und dort ist ein kobold
der darin wohnt.
er treibt die räder an,

die räder der mühle,
die in der mühle das korn mahlen ...
da ist es, wo man feiern könnte,
wenn der mond voll wird,
mit hexen und wölfen.

es ist wie im märchen.
in einem korn, das gemahlen wurde,
ist manna.
und in dem götterbrot steckt die frucht ihres leibes.

doch wollen wir nicht zu viel sagen
von der föhre und buche ...

der kobold nahm das manna an sich vor jahren im jetzt
und so wurde es sein schatz, den er nimmer gibt
und nicht nehmen kann.

er hat den elf gefangen ...

doch nunmehr muss er eine maske tragen ...

denn das manna war gift.

war speis ohne licht.

ich werde jetzt den geheimen weg wieder gehn um ihn zu
befreien,
doch er wird geimpft sein ...

gott sei dank

Uwe Kraus, 05.01.21

Hurra, der Covid der ist da.

Der Lockdown geht mir an die Nerven. Einsamer als in dieser Zeit war ich noch nie. Man ist auf Freunde angewiesen und muss leben dürfen.
Die Menschen sehnen die Normalität herbei. Ja, es ist schon fast ein Jahr, dass der Kampf gegen Corona geführt wird. Am Anfang unterschätzte man seine Ansteckungsgefahr. Jetzt muss ein Plan her, sagte Bartsch, obwohl er selbst keinen hat ... Corona-Leugner gibt es immer noch und die, die die Welt verfluchen und verschwören.
Es gab im Mittelalter die Pest. Man besiegte sie. Es muss gesagt werden, wie lange diese Spritze wirkt. Andererseits muss man auch daran denken, dass die Rohstoffe für die Impfung zu Ende gehen können. Die Kapazität des Impfens, um alle Bürger der BRD zu impfen, liegt bei über einem Jahr. Und bis dahin wirkt die Spritze bei den ersten wieder nicht mehr. Es ist ein Teufelskreis. Lauterbach, der fordert und fordert, sagt jetzt missmutig, dass die Spritze nicht vor Ansteckung hilft.
Überhaupt, wer kann krank werden, wenn er niemanden trifft. 300 Leute sterben am Tag in Deutschland am Rauchen ... Das muss man bedenken. Freizügigkeit wird von der Polizei bestraft. Es ist bitter, für die, die kleine Kinder haben und arbeiten müssen. Gestern war wieder Polizeikontrolle in KL und da denke ich, danke RLP, dass es noch keine Ausgangssperren gibt. Hierzulande, in RLP, sind 1300 Menschen gestorben ...
Es ist traurig, aber hier sind die Leute vernünftig. Ich hoffe auf ein Ende des Lockdowns und ich hoffe wie jeder auf ein Ende der Maskenpflicht.
Wenn es wirklich ein Ende gäbe, dann lasst uns das gebührend feiern ...
Und dann, mein lieber Godot, bitte keine weitere Pandemie ...

Amen

Zuallererst **Prost Neujahr** ... Hier, diese Sprüche möchte ich in diesem Jahr allen ans Herz legen. Glück auf!

1. Die Portion Gift, die du schmeckst, durch das Verbotene, sie macht, dass du dich frei fühlst, in der Lust, dich zu erlauben! – Uwe Kraus

2. Angst ist sensibel. Eine Haut, die man durchstechen muss, um frei zu atmen im Kokon, der einen schützt vor der Freiheit der Schwermut – Uwe Kraus

3. Liebe ist ein Schlüssel. Er öffnet dir die Tür zu Kammern. Wenn du ihn verloren hast, bleib in den Kammern, dort hast du Schutz vor Niedertracht! – Uwe Kraus

Vor zwanzig Jahren fing ich mit dem Schreiben an. Erst war es Hesse, dann Nietzsche, dann die große Romantik, die mich forderte zu schreiben und idealistisch zu leben. Ich schrieb ein Manifest, wie Geld nicht mehr unsere rationalen Bahnen bestimmen sollte, eine Welt aus Tausch und Kunst für Kunst zu leben, sollte es geben ... Es war meine erste richtige Essaysammlung. Es ist narzisstisch, das zu erzählen. Noch heute sehe ich nicht in der Welt das Künstlertum, eher die Traurigkeit und dunkle Welt, in der wir handeln, wie es für uns bestimmt ist. Ich bin gezwungen worden etwas zu erlernen, was mir eher missfiel. Ich wurde Maler und Lackierer, arbeitete als Autolackierer. Meine Welt waren mehr die Buchstaben ... Das Anfertigen von Bildern gefiel mir wiederum, aber ich war stärker in der Welt der Dichter zuhause. Hier will ich heute ein Neujahrsgedicht teilen, welches mit der Apokalypse streng verwurzelt ist ... Es war auch ein Anfängerwerk, aber es zeigt den Verlauf der Bibel. Am 31.12.1999 sollte laut Nostradamus der Antichrist kommen, wobei Putin an diesem Tage zum ersten Mal ins Amt gewählt wurde. Man sah das Millennium als Endzeit. Jetzt, 20 Jahre später, geht es uns immer noch einigermaßen gut?! Bis darauf, dass immer noch falsche Köpfe das Geschehen bestimmen und Corona wütet ...
Hier mein Neujahrstag, in dem all diese Gedanken vertieft sind ... Gutes neues Jahr!

neujahrstag

unter blutrotem himmel erwächst das geschick
der gezeiten der siegel der sieben verschworenen
der regen beginnt zu schlagen für die verlorenen
nur ein held ist auserkoren der letzte krieger kommt am
neujahrstag so ist's geschworen
vom himmel herab mit blutger krone
o mensch nimm dich in acht
dann kommt die letzte schlacht
des himmels angesicht erfüllt mit trauer
der herrscher schrieb es schon vor langer dauer
in das große buch hinein dass der gefallene engel throne
wenn der mensch kein guter wird so zerbricht das letzte siegel

23

und der zorn wird größer sein
wasser wird niemals mehr zu wein!
das schaf der geist und alles droben
hat den plan und es wird toben
bis ans ende kämpfen sie es erschallen die posaunen:
gut und böse bis in alle zeit
der kampf um die unendlichkeit!
das tor wird nun geschlossen werden
hölle lebe nun auf erden
der held den kampf gewann
böse engel sterben der traum zerrann
die stadt von oben kommt hienieden
böses ist nun abgeschieden!
der sieger sprach zum guten:
ich bin a und o
drum lebet nunmehr immer froh

Uwe Kraus, 01.01.2000

Der Lockdown macht uns allen zu schaffen.

Wie gerne würde man wieder Freunde treffen und
verschiedene Dinge organisieren können, sich frei ohne
Maske bewegen.

Was machen die, die nicht richtig kochen können, die sich
nicht richtig helfen können.

Was machen Menschen, denen ihre Behandlung um Monate
verschoben wird?

Wichtige Operationen werden verschoben und es kommt eine
Spritze auf den Markt, deren Erfolg nicht bewiesen ist.
Ob sie gegen Ansteckung hilft, weiß keiner. Wie lange das
Impfintervall sein muss auch nicht. Eigentlich wird jedes
Präparat Monate, Jahre getestet. Keiner kann sagen, was in
einem Fötus geschieht. Auch Wechselwirkungen und
Nebenwirkungen sind nicht bekannt ...

Ich hoffe, die Spritze hilft und ist kein gefährliches Werkzeug. Es wird reagiert, ich hoffe richtig, denn daran hängt unsere Zukunft.

Herzlichst,

Uwe Kraus

Family Business

Dieses Gedicht schrieb ich 2003 für meine Familie. Mein Opa kam 1939 nach Frankfurt am Main aus Siebenbürgen. Er war damals 25 als er seine Familie verließ. Sein Frau Lore war Ungarin. Sie war 1920 geboren. Mein Opa war Wäscher und Färbermeister. Sein Vater hatte eine Fabrik, in der 300 Menschen arbeiteten. Er traute sich wegzugehen. Aber eigentlich wollte er nach Kanada. Man wusste damals nicht, was in Deutschland los war. In Frankfurt kamen mein Vater und mein Onkel zur Welt. Dann ging mein Opa nach Leipzig und arbeitete für Atlas Ago. Dieser Betrieb war wichtig und deshalb kam mein Opa nicht nach Stalingrad. Hier kam 1945 Werner, mein zweiter Onkel, zur Welt. In einer Nacht, bei einem Bombenangriff, versteckte sich meine Familie in ihrem Keller. Die Leute sagten meinem Opa, sie sollen alle in den Luftschutzkeller kommen, aber Opa Willi wollte nicht. Die Leute in diesem Keller starben alle, die Familie Kraus nicht! Als dann die Besatzer da waren, ließ uns ein junger Offizier in den Westen, das war unser Glück! Nach mehreren Aufhalten in Lagern, in Rastatt, zog die Familie nach Kandel. Hier betrieb Opa eine Wäscherei. Später kaufte er in Kaiserslautern-Eselsfürth ein Grundstück. Opa hatte nur den 250 ccm-Führerschein, fuhr nie Auto. Hier gingen alle zur Schule und mit 14 begann mein Vater bei Kallmayer eine Lehre. Er arbeitete 60 Jahre als KFZ Lackierer. Werner wurde Karosseriebaumeister und Jürgen Bautechniker. Die Familie ist ein Teil Kaiserslauterns. In diesem Gedicht unten schreibe ich über alle Verwandten ein wenig ... Michael wollte Pilot

werden, ich Schriftsteller ... Für heute überlasse ich dem Gedicht das Spiel:

Family business/ode to my family. Cranberries

Als die himmel sich verzeilten und die
Winde sich verschneiten und mein vater meine mutter
Und mein himmelszelt zusammen
Stieß um meine kindheit bilder türmte
Erfing ich dies und jenes
Analytisch zu begreifen
Dies und das am
Mondenkleid
Zu leiten
Jenes in sich zu transzendieren
Und dabei die subjektive wahrheit an
Den windungen zu schnürn

Mein opa fiel
Und viel ging in mir zusammen
Er leuchtet mein
Kraft und zahnfleisch
In sich helle mein
Vater kraft
Mein mutter gesicht die wangen
Oma christenkind
Und oma auf der treppe
Der architekt (o. j.)
Mein onkel
Der pilot als sohn
Der graf
Und transsilvanien
(siebenbürgen):
Wir zogen aus die türken mit den schwarzen rittern zu besiegen
Und
Dichterisch die kindheiten unser aller selbst zu spülen:

Ich leuchte wenn ihr mich leuchtet ...

Gecovert

Also es ist doch so,
dass viele Ideen auf der Welt schon mal da waren,
dass durch Liebe Philosophie entstanden ist,
und irgendein Philosoph behauptet strikt, Philo
sei was Rationales.
Vorsokratiker gab es,
dann irgendwann kam ein „böser Mensch",
der Sokrates,
und der meinte, die Welt muss nicht mehr ganz so lieb sein.
Dann irgendwann gab's durch Logik: Mathematik,
irgendwann hat dann so ein megaschlauer Grieche die Atome
entdeckt und die wiederum waren der Ursprung für den
Physik-Nobelpreis!

Aber die Ägypter, die Hochkulturellen, nicht dekadenten, die
haben schon vor 3000 Jahren am Kopf operiert, bis dann der
erste richtig dekadente Völkerstamm, die Römer, natürlich
unter der Regie von Cäsarius, die Kultur zerstörte und die
Welt, wieder von vorn sich ergründen musste!
Und dann wundere ich mich, warum wir europäischen
Nichtsnutze die Indianer, die Maya usw. zerstört haben und
heut sind die Amerikaner auch noch eine bedeutende
Bevölkerungsschicht!
Mir geht die Geschichte auf den Geist!
Jeder europäische Philosoph, der hat als allererstes die Bibel
gelesen, vor allem, ohne auf Kommunisten zu schimpfen,
Marx auch!
Und das ist gecovert, so, wie wenn Pink Floyd Bach
nachahmt, und heut so ein supertoller, existenter Musiker Up
Town Girl ...

Traurig,
aber was soll man machen!
Bakunin?
Erst mal den größten Bestseller auf der Welt lesen, mit Laotse,
achtfache Pfade begehen?

Weiß ich im Moment auch noch nicht!
Aber vielleicht irgendwann!

Uwe Kraus, 2001

Märchen

Es begab sich schon vor langer zeit. Vor langer grauer vorzeit, damals als die worte entstanden. Da waren männer und frauen, die lebten für das wort, das ausgesprochene wort. Auch adam und eva lebten in dieser zeit.

Ich kann sagen dass ich das nur hörte – da ich alles nur irgendwann hörte.

Ich war damals nicht klein und habe auch nicht die zeit mit dem bilden der sprache verbracht.

Ich bin so auf die welt gekommen. Mit der kraft eines meiner worte.
Die menschen verteilen namen, aus ihnen werden sätze und dazwischen werden teile neu geboren!

Ich will erklären, was ich mir dazu überlegte:

Es war ja da!

Es stand ein stein am wegesrand. Auf ihm fünf zahlen – da nahm ich zahl in den mund..

Habe ich das wort erfunden?

Als erstes waren zahlen da. Dann kamen buchstaben. Dann worte.

Lyrik besteht im namen des wortes aus fünf buchstaben, so wie es auf dem stein der weisen steht ...

Vor jahrtausenden fingen die menschen an zu sprechen. Sie kreischten wie tiere, was sie zum teil auch waren ...

Dann entwickelten sie das bedürfnis nach besonderen tonlagen für bestimmte situationen. Bilder enstanden und wiedergaben der natur und des sehens wurden entworfen.

Es gab keine große zahl –

Alles wurde mit den fingern gegessen. Die bilder malten die menschen mit dem blut der tiere die sie fraßen und die natürlichen farben der blumen, büsche und bäume bildeten ein prisma.

Man verzog die entwicklung, bis die menschen ihre religionen fanden durch das feuer oder der kunst des entzündens der wärme des lebens.
Ich sah in dieser entwicklung die erste mordwaffe, der erste streit, der erste mord, den die heiligen dokumentierten.

Es gab kein wort für mord –

Die geschichte beginnt damit:
Ein blitz traf einen baum, so entstand licht in der dunkelheit. Die wilden waren geblendet vom feuer und fort war die trauer und kühle.

Als kain auf die welt kam waren adam und eva erst 18 jahre alt ... na ja adam war ein halbes jahr älter als eva, die hatte er ja aus der rippe geschnitzt. Dann wurde sie schwanger und bekam hunger auf gurken aber auch auf äpfel. Doch der oberon am himmel verbot den apfel im paradiesgarten zu essen – so die biblische anordnung. Auf jeden fall waren adam und eva nicht die ersten höhlenmenschen. Es gab auch kleine lebewesen und neandertaler – vielleicht in israel, dort, wo sie herstammten, wo auch der gerichtschreiber ansässig war, der eva des raubes und diebstahls des paradiesapfels anzeigte, waren sie die ersten aufrecht gehenden wesen.

Eva pflückte den granat nur aus langeweile und weil sie nicht gehorchen wollte. Adam spürte, dass sie etwas schreckliches tat und knallte ihr erstmal eine. Sie war nicht in der lage zu realisieren, dass der süßsaure hunger kam, weil sie launisch und schwanger war.

Eva brach den apfel und adam erschrak. Er hatte auch nicht so gehandelt, wie gott es sich vorstellte.

Der oberon sprach im traum in form einer taube zu ihr und sagte, sie solle das kind für den apfel opfern, doch sie wollte nicht. Dann kam ihr burn out.

Sie wurde des diebstahls verurteilt und bekam drei monate auf bewährung.

Eva gebar in dieser zeit kain und abel. Eifersüchtig waren die beiden schon im kindergarten aufeinander.

Einst spielten sie mit ameisen – der eine erdrückte dem anderen seine spielgefährten. Der jüngere war immer beliebter bei seinen eltern.

Da kain, der erstgeborene, mit einem schwarzen herz entstand, war für eva klar dass sie ihn hätte opfern müssen. Abel war brav.

Eva, vorbelastet, ahnte nicht, was in zehn jahren geschehen würde: kain würde abel erschlagen, das wusste sie zu dieser zeit noch nicht.

Es begab sich also zu der zeit und kain brachte dem oberon ein opfer, das war diesem aber nicht gut genug, und beleidigt wie er war, musste kain von dannen ziehen.

Abel schrieb ein gedicht, so herrlich wie keiner es konnte. Er erfand die worte.

© Uwe Kraus

An die deutsche Reaktorsicherheit:

Geschichte wird gemacht, Zeit umgebracht, Leben verschafft,
aber der Reaktor wacht! Vorsicht, Kinder haften für ihre Eltern,
denn der Papa ist schuld, der sitzt ja zuhause im
Erziehungsurlaub, während die gedrängte Mutter an der
Kasse das Stillen vollbringt! Und der Reaktor schläft, wenn die
Kinder der Enkel zu verstrahlten Klumpen mutieren und das
Jodid ausgeht wie das Licht am Weihnachtsbaum.
Verdammt, will das denn keiner hören: Wir haben die Natur
zerstört, den Schrott ins Weltall gebeamt und den Mond nicht
bestiegen, das war ja Hollywood von gestern, aber gestern
war ja schon Lichtjahre voraus.
Die Erde ist eine Scheibe, die kullert beim Drehen der
Modelleisenbahnplatte von Märklin beim Rotieren, ähnlich
dem eines Ufos, über den Tischrand ...
Und sie bewegt sich doch, schreit Kopernikus mittels seines
Kaleidoskops in Galileis Ohr ...

Wer schützet die Liebenden? Simmel? Oder Biss zur bitteren
Neige:
Svenja Schulze verkündet feierlich die Eröffnung des
Windparks Köln Niehl; da wo Ford war, is jetzt Ford fort. Auf
dem Kölner Dom das höchste Windkraftrad Europas! Und
Henry, der Eiserne, wurde von seinem Fließband erdrückt. Da
wo früher Nähmaschinen gebaut wurden, da hat man den
abstiegsbedrohten Wahnsinn und dieser Wahnsinn, der ist
unzerstörbar!

Einst vor Jahr und Tag erfand man das Handy. Fortan
quatschen Leute unvermittelt und unverblümt auf Straßen und
die Telefonzelle wurde zum Abwrack erklärt. Aus diesem
Handy wuchsen lallende Gespräche, die bis zum nihilistischen
Nonsens sich räkelten, wie ein Weib, bei dem du die Peitsche
nicht vergisst.

Angela, was ist los? Der Altmaier spielt den Außengewölbten,
ist auf Reise ins Nimmerland! Wir haben Fehler gemacht.

31

Nächte und Tage mit Sorge verbracht, wollten Entschuldigung und Gnade, von den in Ungnade gefallenen:

Ja, Gnade vor einer Satire, die die Natur zerstören würde, wenn, wenn ja, wie gemeint –

Gute Nacht und schönen Advent!

Meine schönste Weihnachtserinnerung. Sie spielt mitten in den 80ern. Da wusste man nichts von Corona und da war man auch mit ganz anderen Dingen zufrieden. Jetzt herrscht Maskenpflicht, zum Teil Ausgangssperre. Wo das hinführt, weiß man nicht.
Ich wünsche, wie viele, für Weihnachten, ein Fest der Nächstenliebe, der Familie, und auch sollte es den Menschen gut gehen, egal wie arm oder reich sie sind. Wichtig ist, dass wir den Virus besiegen und dass wir wieder beginnen unser Lachen zu sehen. Durch die Maske kann man das Lächeln der Menschen nicht sehen, die Mimik. Das ist wichtiger als alle Geschenke ... Das Lächeln der Menschen macht uns in den Herzen warm. Ich wünsche mir Frieden und Gesundheit. Hier meine Geschichte. Es ist die 6. Version. Die erste erschien in der „Rheinpfalz" ...

Viel Spaß, Uwe Kraus.

Weihnachtserinnerung

So lange Zeit schießt durch die Adern. Ich weiß noch, wie mein Weihnachten als Kind so wunderbar glücklich ablief. Wir sagten immer in der Grundschule: „Heute ist (z. B.) der 24.10., und dann in zwei Monaten ist Weihnachten!" Alles war auf diesen Tag fixiert. Die Grundschultexte, die man lernen sollte, das erste Schreibheft, da wurde schon fleißig geübt. Mein

Lehrer in der 1. Klasse sagte immer: „Ihr wisst doch noch gar nicht, wie Weihnachten geschrieben wird ..." Er sagte: „Das ist nicht so leicht ...". Ja, früher gab es nichts, was die Kinderaugen in den Spielzeuggeschäften abschweifen ließ. Es ist immer auch schön alles untern Weihnachtsbaum gekommen, was man sich wünschte, wenn man brav war. Man glaubte nicht zu lange an den Weihnachtsmann, wusste aber, wenn am 24. Bescherung war, dass man überrascht wurde, und musste gespannt vor der Tür warten, bis die Klingel läutete ... Einmal sagte Vater, da war ich noch ganz klein, als er das Fenster der guten Stube schloss, dass das Christkind gerade entschwunden war ... Mein schönstes Weihnachten als Kind, war noch kurz vor dem Fest. Meine Eltern und ich waren ins Karstadt-Parkhaus gefahren. Es war, glaube ich, schon der 23. Dezember, ich war 6 Jahre alt und mein Lieblingslied war immer noch „Morgen, Kinder, wird's was geben" ... Ich war fasziniert vom Kronensaal, vom wunderbaren Fest ... und von dem schönen Moment, mit der Familie zusammen zu sein ... Damals kamen auch Opa und Oma an Heiligabend. Auf jeden Fall ... wir waren einkaufen und der wirklich tollste Moment war, als wir mit dem ersten „Senator" von Vater das Parkhaus, die Schnecke, herabfuhren. Das Kassettenradio spielte Weihnachtsmusik, auch Peter Alexander, und wir alle drei voller Inbrunst, meine Mutter, mein Vater und ich wirklich voller Glück sangen: „Morgen, Kinder, wird's was geben". Meine Mutter, an ihr gutmütiges Lächeln erinnere ich mich. Meinen Vater mit der Pitje-Puck-Art, dem fröhlichen und gutgelaunten Blick, seine ehrliche und verschmitzte Person. Das war ein Moment, da wir alle gesegnet waren ... fehlte nur noch mein Bruder, der damals ein anderer Mensch war .. da war Familie das Allerschönste, als Kind. Und die Struxi-Eisenbahn, die ich geschenkt bekam, steht nunmehr noch im Regal im Keller, beim alten Spielzeug ... Die Zeit hat manches verändert, aber Liebe und Glück und Zusammenhalt gehen aus den Erfahrungen hervor ... Manche Menschen hassen Weihnachten oder lehnen es ab, aber wir wissen genau, auch wenn Jesus nicht an dem Tag geboren ist, dass wir Menschen es brauchen, das Weihnachten ... Der Tannenbaum, eine nordische Eigenheit. Aber wir Menschen müssen und sollten zusammenhalten ... Und ich wünsche Euch allen da draußen eine so wunderbare Erinnerung. Das Lied und dieser wunderbare Abend in den 80ern, dieser 23. Dezember, erquickt immer noch mein Herz, auch wenn meine Eltern nicht mehr da sind.

Frohe Weihnachten, Uwe Kraus, den 16.12.2020

Beim Betze droht eine Selbstaufgabe. Wieder verloren. Wer hat Schuld: NOtzon!

Als Kuntz ging, war der EFCEKA 4. in der 2. Liga. Nun ist man planinsolvent bankrott. Heißt, es geht ihm so wie TuS Koblenz. Die Mannschaft ist, weil sie kein Geld hatte, freiwillig abgestiegen. Es klingt verrückt, aber anders kann ich mir das nicht erklären.
Der Betze kann sich auch so jemanden wie Ehrmann nicht mehr leisten, denke ich.
Der Verein steht mit dem Rücken zur Wand!

Man sollte im Management etwas ändern. Wenn Fans da wären, die würden auf die Barrikaden gehen.
Was kann man machen: Für einen Teufel zu beten ist schwierig.
Ich gebe so langsam die Hoffnung auf. Mein Bruder wäre auch enttäuscht!

Mein Bruder wäre traurig.

Leider ein negativer Post. Aber die Mannschaft hat in meinen Augen kein wirkliches Potential, da es nur Einzelgänger sind, die nur spielen, um zu einem anderen Verein zu kommen.

Uwe Kraus

Der harte Lockdown macht auch mir zu schaffen. Ich bin traurig, immer mehr Menschen nicht mehr zu sehen.
Auch fehlt mal ein Kinobesuch, Freizeitgestaltung. Es ist schwer, aber wir müssen da hindurch.
Erst glaubte ich nicht daran, ohne ein Verschwörungstheoretiker zu sein. Aber man sollte es jetzt wirklich sein lassen mit der Sauferei.
Steinmeier sagte: Man freut sich auch später und das ist die Wahrheit.
Ich drücke den Leuten die Daumen, die jetzt ohne Arbeit sind, Soloselbständigen, Künstlern, Studenten, Minijobbern und Veranstaltern, sprich jedem, trotz allem ein schönes Fest.

LG Uwe Kraus

PS: Die Regierung macht in diesem Moment das Beste daraus ...
Man sollte diesen Menschen Glauben schenken!
Die Zeit heilt diesen Moment hoffentlich ...

Gute Nacht!

Gedicht der Woche

Allein sein, Angst, krank sein, alles spiegelt sich im Seelenkokon, der dann online wird, wenn das Verrücken des Diamanten aus den Fugen gerät. Dies ist immer möglich, auch in Coronazeiten. Für mich ist die Explosion das Expandieren des Lebens. Der Diamant, von dem Pink Floyd singt, ist eben dieses Funkeln der Seelengänge – in diesem Gedicht geht es um Wahrheit, die kohärent zur Krankheit steht. Ein nicht einfaches Thema, Krankheit, Wahrheit ... Zumindest eine Heilung bringt immer die Zeit. Bei Covid eher eine Impfung.

instrumental

schwingt sich in die haut des kokon
ein schrei ein blähendes organ ein stilleruf: explosion
unter den lungenflügeln
in frierender ängstlicher masse
ein wortschwall
ein morbides instrument: implodiert bin ich
in den flügen die mir hauch versprachen
und mich in transparent gefasst entstellt
verstellt enthob/
entstellt entflogen war ich
gestellt verschoben
verflogen die asche des feuers
das glimmt in den spalten unserer gehirne:
ich wanderte von einem pol/
brach hindurch vor deine tore
und es zog ein strich
wie ein lichtjahr durch das netz/
vernetzt: on line
an und aus die momente des ich kann dich nicht zurücklassen
weil ich du mich zurückließt:
gibt es mich hinter den pforten der zeit
oder erblindet die phantasie in den unbegangenen zonen:
ich habe mich zurückgelassen
und mich auch dich wie ein licht
im schatten vergraben
durch die herzen der sonnen/
wir verließen uns in den herzen der seele
in babel:
ich stieß das falsche tor auf:
trafen wir uns gegensätzlich wie alle wahrheit
in der grazilen windung der feinen assoziationen?
ich traf amon in den höhlen und sprach in dir/
mit mir/
und es zeugen die götter in der stille der liebe
wie instrumental ich durch mich schwang

Uwe Kraus, 2002

36

Gedicht des Tages

So, nunmehr im Jetzt befindet man sich in der Schwelle von Nacht zu Tag. Es ist die Zeit großer Dichter, das Morgengrauen, das Dasein, während Morpheus die Nacht beschwört. Kafka und Cioran huldigten der Dunkelheit und durchwachten die Schwärze und schrieben die Seelen leer. Die Nacht, das Inspirierendste ... Sterne leuchten. Man denke an die Hymnen an die Nacht meines Vorbildes, Novalis. Die Nacht durchbricht den Tag und trägt Geheimnisse. Novalis war ein Junggenie, der seiner heimlich Verlobten am Grabe nachtrauerte, da sie an Schwindsucht starb. Sie war für ihn seine blaue Blume. Und diese ist das Zeichen einer Bewegung, nämlich der Romantik. Er beschwor Träume und Mystik. Ihm ist das nächste Gedicht gewidmet. Es ist das zweite, das ich schrieb. Es stammt von 2000. Es geht darum, um den geheimen Pfad, den es auch bei Novalis gab. Novalis beschwor eine Unendlichkeit und wollte dem Gemeinen einen hohen Sinn geben. Der höchste Sinn ist wahrscheinlich die Liebe, und Novalis wurde nur so vollends ein perfekter Philosoph, da er verstand, die Liebe zur Philosophie zu nutzen. Es gibt im Inselverlag ein neues Buch über die Leiden des Romantikers ... hier der Titel: Penelope Fitzgerald: „Die blaue Blume", Kostenpunkt: 10 € –
und hier mein Gedicht zur Thematik:

an die weisheit an die liebe

unselige genien sind doch die philosophen
immer einsam müssen sie den weg bestreiten
die wahrheit getreu mit blutgen augen sehen
einsam ist ihr geschick das sie betreiben
die welt erblicken mit magien
die anfänge alles philosophischen sind
leben muss man für sie und die tat
leben und lieben
denn nur durch die liebe kommt der weisheit letzter schluss
der weg nach innen dorthin geht der pfad zum herzen
und nur durch ihn wird wahrheit freigesetzt!

die wahrheit die ich leben will
lebt schon lange da im herzen
im spiegel der seele
einen namen gibt es in dem alle anmut steckt!
weisheit kenne ich genug
nun will ich wahrhaft lieben lernen
denn wahrheit forschen wird auf dauer zum betrug.
den ich nennen will stillet alle meine trauer
er bedeutet mir mehr als weisheit in ihm steckt aller mut!
liebe ist wichtiger als allein mit blutgen augen den pfad zu
betrachten
und vor sehnsucht nach liebe zu schmachten

Uwe Kraus, 2000, entnommen aus „Der Stern des
Lebenssinnes"

Deutsch als Schulfach

Zunächst muss ich sagen, dass ich immer gut versorgt wurde,
mit interessanten Büchern, in meiner Schulzeit. In der
Grundschule „Geschwister-Scholl", war es Herr Jakob, der
mich mochte und mir immer gute Noten gab. Das erste Diktat
war, glaube ich, der erste Paragraph des Grundgesetzes.
Meine Lesefibel habe ich noch. Ich musste nie in den
Förderunterricht, aber ich sollte lesen. Ich wollte nie. Mein
Vater nahm das Buch und wollte mit mir üben, aber ich riet die
Worte und manchmal sagte er, wenn ich riet: „Woher weißt du
das."
Später ging ich zur Gesamtschule, und hier gab es auch sehr
gute Lehrer. Ich musste schon ab der 5. Klasse Bücher lesen.
Mein Vater las in der Volksschule nur ein Buch, den
„Schimmelreiter" von Storm.
Ab der 5. war es Herr Hutzel, der dann die „Vorstadtkrokodile"
und „Die Sache im Supermarkt" las.
Später bekam ich eine Lehrerin, sie las mit uns:
„Bitterschokolade". Auch Herr Tilly las mit uns, „Die Wolke".
Ich wurde ab der 9. Klasse für ein halbes Jahr in den

Realschulkurs eingeteilt, da ich bei Herrn Tilly ein schlechtes Diktat schrieb.

Da lasen wir dann „Der zerbrochene Krug" und auch „Kleider machen Leute" ... Ein halbes Jahr verging und ich kam in den Gymnasialkurs von Herrn Ruderer.

Hier ging es dann wirklich los:

„Das Feuerschiff", Borchert, Hesse, Stefan Zweig, „Nathan der Weise", "Faust", Kafka, und und und ...

Aber was ich nicht vergessen darf, ich hatte noch zwei andere anspruchsvolle Lehrer:

Herrn Baadte und Herrn Waurick.

Baadte war ein Lehrer, der wollte nicht über Thomas Mann hinaus. Wir lasen die „Antigone", und ganz wichtig: Heinrich Manns „Der Untertan". Baadte war eher konservativ.

Waurick öffnete mir die Moderne:

Er las mit uns „Die Blechtrommel", „Das Parfum", „Der Name der Rose".

Wir mussten ein Referat machen: Eine Novelle analysieren. Jeder bekam ein Buch als Thema. Ich las „Ein fliehendes Pferd" ...

Dass ich später alle 20 Bücher der Liste las, ist für mich selbstverständlich. Ich las und las ...

Meine Antwort war das Schreiben ...

... & das tue ich so gut ich kann. Ich kann nur empfehlen, mit Lehrern auf gutem Fuß zu sein und zu versuchen, ehrgeizig Wissen zu horten. Die „Bertha-von-Suttner-Gesamtschule" war eine gute Zeit, die ich nie vergessen werde.

Es wurde gelernt und gelehrt ... Ich werde die Zeit und meine Lehrer nie vergessen.

Auch in der Meisterschule hatte ich fähige Lehrer, Herrn Oertgen und Frau Sietz ... Herr Oertgen war der erste Lehrer, dem ich mein Geschreibsel zeigte.

Kurzum, ich schaffte es nie, ein „Sehr gut" in Deutsch zu bekommen, immer nur eine Zwei. Eine sehr gute Arbeit schrieb ich zu „Haltet unsere Schule sauber" bei Herrn Tilly. Appellative Texte fielen mir leicht, und das mündete im „Reromantischen Manifest".

Uwe Kraus, den 09.12.2020

Der Kniefall, der Mauerfall.

Brandt wollte gerade im Herbst 1971 mit den Abgeordneten im Bundestag den Haushaltsplan für das kommende Jahr beschließen, als die Sitzung unterbrochen wurde, da aus Oslo die Nachricht eingetroffen war: Brandt ist der neue Friedensnobelpreisträger des Jahres 1971. Er war bis dato der 4. Deutsche, der das schaffte.
Was war passiert:
Am 07.12.1970 vorausgegangen, eine Geste, eine der wichtigsten Handlungen, die ein Deutscher nach dem Krieg für sein und das europäische Gewissen tat. Er war gerade nach Warschau gereist, um Verträge mit dem Osten zu schließen. Er besuchte hierbei das Warschauer Ghetto, in dem viele Juden ihren Tod gefunden hatten. Es war das schlimmste von Hitler betriebene Lager, und Juden wurden nur aufgrund ihres Glaubens, ihrer Identität brutalst behandelt, zum großen Teil ermordet und auch nach Auschwitz deportiert.
Brandt tat Folgendes: Er kniete vor Demut um das Leid der Menschen, die hier ihren Tod gefunden hatten. Diese Geste, sein Respekt und seine eigene Angst, die ihn überkam, als Deutscher hier zu stehen, spiegelten sich in einem Gewissen. Dem Gewissen des Nachkriegsdeutschlands. Er war beeindruckt oder eher geschockt zugleich durch eben dieses Gewissen und diese Tat, der Kniefall voller Ehrfurcht vor dem Leid der Ermordeten läutete einen neuen Respekt oder eine neue Haltung von Nachkriegsdeutschland ein. Brandt war überwältigt von Trauer. Der Osten respektierte es, und danach wurden immer weitere Beschlüsse für das jetzige Europa, das

geeinte Deutschland umgesetzt.
Es kam durch diese Geste dazu, dass Deutschland wieder von den Siegermächten anerkannt wurde.
Es kam zu Frieden und einem geeinten Europa, zu einem nicht mehr getrennten Deutschland. Ich bin mir sicher, hätte Brandt dies nicht getan, hätte sich alles um Jahre verzögert.
Nur die Einsicht eines Deutschen zu dieser unbegreiflichen Schuld machte, dass wir so, wie wir uns jetzt bewegen, frei sind von Trennung, von Besatzung, und der Osten wurde in diesem Zug ebenfalls befreit. Wir sind Europäer!
Ich danke Herrn Brandt für diese Geste, aber ich denke, ich selbst wäre in Tränen ausgebrochen, wenn ich das Leid der Menschen in mir gespürt hätte.
Brandt war einer der wichtigsten Demokraten. Und jetzt soll jeder selbst entscheiden, bei der nächsten Wahl, ob wir solche Parteien wie die AfD brauchen. Wir brauchen sie hier nicht und nirgends auf der Welt! Und wer so etwas wegen 80 Cent Fernsehgebühr wählt, zerstört diesen europäischen Gedanken. Ich kann Nationalsozialisten und Patrioten nicht verstehen. Wir sind eine Welt -

So weit,

Uwe Kraus, 07.12.20

Eva Paula Pick ...

... ist, zusammen mit Morphy Burkhart, Vorsitzende der Autorengruppe und, vor allem durch ihre eigene Art, eine neue Dadaistin der Pfalz.
Sie schreibt unter anderem Lautgedichte, die sie perfekt vortragen kann, und erhielt den „Bernhard-Schiff-Preis" der Stadt Saarbrücken, sowie ein Arbeitsstipendium von Rheinland-Pfalz. War auf der Shortlist des Pfalzpreises.
Sie unternahm viele Reisen, vor allem nach Ägypten, die sich in dem Buch „Wo Hathors Kühe weiden" niederschlagen.

Am Anfang konnte ich nicht verstehen, wenn ich ein Lautgedicht von ihr hörte, warum man so etwas schreibt, wobei ihr Vortrag das immer wieder wegwischt, so etwas hat Berechtigung. Ich glaube, ihre Lautgedichte sprechen eine ägyptische Sprache, sie sind wie Hieroglyphen.

Zudem ist sie mit mehreren Büchern hervorgetreten. Zwei Hörbücher gibt es ebenfalls von ihr.

„Baden im Winter", „Lapidosa", las ich sehr gerne, vor allem bei „Lapidosa" die kurzen Prosasequenzen.

Auch die Ausstellung der Künstlerwerkgemeinschaft und der Autorengruppe mit Namen „pingpong – Kunst antwortet auf Literatur" hat sie in die Wege geleitet.

Vor ein paar Jahren machte sie mehrere Lesungen mit dem Jazzpianisten Peter Glanzmann ... Sie kann sehr szenisch darstellen und überschlägt sich in ihrer künstlerischen Performance fast immer, auf positive Weise ... Sie las sogar mit dem Büchner-Preisträger Jan Wagner im SWR!

In ihrem Garten gab es immer schöne Sommerfeste der Gruppe.

Zurzeit arbeitet sie an einem Roman. Da las ich von ihr den „Auszug von der Chaussee zur Musik", den sie mehrere Male bearbeitete, nachdem sie ihn in der Autorengruppe vorgestellt hatte.

So überlasse ich es denen, die sich interessieren, Ihre Bücher zu lesen.

© Uwe Kraus, den 06.12.2020

Glosse

Mit diesem Text bewarb ich mich zum zweiten Male in der Axel-Springer-Akademie. Ich kam in die engere Auswahl. 1,5 Monate vor Einsendeschluss ...

Nehmen wir ein Beispiel, wie Erfolgshunger und Geldneid etwas kaputt machten Wer mag nicht die Musik von „The Police" oder z. B. „Dire Straits" oder auch „Pink Floyd"? Diese drei Bands sind aus meinem Musikgeschmack nicht wegzudenken.
Fangen wir bei Sting und der „Police" an zu erörtern, warum genau dieser negative Geschäftsgedanke z. T. alles kaputt machte. Sting ist seit Jahren mein großes Vorbild, vom Sohn eines Milchmanns zum Multimillionär. Doch ich muss seinen Werdegang kritisieren. Er schrieb die großen Hits wie „Roxanne" oder „Every breath you take" ... Die Band gab es von „Outlandos d'amour" bis zum Split in den 80ern kurz nach dem Megaerfolg von „Synchronicity" und der letzten Single „Don't stand so close to me" 1986.
Sting merkte, dass nur er den Erfolg für sich wollte, und seine Solokarierre startete. „Bring on the Night" oder „Nothing like the Sun" folgten ... Doch warum war er so egoistisch? Seit Jahren gibt es nur Konserven und schlechtere Musik auf dem Markt, und das ist die Strafe. Er lebt seinen Geldsegen vielmals nur durch seine Policezeit. Alles nach „Mercury falling" war mir zu experimentell ... Auch zu gewollt. Zum Beispiel seine Klassik-CD „Symphonicity" oder „If on a winters night", auch die CD über John Dowland. Man kann verstehen, er wollte in der Klassikrichtung etwas machen, aber „Last Ship", sein Musical oder auch die zwei letzten Platten „57th Street" oder die Shaggy-CD reichen nicht an sein musikalisches Frühwerk heran.
Klar, ich kann mir das alles anhören und weiß auch, dass ihn eine Leere umgab zum Texten, aber nochmal „Police" zu machen, dafür hat er keine Lust. Ich durfte nie einen Policeauftritt sehen, da ich zu jung war. Jetzt frisst seine egoistische Art von damals seine Publikationen im Radio immer mehr auf.

Hätte er weitergemacht, wäre sicher diese eigene Musik nicht entstanden. Manches hatte wohl den Erfolg, da es an „Police" erinnert. Sting ist ein Unikum. Genau wie Roger Waters. Oder Mark Knopfler. Bei ihren Bands lief es genauso, bei „Dire Straits" oder „Pink Floyd". Schade ist, wenn Musik für den Fan derart kaputtgeht.
Es sollte dabei gemahnt werden, an jüngere Bands. Denkt nicht an Erfolg, arbeitet für die Gemeinschaft. Der Erfolg ist eine Formel, die besagt, dass alles Erfolgreiche nie zerrissen werden sollte, so bleibt und versucht den Erfolg zu leben ...
Herzliche Grüße,

Uwe Kraus, Musikfan

Gut und Böse, eine Erklärung über psychische Krankheiten und Amoklaufverhalten. Zur Amokfahrt in Trier.

Also, ich bin ein Mensch, der kranke Gefühle kennt und hier erkläre ich meine Sicht auf Erziehung, Misserfolg und zu Amokläufen. Ich kann es durch Erfahrung nachempfinden, was Psychotiker fühlen, und verstehe, warum man eine Straftat wie die Irrfahrt von Trier begeht. Ich betrachte es mal wie ein Kriminalpsychologe:

Eine psychische Krankheit basiert immer auf Irrationalität, sprich: Gefühlen. Und bei Gefühlen gibt es immer zwei Seiten der Medaille ... Gut und Böse. So etwas resultiert meist durch Erziehung. Zum Beispiel gibt es ganz häufig für Kinder von Gluckenmüttern eine solche Reaktion. Gluckenmütter sind die, die ein Kind verhätscheln. Auch gibt es Gleiches durch die Vaterrolle. Meist schafft eine perfekte Kindheit ab der Pubertät Probleme, da man sich wehren will, was eigentlich von Elternseite unverständlich ist. Dazu kommt meist der Genuss von Drogen, bei dem zum Beispiel das Kiffen bei erstmaligem Gebrauch krank machen kann.

Wenn jetzt jemand etwas aus Wut macht, hat er evtl. eine Straftat begangen, kann es sein, dass er sich in der schlechten Welt bewegt, weil er sich aus seiner guten Kindheit befreien möchte. Das ist erklärt im Buch Hermann Hesses, im „Demian". Hier zeigt Hesse den Weg eines pefekten Kindes, Emil Sinclair, das sich in eine andere Welt bewegt und die Mutter bestiehlt oder Äpfel klaut, Das Kind bekommt Fieber. Das ist genauso mit den Menschen, die aus Liebe heraus böse werden.

Heute gibt es viele Attentäter oder Verbrecher, und da wird behauptet, sie seien psychisch krank. Eigentlich gemein für die, die aus Liebe krank sind, obwohl bei ihnen auch zuerst evtl. eine gute Seite vorgelegen hat.
Meist kommen sie in Gefängniskrankenhäuser.

Andere, die lieb sind, und zwar zu lieb, haben Probleme z. B. in Beziehungen.

Aber die liebe Seite ist keine gute Seite. Man kann sich meist nicht wehren und schluckt wie ein Mülleimer seine Probleme. Das führt häufig zu depressivem Verhalten ... Das kann, wenn die Medaille sich dreht, zu Amokläufen wie in Erfurt führen.

Der Amokläufer von Erfurt, Robert Steinhäuser, wollte eigentlich die gute Welt seiner Mutter nicht zerstören und brachte es nicht übers Herz sie zu belügen. Er sagte, er wäre gut in der Schule und belog sie, er ginge in die Schule. Er spielte als Flucht vor der Realität diese Killerspiele. Aus Liebe zu seiner Mutter, die ihn so verhätschelte, mit Sicherheit, in der Kindheit begann schon früh eine Spaltung, die man ihm nicht anmerkte. Gluckenmütter machen ihren Kindern Angst vor der bösen Welt.

Ja, wie ein Mülleimer schluckte er seine Probleme, bis sich die liebe Seite zu etwas Ultrabösem drehte. Er rannte Amok und erschoss eine Menge Schüler und Lehrer und am Ende sich selbst. Sicher hat das auch etwas mit Sexualität zu tun.

Unerfüllte Sehnsüchte z. B. zu Mitschülerinnen ließen das zusätzlich geschehen.

Jetzt zurück zur Irrfahrt in Trier:

Manchmal kann eine Depression, endogen, zu psychotischem Verhalten führen ... und es kann auch in die andere Richtung gehen.

Eigentlich wollte ich mit dem Text erklären, warum jemand mit dem Auto in eine Menge rast.

Durch die Promille, die der Fahrer in Trier hatte, es war noch nicht mal so viel, 1,4 Promille, verursachte es, wie bei vielen psychisch Kranken, einen Schub, der schon seit dem Tod seiner Mutter in ihm schlummerte. Er war ein Einzelgänger, der seine Arbeit aufgab und sich nach dem Tod seiner Mutter zur falschen Seite wendete. Ähnlich wie oben beschrieben führt GUT durch Misserfolg und Verlust zu HASS.

Die Seite kippte, sicher auch schon vorher durch die Krankheit seiner Mutter, und er begann sich zu isolieren ... Er kündigte seinen Job. Vielleicht führt die liebe Seite, der Liebe zu seiner Mutter, auch zur bösen, und das ist quasi dann die Rache an seinem Umfeld, die Rache am Tod seiner Mutter. Seine Welt ist gekippt, wie wenn jemand ein Whiskeyglas runterkippt. Und diese Einstellung der Gefühlswelt, die böse Seite, macht, dass der Amokfahrer handelte.

Die böse Seite führt auch dazu, jemanden zu vergewaltigen oder dergleichen.
Die böse Seite ist gefährlich, man muss einen Mittelweg finden. Den haben alle Gesunden.

Auch für Eltern ein Tipp: Niemals Kindern vor etwas Angst machen oder sie zu lieb behandeln bzw. zu verhätscheln ...

So weit, Uwe Kraus' lyrische Hausapotheke

Louise Glück – und die Blumen des Bösen

Sehr verehrte Leserschaft, dieses Jahr gewann die Amerikanerin Glück den Nobelpreis für Literatur. Sie verfasste 12 Lyrikbände und zwei Essays. Sie wurde 1943 geboren und hat eigentlich ungarische Wurzeln. Sie gewann den Pulitzerpreis, sowie den National Book Award.

Sie lehrt an den berühmtesten und wissenschaftlichsten Universitäten, wie Stanford und Yale.

Die Bücher waren damals, als der Preis vergeben wurde, nicht lieferbar! Lyrik verkauft sich eigentlich nicht!
Heute war ich in meiner „Blauen Blume", da die Bücher endlich vorrätig sind.
Ich begann „Wilde Iris" zu lesen, übertragen aus dem Amerikanisch-Englischen von Ulrike Draesner.

Sie schreibt sehr zart, nicht mit Pathos allein, nicht lakonisch, es ist anders:
Glück schreibt über Blumen, und sagt es durch die Blume. Manchmal hat sie einen weiten Wortraum. Das heißt, sie lässt viele Bilder langsam und leicht fließen, ist wie mit einem Walzer im Tanzen, sprachlich geht sie aber auch ins Detail. Da wird es sehr genau!
Sie benutzt Blumennamen als Überschrift und lässt ihren kleinen Verserzählungen freien Lauf.
„Die Blume des Bösen", eine Giftpflanze, wie Brugmansia oder Engelstrompete, lässt sie außen vor.
Hätte da gern einen Text gelesen!
Das Buch spricht so von Phantasie und sollte modernen Dichtern einen neuen Weg zeigen, den des „Nicht verrückten Schreibens". Es ist ein Fehler, zu experimentell zu sein. Gedichte von Nobelpreisträgern sind immer Verserzählungen ...

Das Buch gibt es von Luchterhand für nur 12 €

Hier ein Beitrag, wie mein Vater die Welt sah.

KLIMAwandel existiert meiner Meinung nach, und das sehr stark, aber es gibt Menschen, die glauben immer noch so ... Manches in dem Text stimmt noch. Aber Gas aus Russland? Bitte nicht falsch verstehen. Mein Vater war eher ein Leugner, vielleicht mit Dotas Worten ein Fatalist ... Ich glaubte ihm lange. Wer zu dem „Perpetuum Mobile"-Beitrag geht, kann meine jetzige Meinung zur Elektrolyse und den wiedererneuerbaren Energien wie Licht, Wind und Biogas lesen!

Den Beitrag hätte mein Vater so unterzeichnet!

Liebe Grüße, euer Uwe Kraus

Klimawandel oder the survival of the fittest ...

Ich möchte etwas zum Klima sagen:
Es ist doch eigentlich wirklich so, **sagte mein Vater,** dass der **Klimawandel** nicht wirklich stattfindet. Er sagte, die Wetteraufzeichnung geht nicht lange genug zurück ... Wir hatten eine Eiszeit. Selbst den Mensch gibt es nicht seit Beginn der Welt. Dinosaurier sind ausgestorben, ohne dass es klimatische Veränderungen gab. Aus einer Amöbe entwickelte sich die Biologie. Doch warum starben so viele Organismen aus?
In Biologie lernt man von der Allenschen und Bergmannschen Regel oder wie etwas sich entwickelt, warum Tiere in ihrer Art verschieden auf der Welt sind, groß oder klein. Darwin sagte, es entwickelt sich nach der Reaktion des Lebewesens und ihrer Robustheit, so kann man sagen ... the survival of the fittest.
Meine Frage: Ist die Entwicklung des Menschen eine Folge des Klimawandels? War der Affe fitter ...
Jetzt will man, weil die Temperatur seit Beginn der Wetteraufzeichnung etwa 1,6 Grad wärmer wurde, die Welt mit der Ökosteuer oder Umweltsteuer ausstatten. Meiner Meinung nach ist schon sehr viel für das Klima gemacht worden ... und in den 70ern wurde eher Raubbau mit dem

Müll gemacht. Es gab die Entwicklung von Tetrapack, Einwegpfand, Erfindung von Katalysatoren, gasbetriebene Fahrzeuge, Hybridantrieb ... Feinstaub, dieser Begriff ist seit vielleicht 2007 auf dem Markt. Wir schaffen den Ausstieg aus der Kohle ... Aber in Wirklichkeit ist vieles eher Abzocke. Klimasteuer! Wenn ein Liter Benzin bei uns 5 € kostet, kostet jedes Stück Fleisch usw. auch mehr Geld. Wir hier in Deutschland wollen das Klima retten und in China bauen sie ein Kohlekraftwerk nach dem anderen! Was nützt die Ökosteuer oder Klimasteuer? Das Klima wird dadurch nicht besser, nur die Regierung sahnt ab. Wir kaufen Strom aus dem Ausland und schaffen den Ausstieg aus der Kohle? Wir bauen Gaspipelines aus Russland. Für mich ist es gleich, ob das Klima 20 oder 22 Grad ist ... Ob einen Frosch das interessiert? Zumindest Flugreisen sollten eingedämmt werden, Diesel von mir aus verboten! Aber ob wirklich etwas überlebt, wird man sehen, wenn die Oma kein Steak mehr für 10 € kaufen kann ... Es ist schade, aber meiner Meinung nach wird in Geld investiert, was unnötig ist. Frau Klöckner will 800 Millionen in Aufforstung stecken und der Professor im „Heute Journal" sagt sogar, dass das unnötig wäre ... Anstatt Klimasteuer sollte man die Diäten kürzen! Da würde man Geld reinholen ...

Uwe Kraus/Willi Kraus

Gedicht des Tages

Im Anbeginn des Tages fließt Energie durch die Natur. Hier ein Gedicht, welches ich Stefan George widmen will. Sein „Komm in den totgesagten Park" hat mich dazu inspiriert. „Jedem Anfang wohnt ein Zauber inne", sagte Hermann Hesse. So auch an der Brücke von Nacht und Tag. Ich erwarte den Schlaf, denn er ist mit seinen Träumen eine Flucht vor negativen Dingen. Und wenn man dann den Sonntag im herbstlichen Sonnenstrahl genießt, z. B. bei einem Spaziergang, kommen einem wieder neue Bilder und Träume im nächtlichen Kleid. Das Unterbewusstsein wächst mit den

Erlebnissen ... deswegen erlebt das Leben und macht euch
einen schönen Adventssonntag.

Sonntagsgedanken

ich wandere den Sonntag entlang
durch matschige Fährten
es folgt ein Moor
dann komme ich
durch den Weg
zu meinem Ziel
ich arbeite mich vor
durch meine Träume
und in den Weiden
die ich durchstöbere
finden sich Gedanken
die mich nach oben
ziehen
doch:
ich steh reglos
in der Schneise
und verwünsche die Nacht
wenn alles ein Anfang und Ende hat ...

Uwe Kraus, 2012

Zum 100. Geburtstag von Paul Celan:

Paul Celan. Unschätzbar sein Verdienst für die
Nachkriegsliteratur! Ich habe durch einen alten Gefährten,
Gerd Forster, einen nicht von Celan beantworteten Brief aus
dessen Nachlass aus Paris erhalten ... Er hat ihn mir über das
Deutsche Literaturarchiv Marbach zukommen gelassen ... Der
Brief stammte aus der Zeit, in der Celan die Rede zum
„Meridian", die Büchnerpreisrede geschrieben hat. Unklar ist,
ob Celan geantwortet hat! Auf jeden Fall, sein Buch „Der Sand
aus den Urnen", die Beschreibung vom Wolkenwagen und
vom Bittersüß waren die letzten Zeilen, die ich verinnerlichte,
bevor ich im Drogenrausch in die Psychiatrie kam ... Ich wollte

ähnlich wie Hesse nichts anderes als Schriftsteller werden!
Celan hat mich sehr tief beeindruckt, seine fast
ätherdurchtränkten, schwergelben Bilder, die in ihrer
Ähnlichkeit an die eines Trakl, eines George erinnern; für mich
das Triumvirat der deutschen expressiven, symbolistischen
und impressionistischen Gedichte! Nicht nur der Meister der
Schlangen, „der Tod ist ein Meister aus Deutschland" – seine
Übertragungen zählen auch zu den wichtigsten unserer Zeit.
Er wurde 1920 geboren. Wenn er sich nicht das Leben
genommen hätte, hätte er sicher den Nobelpreis bekommen.
Er war zu genial und starb 1970, ohne zu wissen, wie
beeindruckt jeder Nachwuchsdichter heute noch von seinen
Gedichten ist! Für mich nicht auf einer Skala von 0 – 5 Sternen
messbar ... – Uwe Kraus

Die Gedichte – Neue kommentierte Gesamtausgabe
Mit 25 Radierungen von Gisèle Celan-Lestrange.
Herausgegeben von Barbara Wiedemann im Suhrkamp Verlag

Kostenpunkt: 34 €

Für den Kulturpreis der Stadt Kaiserslautern

Uwe Kraus, 79er-Jahrgang, gelernter Maler und Lackierer, schreibt seit 2000, nachdem er durch seinen Lehrer, Herrn Klaus Ruderer, durch die Lektüre Hesses, Kafkas und Borcherts dazu animiert wurde. 2000 verfasste Kraus sein erstes Manuskript, „Das reromantische Manifest", wobei er in essayhaftem Stil eine eigene neue Literaturepoche, die „Reromantik", entwerfen wollte. Das Buch wurde im Jahre 2020 korrigiert und lektoriert. Anschließend veröffentlicht, bleibt es als Jugend- und Streitschrift in seinem Schaffen erhaben. Nachdem er Kontakt zu Herrn Lukas Trabert, dem Verleger des „Philosophie-Verlages Karl Alber" bekam, schrieb er fortan Gedichte. Er orientierte sich an der Unendlichkeit der „Novalischen Maßstäbe". Das Manifest beeinflusste sein Wirken. Im Jahr 2001 veröffentlichte er mit 22 Jahren sein Erstlingswerk namens „Der Stern des Lebenssinnes". Seine Vorbilder: Stefan George, Nietzsche, Hesse und Novalis sowie Rimbaud. 2003 schloss er sich dem „Literarischen Verein der Pfalz" an. In diesem Jahr wurde er wegen Drogenkonsums in die Landespsychiatrie eingeliefert, da er, wie Hesse, nichts als Dichter sein wollte. Nach einem Jahr Abstinenz vom Schreiben begann er, wieder Poeme zu erarbeiten. Sein Entdecker: Gerd Forster. Im Jahr 2006 wurde er in die „Autorengruppe Kaiserslautern" eingeladen, wo er jetzt noch immer das jüngste Mitglied ist. 2007 veröffentlichte er „Fußball ist unser Leben", einen lakonischen Band, wobei er sich danach einem sehr hohen Pathos zuwandte. Ebenfalls seit 2000 arbeitet er mit Sabine Landes von „Suhrkamp" an seinen Texten, wurde aber bisher noch nicht bei Suhrkamp gedruckt. Sein Durchbruch gelang ihm mit „Fernwehpassagen", 2009, verlegt bei „Conte". Mit 30 Jahren war er der jüngste Autor in diesem renommierten Verlag, der mittlerweile Büchner-Preisträger druckt. 2010 folgte sein größtes Werk, sein erster Prosaband, „Brainspotting", der über 600 Mal verkauft wurde. Danach wand er sich wieder der gebundenen Form zu. Mehrere Gedichtbände erschienen, wobei er auch mit dem Lauterer Maler Tony Caulfield zusammenarbeitete. Er wurde oft in der Presse besprochen, schaffte es sogar, eine

Rezension bei SWR2 zu bekommen und wurde vom Fernsehen angefragt. Erwähnenswert in den letzten Jahren sind die Anthologie „Ungewisse Zukunft", „Wagnis des Morgen" und sein „Fliegenpilz". Mit der Anthologie machte er ein Spendenwerk für den Verein „Bild hilft e.V.", „Ein Herz für Kinder". Dabei gehen pro Buch 2,50 € an die Organisation. Das Buch beinhaltet Bilder und Texte von 40 Autoren aus dem deutschsprachigen Europa. Sein „Fliegenpilz" ist eine kostenlose Zeitschrift für Literatur und Kultur, die 400 Mal gedruckt wird. Bisher gibt es zwei Ausgaben. Er ist vernetzt mit sehr vielen bekannten Autoren und arbeitet unentgeltlich für das „Wochenblatt" in Kaiserslautern.

Gedenken an Oscar Wilde

Am 30.11. vor 120 Jahren ist Oscar Wilde gestorben. Er wurde bekannt durch seinen einzigen Roman „Das Bildnis des Dorian Gray".
Die Geschichte handelt von einem Portrait. Das Bild verändert sich mit dem Gemütszustand Grays. Ein wenig ähnelt es der Verfilmung von „Hinter dem Horizont", mit dem leider verstorbenen Schauspieler Robin Williams.
Mich hat am meisten seine Märchensammlung fasziniert. Da gibt es z. B. die Geschichte vom Riesen, der einen schönen Garten besaß, in dem die Kinder nicht spielen durften. Er jagte sie weg, und als er ihnen verboten hatte, darin zu spielen, wurde der Garten hässlich. Die Pflanzen und Blumen verwelkten.
Als er das sah, wurde der Riese traurig. Er wurde depressiv, und mit einem Male ließ er die Kinder doch spielen und der Garten wurde wieder wunderschön …
Es gibt auch ein schönes Märchen von einer Elster, die im Glockenturm wohnt und Silber klaute … Die Märchensammlung heißt: „Der glückliche Prinz". Gibt es von fast jedem großen Verlag! Am günstigsten ist sie natürlich von Reclam … Da kostet sie 3,60 €. Oben das Bild ist von einem Inselbüchlein von 1931. Leider drucken und bevorraten nicht

mehr die Verlage alle Klassiker. Es gibt vieles als E-Book oder on Demand. Reclam pflegt die Klassiker. Die Märchen von Wilde sind eine Wohltat für die Seele. Oscar Wilde saß im Gefängnis, weil er schwul war. Er war Ire und einer der größten englischsprachigen Romantiker. Es gibt kein schöneres Buch als die Märchen von Oscar Wilde.

Hier die Geschichte vom Riesen:

Der selbstsüchtige Riese
Oscar Wilde

Jeden Nachmittag, wenn sie aus der Schule kamen, pflegten die Kinder in des Riesen Garten zu gehen und dort zu spielen.

Es war ein großer, lieblicher Garten mit weichem, grünem Gras. Hier und da standen über dem Gras schöne Blumen wie Sterne, und es waren dort zwölf Pfirsichbäume, die im Frühling zarte, rosige und perlfarbene Blüten hatten und im Herbst reiche Früchte trugen. Die Vögel saßen auf den Zweigen und sangen so süß, dass die Kinder ihre Spiele unterbrachen, um ihnen zu lauschen. »Wie glücklich sind wir hier!« riefen sie einander zu.

Eines Tages kam der Riese zurück. Er hatte seinen Freund Oger in Cornwall besucht und war sieben Jahre bei ihm gewesen. Als die sieben Jahre vorbei waren, hatte er alles gesagt, was er wusste, denn seine Unterhaltungsgabe war begrenzt, und er beschloss, in seine eigene Burg zurückzukehren. Als er ankam, sah er die Kinder in dem Garten spielen.

»Was macht ihr hier?« schrie er mit sehr barscher Stimme, und die Kinder rannten davon.

»Mein eigener Garten ist mein eigener Garten,« sagte der Riese; »das kann jeder verstehen, und ich erlaube niemand, darin zu spielen als mir selbst.« Deshalb baute er ringsherum eine hohe Mauer und befestigte eine Tafel daran:

Eintritt bei Strafe verboten.

Er war ein sehr selbstsüchtiger Riese.

Die armen Kinder hatten nun keinen Platz, wo sie spielen konnten. Sie versuchten auf der Straße zu spielen, aber die Straße war sehr staubig und voll von harten Steinen, und das liebten sie nicht. Sie pflegten rund um die hohe Mauer zu gehen, wenn ihr Unterricht vorbei war, und von dem schönen Garten dahinter zu reden. »Wie glücklich waren wir dort,« sagten sie zueinander.

Dann kam der Frühling, und überall im Land waren kleine Blumen und kleine Vögel. Nur im Garten des selbstsüchtigen Riesen war es noch Winter. Die Vögel wollten darin nicht singen, weil dort keine Kinder waren, und die Bäume vergaßen zu blühen. Einmal steckte eine schöne Blume ihren Kopf aus dem Gras hervor, aber als sie die Tafel sah, taten ihr die Kinder so leid, dass sie wieder in den Boden hinabglitt und sich schlafen legte. Die einzigen Wesen, die daran ihre Freude hatten, waren Schnee und Frost. »Der Frühling hat diesen Garten vergessen,« sagten sie, »deshalb wollen wir hier das ganze Jahr durch wohnen.« Der Schnee bedeckte das Gras mit seinem dicken, weißen Mantel, und der Frost bemalte alle Bäume mit Silber. Dann luden sie den Nordwind zum Besuch ein, und er kam. Er war in Pelze eingehüllt und brüllte den ganzen Tag im Garten herum und blies die Dachkamine herab. »Dies ist ein entzückender Platz,« sagte er; »wir müssen den Hagel bitten, herzukommen.« So kam der Hagel. Er rasselte jeden Tag drei Stunden lang auf das Dach der Burg, bis er fast alle Dachziegel zerbrochen hatte, und dann rannte er immer im Kreis durch den Garten, so schnell er nur konnte. Er war in Grau gekleidet, und sein Atem war wie Eis.

»Ich verstehe nicht, warum der Frühling so lange ausbleibt,« sagte der selbstsüchtige Riese, als er am Fenster saß und auf seinen kalten, weißen Garten hinaussah; »hoffentlich gibt es einen Witterungsumschlag.«

Aber der Frühling kam überhaupt nicht, ebenso wenig wie der Sommer. Der Herbst brachte in jeden Garten goldene Frucht, nur in des Riesen Garten brachte er keine. »Er ist zu selbstsüchtig,« sagte er. So war es denn dort immer Winter, und der Nordwind und der Hagel und der Frost und der Schnee tanzten zwischen den Bäumen umher.

Eines Morgens lag der Riese wach im Bett, da hörte er eine liebliche Musik. Sie klang so süß an seine Ohren, dass er glaubte, des Königs Musiker kämen vorbei. Es war in Wirklichkeit nur ein kleiner Hänfling, der draußen vor seinem Fenster sang, aber er hatte so lange Zeit keine Vögel mehr in seinem Garten singen hören, dass es ihm die schönste Musik von der Welt zu sein dünkte. Dann hörte der Hagel auf, über seinem Kopf zu tanzen, der Nordwind brüllte nicht mehr, und ein entzückender Duft kam durch den offenen Fensterflügel zu ihm. »Ich glaube, der Frühling ist endlich gekommen,« sagte der Riese; und er sprang aus dem Bett und schaute hinaus.

Was sah er?

Er sah das wundervollste Bild. Durch ein kleines Loch in der Mauer waren die Kinder hereingekrochen und saßen in den Zweigen der Bäume. Auf jedem Baum, den er sehen konnte, war ein kleines Kind. Und die Bäume waren so froh, die Kinder wiederzuhaben, dass sie sich selbst mit Blüten bedeckt hatten und ihre Arme zärtlich um die Köpfe der Kinder legten. Die Vögel flogen umher und zwitscherten vor Entzücken, und die Blumen blickten aus dem grünen Gras hervor und lachten. Es war ein lieblicher Anblick, nur in einer Ecke war noch Winter. Es war die äußerste Ecke des Gartens, und in ihr stand ein kleiner Knabe. Er war so winzig, dass er nicht bis zu den Zweigen des Baumes hinaufreichen konnte, und er wanderte immer um ihn herum und weinte bitterlich. Der arme Baum war noch ganz mit Eis und Schnee bedeckt, und der Nordwind blies und brüllte über ihn weg. »Klett're hinauf, kleiner Knabe,«

sagte der Baum und bog seine Zweige hinab, so weit er konnte; aber der Knabe war zu winzig.

Und des Riesen Herz schmolz, als er hinausblickte. »Wie selbstsüchtig ich gewesen bin!« sagte er; »jetzt weiß ich, warum der Frühling nicht hierherkommen wollte. Ich werde den armen, kleinen Knaben oben auf den Baum setzen, und dann will ich die Mauer umstoßen, und mein Garten soll für alle Zeit der Spielplatz der Kinder sein.« Es war ihm wirklich sehr leid, was er getan hatte.

Er stieg hinab, öffnete ganz sanft die Vordertüre und ging hinaus in den Garten. Aber als ihn die Kinder sahen, waren sie so erschrocken, dass sie alle davonliefen, und es im Garten wieder Winter wurde. Nur der kleine Junge lief nicht fort, denn seine Augen waren so voll von Tränen, dass er den Riesen gar nicht kommen sah. Und der Riese stahl sich hinter ihn, nahm ihn behutsam in die Hand und setzte ihn auf den Baum. Und der Baum brach sofort in Blüten aus, und die Vögel kamen und sangen darauf, und der kleine Junge streckte seine beiden Arme aus, schlang sie rund um des Riesen Nacken und küsste ihn. Und als die anderen Kinder sahen, dass der Riese nicht mehr böse war, kamen sie zurückgerannt, und mit ihnen kam der Frühling. »Es ist jetzt euer Garten, kleine Kinder,« sagte der Riese, und er nahm eine große Axt und schlug die Mauer nieder. Und als die Leute um zwölf Uhr zum Markt gingen, da fanden sie den Riesen spielend mit den Kindern in dem schönsten Garten, den sie je gesehen hatten. Den ganzen Tag lang spielten sie, und des Abends kamen sie zum Riesen, um sich von ihm zu verabschieden.

»Aber wo ist euer kleiner Gefährte?« fragte er, »der Knabe, den ich auf den Baum setzte.« Der Riese liebte ihn am meisten, weil er ihn geküsst hatte.

»Wir wissen es nicht,« antworteten die Kinder; »er ist fortgegangen.«

»Ihr müsst ihm bestimmt sagen, dass er morgen wieder hierherkommt,« sagte der Riese. Aber die Kinder erklärten, sie wüssten nicht, wo er wohne, und hätten ihn nie vorher gesehen; und der Riese fühlte sich sehr betrübt.

Jeden Nachmittag, wenn die Schule vorbei war, kamen die Kinder und spielten mit dem Riesen. Aber der kleine Knabe, den der Riese liebte, wurde nie wieder gesehen. Der Riese war sehr gütig zu allen Kindern, aber er sehnte sich nach seinem ersten kleinen Freund und sprach oft von ihm. »Wie gerne möchte ich ihn sehen!« pflegte er zu sagen.

Jahre vergingen, und der Riese wurde sehr alt und schwach. Er konnte nicht mehr draußen spielen, und so saß er in einem hohen Lehnstuhl und beobachtete die Kinder bei ihren Spielen und bewunderte seinen Garten. »Ich habe viele schöne Blumen,« sagte er, »aber die Kinder sind die schönsten Blumen von allen.«

Eines Wintermorgens blickte er aus seinem Fenster hinaus, als er sich anzog. Er hasste jetzt den Winter nicht mehr, denn er wusste, dass er nur ein schlafender Frühling war, und dass die Blumen sich dann ausruhten.

Plötzlich rieb er sich die Augen vor Staunen und schaute atemlos hinaus. Es war wirklich ein wunderbarer Anblick. Im äußersten Winkel des Gartens war ein Baum ganz bedeckt mit lieblichen, weißen Blumen. Seine Zweige waren ganz golden, und silberne Früchte hingen von ihnen herab, und darunter stand der kleine Knabe, den er geliebt hatte.

In großer Freude rannte der Riese die Treppe hinab und hinaus in den Garten. Er eilte über das Gras und näherte sich dem Kinde. Als er dicht bei ihm war, wurde sein Gesicht rot vor Zorn, und er fragte: »Wer hat es gewagt, dich zu verwunden?« Denn aus den Handflächen des Kindes waren zwei Nägelmale, und zwei Nägelmale waren auf den kleinen Füßen.

»Wer hat es gewagt, dich zu verwunden?« schrie der Riese;
»sage es mir, damit ich mein großes Schwert nehme und ihn
erschlage.«

»Nein!« antwortete das Kind; »denn dies sind Wunden der
Liebe.«

»Wer bist du?« fragte der Riese, und eine seltsame Ehrfurcht
befiel ihn, und er kniete vor dem kleinen Kinde.

Und das Kind lächelte den Riesen an und sagte zu ihm: »Du
ließest mich einmal in deinem Garten spielen; heute sollst du
mit mir in meinen Garten kommen, der das Paradies ist.« Und
als die Kinder an diesem Nachmittag hineinliefen, fanden sie
den Riesen tot unter dem Baum liegen, ganz bedeckt mit
weißen Blüten.

Text der Zeit

Wir haben eine Pandemie. Ich überlegte mir: „Pantheismus"
und „Pandämonismus" sind Worte die es gibt – oder
fantasierte ich bloß?
Pantheismus ist eine Form von Religion, wobei man Gott in
allem sieht, z. B. Gott ist die Natur, Gott ist ein Baum. „Theo"
oder „Deus" heißt „Gott". „Pan" ist die Natur. Pandämonie ist
meine Wortschöpfung. Aber ich googelte mein Wort und dabei
entdeckte ich aus dem Barock von Milton „Paradise lost", eine
Verserzählung. Und es gibt von Baselitz auch eine
künstlerische Arbeit „Das pandämonische Manifest". Bei
Milton, in seinem Versepos, ist das Pandämonium der Vorhof
der Hölle ... Zu meinen Überlegungen fiel mir dieses Gedicht
ein. Mein Cousin glaubt an die Bibel und er glaubt, das zweite
Pferd wäre unterwegs. Ich glaube, es lahmt. Gemeint sind die
4 Apokalyptischen Reiter, wobei der 4. die Pest bringt ... Das
Bild der Gläserkuppeln habe ich beim 79er Barclay James
Harvest Cover von „Eyes of the Universe" abgeschaut ...

Unten ist auch das Cover. Das obere Video von Aphrodite's Child ist aus dem Album „666" . Es beschreibt die ganze Apokalypse. Bei dieser Band sang der spätere Schlagersänger Demis Roussos und Vangelis bediente den Synthesizer

...

pan dämonie

gott ist gerecht
er gibt er nimmt
schleicht sich
auf leisen sohlen
unter uns
durchquert das meer
kommt mit den reisenden zu uns
oder kehrt von uns
und schränkt das leben ein
pan der gott der dämonie
der zerbrechlichen gläserkuppeln
aller kosmonauten dieses weltraums –
das dritte pferd lahmt –
erstickt in seiner eigenen hülle

Uwe Kraus, 18.03.2020

Dieter M. Gräf – Falsches Rot – Brueterich Press 2018

Dieter Gräf ist ein Meister der Wortstafetten und Experimente.
Eine Textmaschine.
Was bei ihm früher in kurzen Texten gelang, gelingt ihm jetzt
im Langgedicht.
„Autor ennfahren" nannte er früher seine gekonnten, kurzen,
artifiziellen Poeme. Er arbeitet mit Zeilensprüngen, technisch,
was Word betrifft oder das jeweilige Schreibprogramm, sehr
versiert.
Es fiel mir erst schwer einzusteigen, in diese Gedichte, da
Herr Gräf sehr viel Fachwissen aufbereitet und Recherche für
seine Texte betreibt.
Zum Beispiel in seinem Gedicht über die Wiedertäufer ersieht
man Fachwissen über Kirche, Reformation, Kriege und vieles
mehr. In seinem Langgedicht zum DDR-Hymnenschreiber
Becher merkt man, wie er auch angibt, dass Gräf sich mit den
Tagebüchern Bechers beschäftigte. Man kann daraus lernen,
muss aber ein gewisses Leselevel erreicht haben, was
Gedichte angeht, um da mit diesen schnellen Sprüngen und
verschiedenen Themen Schritt zu halten.
Gut finde ich, dass er sehr experimentierfähig und -freudig ist.

Negativ bleibt mein Unwissen. Ich schätze, Gräf studierte
Geschichte, denn Zeitgeschichte wie z. B. der
Jugoslawienkonflikt oder auch die Nazizeit, beziehungsweise
die Judenverfolgung beschäftigen ihn sehr.
Auch nicht zuletzt die RAF, sein Lieblingsthema, mit
Brinkmann, macht ihm in seiner Wortverliebtheit Spaß, mit
seinem Wissen zu spielen, mit Fremdworten zu jonglieren …

Am Ende des Bandes finden sich auch visuelle Gedichte.
Zudem präsentiert sich das Buch gefüllt mit seinen
Fotografien, die er bei Stipendien schoss. Er ist
leidenschaftlicher Fotograf.
Zu dem Band gab es z. B. in Stuttgart eine Ausstellung.

Ich selbst mag Herrn Gräf und bin für seine Hilfe dankbar. Wir
unterhalten bei Facebook einen Briefwechsel von über 100

Seiten.
Ich will über seine anderen Bücher nun nicht mehr schreiben
…
Das Buch „Falsches Rot" ist bei der Brueterich Press
bestellbar.

Ich wünsche viel Lesevergnügen!
Uwe Kraus

Lieber FCK,

morgen kommt ein Spiel, das wir letzte Saison gewannen, ein
Spiel bei Halle. Reißt euch etwas zusammen und spielt nicht
nur für die Kategorie Schöngeistigkeit.
Lasst den Ball rollen und ich will morgen einen Sieg sehen.
Arbeitet zusammen für die gute Sache.
Wir spielen das 11. Spiel. Einmal haben wir gewonnen und
sechsmal unentschieden gespielt.
Von der Statistik her sind wir momentan nicht auf einem
Abstiegsplatz, das sollte beflügeln.
Nehmt euer Herz in die Hand. Schießt auch mal aus der
zweiten Reihe.
Auch wenn nichts im Spiel geht, so stehen viele Fans hinter
euch, die noch nicht aufgesteckt haben.
Selbst wenn am Ende der Saison nur ein Mittelfeldplatz
herausspringt. Lieber mal offensiv und Chance auf ernsthafte
Chance, bitte keine Angst vorm Gegner.

Ihr könnt spielen, ihr seid Profis und ihr zeigt euren Fans
morgen, dass es einen Sinn hat, Betzefan zu sein!
Dieser Fußballgott wird euch sicher teuflisch beistehen, wenn
Ihr es wollt und verdient habt.
KAMPF, LEIDENSCHAFT, das macht den Verein aus.

UND solang es in Deutschland Fußball gibt, gibt es auch den
FCK.

Zeigt, dass Ihr es könnt.
Ihr sollt gut spielen. Wenn am Ende eine Niederlage steht,
dann sollt ihr wissen, selbst wissen, ihr habt es versucht ...

Liebe Grüße,

Uwe Kraus

(Kommissar des guten Fußballs)

„Die Flucht in die Unfreiheit" ist ein Text, den ich zur
Hausaufgabe meiner Großcousine schrieb. Sie bekam in der
10. Klasse die Aufgabe, eine Antwort zu Folgendem zu
schreiben:

**Warum war die Weimarer Republik die Flucht in die
Unfreiheit?**

Sie hatte damals nicht viel Bock und da hab ich die
Hausaufgabe gemacht. Leider wurde sie nicht benotet, aber
meine Cousine hat mir einen Kuchen gebacken ... Immerhin
etwas Zählbares, denn man bekommt nicht immer etwas für
seine Arbeit, bis auf Lob. Die Aufgabe ist in einem
Realschulbuch drin. Sie wird gerne als Aufgabe gegeben ...

Liebe Grüße, Uwe Kraus

Die Weimarer Republik bestand von 1919 an und endete mit
der Machtübernahme Hitlers am 30.01.1933, der durch den
Börsencrash 1929 und der national eingestellten braunen
Front im Bürgertum an die Macht kam.
Durch den Deutsch-Französischen Krieg 1870, den
Deutschland gewann, gab es in Europa eine Mehrheit, die
Deutschland für national und feudal hielt und sich nach dem
Attentat in Österreich auf den ungarischen Thronfolger dann
nach der dazugehörigen Gerichtsverhandlung gegen

Deutschland verbündete. Somit begann 1914 der 1. Weltkrieg, der durch den Imperialismus Millionen Menschenleben forderte. Nach der Niederlage gegen die alliierten Streitkräfte bekam Deutschland die Auflage zur Demokratie, wobei immer der Erzrivale Frankreich den Deutschen im Gedächtnis blieb. Es folgte eine Demokratie unter Ebert und Hindenburg, der 1925 gewählt wurde, die damit endete, dass der Schwarze Freitag 1929 die Weltwirtschaftskrise, sowie die Inflation auslöste! Somit, mit dem Gedanken einer nationalen Niederlage und durch Reparationen, entstand die geschuldete faschistische Bewegung, und es kam es zur Gründung der NSDAP, am 24.02.1920 in München. Die Unfreiheit der Weimarer Republik ist also folglich durch den Ersten Weltkrieg verursacht, der einen Zweiten forderte, da man sich nicht nur ungerecht, sondern missmutig und durch Arbeitslosigkeit belastet in die grausame Zukunft begab. Es fiel den Menschen nicht schwer, an etwas zu glauben, das die Freiheit der Freiheit war, ein „Drittes Reich", das das Ende einer unglaublichen nationalen Befreiung werden sollte. Was daraus wurde, ist eine Vernichtung und Dämonie eines schizoiden Machttyrannen, der bis heute nie mehr vergessen werden und in die Geschichte als etwaiger Antichrist eingehen wird. 60 Millionen Tote, 6 Millionen Juden, Völkermord, all das war die Flucht in die Unfreiheit!

Hier mein Lichtpunkt für heute:

Merkt keiner, dass die Nationalelf so uninteressant ist und unattraktiv, dass es einem die Schuhe auszieht? Hier ein Kommentar an Franz Beckenbauer. Es muss doch mal einer das Maul aufmachen! Kuntz ist der perfekte Trainer. Es wird Zeit, dass bei der Mannschaft gehandelt wird. Keiner will das mehr sehen. Unterirdische Leistungen. Nach der WM 2014 ist kein richtiger Erfolg mehr da. Das Halbfinale gegen Frankreich bei der EM. Jetzt kann man dankbar sein, dass es keine EM gab. Es wäre eine Farce. Das wiederholte Endspiel gegen Argentinien 2 : 4 verloren, ein grottenschlechtes Spiel damals gegen Israel. Es wird Zeit, dass nach dem Spiel mal kein Espresso getrunken wird ... Mit meinen dichterischen Worten umschrieben: Schal liegt der Ölprinz in seinem Fett. Will sagen, der vorherige Erfolg von Löw überblendet die Ereignisse. Früher war man stolz auf seine Mannschaft, heute interessiert es niemand mehr. Hier mein Kommentar, wohl etwas global an Beckenbauer:

Lieber Herr Franz Beckenbauer ... 1990 hätten Sie nicht Mill mitnehmen sollen, sondern Kuntz! Es war eine Fehlentscheidung. Und noch was: Uli Stein hätte spielen sollen 86 ... Der Bäcker Klinsmann musste ja auch Jens Lehmann spielen lassen! Meinen Sie nicht, dass Oliver Kahn den Elfmeter 2006 gegen Argentinien gehalten hätte ... Lieber Herr Beckenbauer, sprechen Sie ein Machtwort – Kuntz for DFB! Machen Sie Ihren Fehler wieder gut. Kuntz war Torschüzenkönig in den 80ern bei Bochum und spielte erst 1993?! Immer werden Spieler bevorzugt, die nichts können. Herr Löw musste auch Neuer gleich wieder als Kapitän bringen, obwohl er ganz lange verletzt war .... Löw ließ Lehmann spielen, obwohl er bei Arsenal bloß auf der Bank saß ... Wo führt das hin... Wer will die Nationalmannschaft noch gucken ... Löw gehört in Rente ... Meine Meinung ... Es wird Zeit, dass sich was ändert! Und wenn Klopp das macht, ziehe ich aus Deutschland weg ...

Uwe Kraus, 17.11.2020

Zum Sport

Was ist nur aus dem Sport geworden? Heute zählt Geld als das höchste Gut des Sports. Als die Weltmeister 54 in Bern gekrönt wurden, bestand eine Mannschaft einer Stadt oder eines Vereins aus Spielern, die in ihr lebten!
Kann man nicht zurück, um den Sport ehrlich zu machen! Heute haben wir Sponsoren wie Rasen-Ball, die den Sport zerstören. Das Allerschlimmste ist die Salamispieltagsverteilung, die wenigen Spiele an einem Freitagabend ... Früher, da gab es noch keine Sportschau mit Werbung! Da gab es kaum RTL und keine Privatprogramme wie DAZN oder Sky usw.
Samstags und freitags wurde in der Liga gespielt, man konnte immer noch zu Hause essen und musste nicht an einem Sonntagsspiel kurz nach dem Frühstück auf den Betze.
Außerdem übertrug das Radio die Zweitligaspiele! Alle Spiele wurden in der Sportschau gezeigt, da gab es ebenfalls ja Eishockey im Öffentlich-Rechtlichen!
Heute muss man mehrere Anbieter haben, um Fußball zu schauen! Zudem gibt es nur noch montags ein Regionalligaspiel! Traurig für den Sportfan!
Nur das Fernsehen und die Werbung machen unseren Sport kaputt! Warum muss man Spanier in einer Mannschaft haben. Natürlich kann man in anderen Ländern sehr gute Spieler verpflichten, aber so sieht man nicht, was hinter seinem Verein steht. Ich denke, der FCK wäre auch durch seine Jugend nicht weniger erfolgreich! Warum Australier, die nicht das Tor trafen ... Warum nicht Lautrer. Wäre Bayern Rekordmeister, wenn man nicht das viele Geld scheffeln würde ... Ehrlichkeit gibt es im Sport nicht ... Ein Freund sagte zu mir: „Bei Geld hört die Freundschaft auf!"

Ich sage: Mit Geld hört der Sport auf. Wer braucht schon Retortenmannschaften wie Hoffenheim oder Leipzig? Der Sport ist so kaputt! Das kann man nicht mehr gutmachen ... Vielleicht macht Corona den Sport ehrlicher, da die Spieler bald keine Millionen mehr verdienen. Meine Meinung, wenn Usain Bolt das PUMA-Zeichen auf den Kontaktlinsen tragen muss, dann wird es Zeit, dass der Sport wieder zurückkehrt in normale Regionen, was Spielergehälter, Sponsoring und Vereine betrifft.

Herzlichst,

Uwe Kraus

Der Betze im Fokus.

Was haben die FCK-Mannschaft und ein Fan gemeinsam: Leid ohne Stimmung. Wieder ein Unentschieden. Warum? Da die Torgefahr nicht umgesetzt wird. Auch ist Pourie allein auf sich gestellt. Er macht alles. Wenn die gegnerische Abwehr ihn doppelt, fällt es den Lautrern schwer, richtig offensiv zu sein. In der ersten Hälfte ein paar Chancen, aber richtige Torgefahr Fehlanzeige! Einziger Lichtblick: der Chip von Ciftci. Ich hatte mir mehr erhofft. Spahic war neben sich. Den Ball vom Tor zum Abwehrspieler geben kann man, aber dabei ständig unter Druck zu geraten? Ein Abschlag täte mal Not. Meiner Meinung nach gibt es so schnell kein Spiel, bei dem der Betze mal 5 : 0 führt. Man nutzt die Chancen nicht und die sind auch nicht wirklich gefährlich. Man braucht in der Winterpause dringend einen Stürmer! Das 1 : 0 fiel, aber dann? Wieder ein 1 : 1.

Ich denke, es fehlt ein zweiter Mann im Sturm. Wenn nicht sogar ein dritter und ein Torwarttrainer ... Trares wäre im übrigen auch noch als Trainer frei!

So weit,

Uwe Kraus

PS: In der Regionalliga gibt es auch schöne Spiele: evtl. Wormatia Worms, FK Pirmasens, FC 08 Homburg, Hessen Kassel, Kickers Offenbach! Waren mal alles zumindest

Zweitligisten, auch Wormatia – 2. Liga Süd. Aber die müssen aufsteigen ...

Waren zur Zeit von Fritz Walter alles Klassiker ... Vielleicht wird es ja dann besser!

Zur Reichspogromnacht

In der Nacht vom 09.11. auf den 10.11. 1938 fand das Schlimmste statt, was je ein Mensch einer Religionsgemeinschaft tat ... Es ist Zeit zu erinnern. Wirklich erinnern ... Darum teile ich folgendes Gedicht.

Die Backsteine

die backsteine sind leise geworden sie fraßen das leid. die backsteine fürchteten sich vor kreischenden flammen doch feuer nahm ihnen das rot das blut und die leiber den hass den er brachte die angst und die not

der tod ist ein tor aus deutschland.
ein germane ein arier, ein mörder,
ein heizer

ein monster der flammen

die ziegel verglimmen
in seinem dunklen schein

ein anderer der kommt geritten
mit sichel und myrrhe,

er hat ihn gebunden für 1000 jahre.

der heizer wird brennen
da bei den schlangen.

der heizer wird sterben
getötet durch gas

ihm wird selbst geschehen
denn der herr ist ein hirte
er schützet die kinder und männer und frauen

er bricht aus dem himmel
und öffnet das siegel
das einst zerbarst ...

doch nunmehr wird steigen nach jahren
der friede herauf
so sollen die herren des dunklen

stehen im kugellauf
ich bete. So.

Uwe Kraus, 12.9.2020

Zur Sporthistorie

Heute, den 06.11., jährt sich eine der bittersten Niederlagen
eines deutschen Meisters in der Champions League. Der FCK
kam trotz einem der besten Spiele der Vereinsgeschichte
gegen Barcelona nicht in die Gruppenphase des
Landesmeisterpokals. Man spielte brillant. Goldbaek hat
niemals mehr solch ein Spiel gespielt. Ich greife dem Artikel
vor. Es stand nach einer 0 : 2 Niederlage in Nou Camp, sage,
ja sage und schreibe 3 : 0 für den Underdog ... Eine Chance
nach der anderen. Dass es nicht 10 : 0 stand, war alles. Johan
Cruyff war nie hilfloser bis zur letzten Minute ... Er sagte: Die
sollen spielen. Wir gewinnen! Da hatte er sich getäuscht ... Ich

glaube, er schiss sich fast in die Hose! Bakero rettete die Spanier ... Viel Spaß mit meiner Erinnerung ... euer UK FCK. Wenn man bedenkt, wie wundervoll der Fußball in all seinen Facetten sein kann, so muss man sich vor allem an die großen Jahre des FCK in den Neunzigern erinnern. Mein erstes Spiel gegen Köln endete 2 : 2 auf dem heimischen Betze. Es war ein verlegtes Spiel in der Meisterserie 90/91, als der FCK 0 : 2 zurücklag und in einem rasanten, einem Teufelsritt ähnlichem Aufholspiel das 2 : 2 besiegelte. Damals spielten die Roten Teufel gegen den Deutschen Vizemeister, der in der vorherigen Saison beinahe den UEFA-Pokal gewonnen hätte. Im Rückspiel das unvergessene 6 : 2 in Müngersdorf, ein Fußballwunder, einem Epos gleich, war vollendet – von einer reinen Kampfmannschaft, die keinen damaligen deutschen Nationalspieler in ihren Reihen zählte. Zuvor wäre man beinahe abgestiegen, in einer grausigen Saison 1989/90, als man sich auf den 12. Tabellenplatz rettete. Dank des Motivators Kalli Feldkamp wurde sogar der Pokal in einem rasanten Spiel gegen Bremen gewonnen. Dies war der Grundstein für ein Fußballjahrzehnt, das mit zwei Meisterschaften, zwei Pokalsiegen und einer Vizemeisterschaft unter Friedel Rausch zu einem glorreichen, teuflischen wurde.
Ebenfalls unvergessen eines der größten Spiele der Vereinsgeschichte: Im Hinspiel gab es im Nou Camp ein klares 2 : 0 für Barcelona, den späteren Europapokalsieger. Vom Rückspiel auf dem Betze erzählt Pep Guardiola noch heute mit Gänsehaut seinen Teams von einem „zweiten Kaiserslautern", falls sie ihre Rückspiele in der Champions League im sicheren Gefühl des Sieges nicht ernst genug nehmen sollten. Der FCK hätte für dieses Spiel 100.000 Karten verkaufen können, die Nebelbank des brennenden Betze waberte minutenlang, bis man beide Mannschaften einlaufen sah. Namen wie Zubizarreta, Begiristain, Michael Laudrup, gegen puren Kampfeswillen und Leidenschaft. Ich war damals 12 Jahre alt, als ich dieses Spiel im Fernsehen schaute. Damals kamen mir wie so oft die Tränen, als ich die eindrucksvolle Westkurve vor meinen Augen sah.
Der FCK führte nach einem brillanten Spiel 3 : 0 gegen Barca, ehe man in letzter Sekunde das fatale Gegentor durch Bakero

70

hinnehmen musste. Es hätte die erfolgreichste Saison in der Vereinsgeschichte sein können. Man war auf Augenhöhe mit Liverpool, Real Madrid und AC Milan, und nur durch eine furchtbar unnötige Nachspielzeit wurde man aus allen Träumen gerissen. Der FCK wäre womöglich noch heute ein erfolgreicher Bundesligist und Champions-League-Teilnehmer. Man hatte Kuntz, Feldkamp, Hotic und Ehrmann, von denen Ehrmann der Letzte ist, der diesem Verein die Treue schwören will. Wenn ein Spieler wie Ehrmann heute spielen würde, etwa bei Bayern, wäre Oliver Kahn kein Nationalspieler geworden. Kuntz machte sein erstes Länderspiel erst 1993 gegen die USA und bestritt lediglich 25 A-Nationalspiele. Man weiß nicht, was aus der WM in den Vereinigten Staaten geworden wäre, wenn man so manchem Spieler des FCK eine Chance gegeben hätte! Für heute soll es nun genug sein mit diesen wunderbaren Erinnerungen!

Rezension

„Man kann sein Unglück auch versäumen" – Eugen Roth für alle Lebenslagen
Editiert von Katharina Savigny, Carl Hanser 2012

Mein zweites Leseexemplar habe ich von Carl Hanser erhalten. Nun möchte ich darüber berichten:
Ein herzhaftes Lachen ist es, das Roth mit jedem Gedicht seinem Leser entlockt. Er hält den Spiegel auf den Menschen, der sich erkennt und dabei lernt, über sich selbst zu schmunzeln.
Ähnlich wie Ringelnatz, bringt es Roth zeitlos schön fertig, Gedichte in perfektem Maß zu schreiben. Pointiert mit Spitzfindigkeit und Frohsinn.

Ich begann selbst 2000 Gedichte zu schreiben. Meine Großmutter legte mir bei meinen philosophischen Gebilden nah, mal was Schönes zu schreiben, und daraufhin schenkte sie mir Eugen Roths „Der Mensch". Ich selbst hatte es nie geschafft, so wunderbar ironisch zu schreiben, so voller Dichterglück.

Ich stelle mir Roth als herzensguten Menschen vor, der wie Johann Gottlieb Fichte hinter dem Winterofen saß und heimelige, gebundene Verse schrieb. Es erinnert stark an den Biedermeier-Stil. Auch ist sein Schaffen in heutiger Zeit sehr aktuell ... Heute würde er über den Menschen am Computer oder dem Smartphone schreiben.
Er schafft es, in einem Gedicht ein kleines Märchen zu erzählen. Mich erinnert Roth an einen Pitje Puck der Literaturgeschichte. Die Verse kann man auch einem Kind zum Einschlafen vorlesen. Zeitlos schön und in der Zeit der Pandemie ein Stück „Wir bleiben zuhause und lesen was Schönes" –

Wer keine Ahnung von Gedichten hat oder sagt, Gedichte seien unnötig oder langweilig, wird nach dieser schönen Lektüre beschenkt werden.
Als Geschenk für die Weihnachtszeit auch zu gebrauchen ...

Das Buch gibt es im Buchhandel für 12,50 €

Herzlichst,

Uwe Kraus, 05.11.2020

Gedicht des Tages

Es ist wieder spät bzw. früh. Mein Gedicht behandelt im Jetzt Nietzsches Zarathustra. Wer kennt nicht den Spruch „Gott ist tot!"? Wer kennt nicht den gesprayten Spruch eines Graffiti-Künstlers in Frankfurt: „Nietzsche ist tot!"? Nunmehr kann man Nietzsche als nicht untreu bezeichnen, was Gott angeht. Ein Buch der Psychologin Lou Andreas-Salomé gibt Aufschluss. Nietzsches Philosophie forderte den Übermenschen, von Hitler missbraucht. Der Übermensch ist laut Salomé nur der Beweis einer Schizophrenie. Sie glaubt in der

Tiefenpsychologie Nietzsches seine Krankheit zu erkennen. Er wollte sich, laut ihr, destillieren und seinen Gott und Teufel, der ihn neben seinen Clusterkopfschmerzen quälte, zu einem dialektischen Bild bringen, dem Übermenschen. Gott ist tot, das ist nur ein Ziel, um gesund zu werden. Darum geht es ebenfalls in folgendem Gedicht, welches auch in Kristian Kühns „Signaturen-Magazin" erschienen ist. Im Übrigen eine tolle Seite ... Hier mein neues Gedicht des Tages:

rätsel

donnernd in sich erzählt der lustgott
von der verwandlung
des in uns zu dir über.
du erzählst den steinigen ring
der sich rundet in zeichen
und rätseln.
der stein der zeit
die hohe erklärung
die niedere auferstehung des also:
wir bin ich
wenn ich über dir bin in mir?
wer in mir über dem ich steht der steht über sich in sich
wer bin ich?
ich drehte das bild
gesalzen
erscheint der blutsverwandte
im über sein
in ich verdreht der dreifaltigkeit:
du stehst gebärtigt im negativen wir bin ich
wenn ich über dir stehe!
ich sprach verdreht
nieder mit dir!
hoch mit dem gefalteten ich
ich bin
du warst.
ich verstand.

Uwe Kraus, 2002

Gedicht der Woche

In eine richtige Zeitung gehören auch Gedichte. In fast jeder
großen solchen, z. B. der FAZ, ist das ein Muss. Das meine
ich ebenfalls für die Druckausgabe des Wochenblatts! Darum
denke ich mir, der Leser sollte durchaus mal in einem kurzen
Text innehalten. Auch für diese Zeit. Das Gedicht, das ich
ausgesucht habe, bezieht sich auf einen Text von Sting: „Let
your soul be your pilot". Denn das sollte man immer machen.
Auf seine Intuition hören. Ich schreibe seit 20 Jahren und
dieses Gedicht stammt aus den Anfängen. Ich möchte keine
Werbung für Bücher machen, nein, ich möchte den Leser zum
Innehalten bewegen ...
hier mein Gedicht:

die gebote der liebe

ein mensch von güte sollst du sein
ein liebender gerechter
der im innern seines herzens spürt
wie gut der nächste hilfe braucht
und nicht ausnützen sollst du
lebe liebe mit engelszungen für deine seele
lasse sie deinen traum wahr werden
träume mit dem frieden für alle menschen
beschütze deine nähe zu dir selbst!
denke bei allem was du tust
niemals zuerst an dich
strebe für höhere geschicke
für frieden für deine liebe
strebe nach geborgenheit zusammenhalt
nach allem das sich ein mensch ein guter wünscht
lasse deine seele dein inspirator dein kreativum sein
wenn du eines tages dich sehnst nach alldem
so glaube mir: liebe ist das größte geschenk
das gott deiner seele schenkte
und deswegen höre immer die weisungen deines herzens
ein traum ist keine lüge die niemals in erfüllung geht
träume erfüllt gott den gerechten und nur ihnen

nicht den boshaften und niederträchtigen
da ihre seele nicht ihr steuermann ist
sondern sie nur haben wollen
und nicht geben

befolge gut diese weisungen denn sie sind schlüssel eines
jeden humanistischen menschen der das glauben in seiner
evolution nicht verlor der stuf' um stuf' musik in seiner seele
klingen hört der kind bleiben will und das lieben in seiner
qualität zu
schätzen weiß versuchen will ich selbst ein solcher mensch zu
werden und liebe will ich kennenlernen!

Uwe Kraus, 2001, entnommen „Der Stern des Lebenssinnes"

Über die Stadionmiete

Beim Betze geht es derzeit heiß her, die Bude brennt, 7 Spiele
gewonnen, 1. Platz ... Spaß, leider, ist nicht witzig!
Die Stadionmiete kann nicht abgeknapst werden. Warum
nicht?
Mein Vorschlag: Die FCK-Mannschaft spielt auf dem
Nebenplatz. Es gibt doch eh keine Zuschauer. Und die
Leistungen hätten auch keine verdient.
Es muss ein Investor her, der aus diesem WM-Stadion eine
ähnliche Arena wie die in Schalke macht.
Den Anwohnern ist es zu laut. Dummköpfe!
Lautern könnte der SAP-Arena trotzen. Hier gibt es nichts, die
Stadt ist tot. Auch wegen dem Betze.
Ein Investor für das Stadion könnte die Stadt komplett
verändern. Es gingen mehr als 100.000 Menschen ins
Stadion.
Bitte, liebe Stadiongesellschaft, lasst die Stadt leben! Beim
Betze geht's abwärts. Und ein Drittligaspiel gegen
Großaspach ist nicht so interessant wie zum Beispiel ACDC
mit Axl Rose ...

Außer Ehrmann könnt ihr alle gehen

Was passiert auf dem Berg? Keiner will mehr Ehrmann seinen Wunsch erfüllen und ihn seine perfekte Trainerarbeit machen lassen. Fans skandieren auf verschiedenen Foren, Ehrmann soll nie mehr Torwarttrainer sein. Früher hieß es: „Außer Ehrmann könnt ihr alle gehen!" Wenn ich er wäre, würde ich mit Kuntz zumindest die U 21 betreuen!
Und auch bei der Nationalmannschaft wäre ein Trainerwechsel nötig! Wenn Löw zur EM gefahren wäre, wäre er noch nicht mal ins Viertelfinale gekommen! Ein Sieg nach einem ganzen Jahr?
Horst Konzok sagte mir, Kuntz wäre der richtige Mann, und das finde ich auch. Und Ehrmann müsste mit Kuntz A-Nationaltrainer werden. Gerne mit Axel Roos, dem besten Jugendtrainer, den ich kenne!
Ehrmann kann nur über den Betze lachen! Er muss mit Sicherheit nicht wie Immel zum Dschungelcamp!
Er war und ist der beste Trainer für Torleute in Deutschland! Drei Nationalspieler, Wiese, Weidenfeller, Trapp. Dazu Sippel, der als Keeper aus der 2. Liga im Kreis der Nationalmannschaft trainierte ... Er trainierte auch Macho und der spielte stark gegen Deutschland 2008. Und Reinke machte er ebenfalls zum Toptorwart ...
Jeder Torwart vom EFCEKA, war in der Bundesliga Stammkeeper. Es wird Zeit, da es nur noch an NO tzon hängt, Ehrmann zu rehabilitieren! Auch von Dr. Merk erwarte ich, dass er handelt. Der EFCEKA war 4. in der 2. Bundesliga, als Kuntz weggeschickt wurde. Handelt, holt Vorbilder, wie Briegel. Sie können helfen! Ohne seine Geschichte und Tradition, seine Spieler, die den Verein nach oben brachten, wird der FCK nicht mehr aus der Misere herauskommen ...

Und bei der Nationalelf wäre es ebenso gut zu handeln!

Uwe Kraus, den 27.10.20

Meinung zum Auswärtsspiel in Meppen

Kurz zusammengefasst: ein Grottenkick. Keine
Spielverlagerung, kein Kampf. Schlechtes Stellungsspiel.
Man hat nicht gewollt. Zwei Tore, die in Reaktion fielen.
Warum kein Pressing, keine Laufbereitschaft. Zu späte
Einwechslungen. Es fehlen die Fans. Stimmung im Stadion,
als spielte die A-Klasse.
Das nächste Mal Offensivgeist. Ein Spiel dauert 94 Minuten.

Uwe Kraus

Roman

Ich sehe Licht in der Nacht. Immer wie ein Tunnel taucht es
vor mir auf, nachdem ich eine Bibliothek streife mit Werken
von William Blake und Edison.
Ich träume intensiver und fürchte mich, hole tief Luft und
schmecke Salz, dann begegnen mir Engel und ich schlucke
tief Staub, bis das Kristallin des Zuckers auf meinen Lippen
schmilzt.
Danach wache ich schweißüberströmt auf und es dehnt sich in
meinem Gehirn, warum, wenn ich solch schöne Träume habe,
habe ich Angst zu sterben ...
Ich träume das voll Sehnsucht und beginne mit der
Morgengymnastik.
Ich leide unter Bewegungsmangel, Konzentrationsstörungen
und lese zu schnell. Ich trage die Hantel, immerhin 3,5 Kilo
und stemme sie 1200 Mal, einmal mit jedem Arm. Meine Arme
sind trainiert, ich bin es nicht. Früher lief ich die 100 Meter in
12 Sekunden, dafür würde ich jetzt das Doppelte brauchen.
Ich trinke zum Frühstück Milch: 75 % Milch und ein Viertel
Kaffee, davon drei Tassen. Danach grübele ich über Edison
und frage mich, was seine Glühbirnen mir in meinem Leben
brachten.
In meiner Jugend las ich viel: Philosophen interessierten mich.

Deshalb werde ich nun mit Macht konfrontiert.
Immer wenn die Engel sich über der Bibliothek erheben,
erhebt sich auch ein Gefühl des Gleichgewichtssinnes meiner
selbst und das Gefühl wie von Noten getragen zu werden.
Wie in Enterprise wandele ich ohne Schwerkraft nach vorne,
setze mich an den Lesetisch, und eine Glühbirne flackert leise
ohne Raum und Zeit.
Der Zucker, der an meinen Lippen lastet, wie Staub eines
Engels. Wie eine Oblate, die ich als Kind so gerne aß, so ist
der Geschmack an meinen Lippen.
Ich war genügend informiert von der Botschaft, die mir Licht
bringt, doch ich denke jeden Tag zu meinen Großeltern, auf
dass sie mein Herz öffnen.

Warum ist es ein Buch von Blake, warum eine Glühbirne,
Engel: Ich sehe eine Dimension voll Angst ...
Wieder trinke ich aus meiner Melange und esse mein
Honigbrot. Kaue, bis der Gedanke kommt, es muss vom Tod
sein!
Jeden Tag Kontakte zu meinen Großeltern, jeden Tag
Erinnerungen. Ich überlege mir, zu Blake zu greifen, um eine
Pforte der Wahrnehmung zu begreifen, doch vergebens ...
Ich trinke aus, schlucke hinunter und verlasse das Haus.
Ich arbeite auf einer Bank, an der Geldausgabe, und fühle
mich hier recht wohl.
Doch ich fühle, wie unwichtig Geld ist. Immer abends, wenn
ich meine Abrechnung vornehme, muss ich an die Zeile von
Pink Floyd denken: „Money ist the root of all evil today ..."

Uwe Kraus, 2004

Eselsfürth, eine Heimatgeschichte:

Die Eselsfürth, schon im Mittelalter benannt, durch Woog und Burg Barbarossas; als Kurort später auch im 20. Jahrhundert als schöner Fleck, zwischen Kaiserslautern und Mehlingen einzuordnen, hat seit 4 Jahren eine Initiative gegründet. Diese kümmert sich um die Internetanbindung, die Instandhaltung des Weges, den Umweltschutz, auch um herunterbrechendes Gehölz und setzt sich für den Erhalt der Schönheit des Ortes ein. Früher kannte man die Eselsfürth nicht nur als Luftkurort, nein, hier befand sich eine Radrennbahn, der EFCEKA hatte hier einen ersten Trainingsplatz, der aber dann im Grübentälchen, sowie auf dem Betze, auf den Betzenberg umgelagert wurde. Hier, im Herzen des Pfälzerwaldes, grenzt man an das Biosphärenreservat, an den Trainingscampus der Jugend des 1. FCK. Hier, wo früher Hofgut und Sandsteinwerk waren, hat man heute zwei Hotels, immer noch eine Sandsteinfabrik und zwei Werkstätten, eine Lackiererei und einen Karosseriebau. Nach wie vor bekannt durch die Bauhaus-Villa Glaeser, wurde die Eselsfürth als echte Schönheit betrachtet. Die bis heute bekannteste Institution ist das „Irish House". Hier finden jede Woche tolle Konzerte statt. Eine Emaillefabrik und ein Wasserturm waren früher Wahrzeichen! Noch heute kann man hier schön im Hagelgrund spazieren. Außerdem führt ein Wanderweg zum Daubenborner Hof. Für einen Spaziergang lohnt es immer! Auch im Kletterwald kann man sich vergnügen ... Die Eselsfürth, ein Kleinod. Etwa 20 Häuser gibt es dort. Die Anbindung zum Internet wurde durch die Initiative ermöglicht, doch bis heute gibt es für die Anwohner keinen Ansprechpartner bzw. Ortsvorsteher. Das wünscht sich die Initiative um Thomas Beinhardt und Harald Krehbiel, die mit Herzblut für die Eselsfürth kämpfen. Die Eselsfürth, so Herr Krehbiel, sollte ernst genommen werden, denn sie ist für die Anwohner ein schönes Stück Heimat.

Uwe Kraus

Die letzten drei Teile sind Fetzen einer Familiensaga ...
Meiner Familie. Dies ist der Beginn ... Für die nächste Zeit
teile ich erst mal nichts ... Es muss sich setzen ...

LG Uwe Kraus

Revolution

Hast du meine Nachricht gekriegt?, fragte Roland, und ich
antwortete
– Nein.
Warum wollte der mir unbedingt sagen, dass meine Bücher in
der Auslage der Buchhandlung lagen? Ich weiß es nicht. Es
war doch klar, dass es in einer Welt der Worte, in der ich lebte,
kein anderes Ziel gab, als sie aufzuschreiben.

Meine Verleger verlangen jetzt von mir einen Roman oder
dergleichen, aber ich bin hilflos. Ich kam auf die Idee, ein
Märchen zu schreiben, wie die Worte entstanden sind, aber da
blieb ich hängen.
Der Prolog war schon fertig, aber wohin damit?

Mein Wissen reicht dafür nicht weiter, redete ich mir ein, aber
dann kam mir Herr Trabert in den Sinn, ein Verleger eines
Philosophieverlags, der mir riet:

Schreib dich satt. Immer und immer wieder!

Also, man stellt sich das so vor:

Am Anfang waren der Dschungel und die biblischen Gärten.
Das Licht
und Adam, der eine Dinosaurier und Eva.
So sagt es die Bibel.
Dass Gott das Licht schuf und das Paradies.
Doch man lernt gerne im Bio-Leistungskurs vom
Australopithecus afarensis, vom Affenwesen, welches aufrecht
gehen lernte, von

Blitz und Donner, der das Feuer brachte.

Am Anfang vorher gab es eine Zelle, eine Amöbe, und aus ihr entstand ein denkender Geist, der wie alle Wesen die Luft zum Atmen braucht.

Mir geht es vor allen Dingen darum: Wie lernte dieses Wesen sprechen?

Wie kam es dazu, dass ein Mensch am Ende seiner Evolution ein rechter Freigeist wird.

ICH BIN DICHTER

Das machten die Ungeborenen im Himmel. Bevor ein Kind geboren wird und aus dem Himmel als Engel oder Teufel auf die Welt kommt, kann es wahrscheinlich die Wahrheit sehen, die es dann bei der Geburt vergisst.

Manche Menschen vergessen ihr halbes Leben. Aber niemand weiß wirklich, was hinter dem himmlischen Jenseits steckt.

Dort ist alles, was die Menschen und Philosophen, Mediziner und Religionen erklären könnten, wenn sie wüssten, was es ist.

Das erste Wort, das erste Mama und die göttliche Vergebung beginnt.

Kurz nach Mitternacht kommen die Gedanken zum Fließen. Da fallen mir die darwinistischen Theorien ein und mir kommt die Idee, ich sollte noch mal mein Bio-Buch holen, auf das ich einen Tumor malte. Ich verstehe nur zu genau: Homo erectus – der aufrecht gehende Mensch. Die Bilder zeigen affenartige Wesen oder Tiere, die mit den Händen fraßen, auf Jagd gingen und sammelten.

Die letzten Riesen, die aus Jurassic Park ... Ich will nimmer das Lexikon aufschlagen. Das Wissen der Einzeller, die quasi Adam und Eva darstellen, so glaubt man der Biologie.

Ich hatte immer versagt im Leistungskurs, aber das Lernen machte trotzdem Spaß. Ich weiß, ich habe recht. Der erste Mord oder die Sünde. Wann gab es eigentlich die ersten Äpfel auf der Welt?

Ich weiß nur, vielleicht war es ja ein Stechapfel, der die Bibel schrieb. Warum auch die Verführung und der erste Mord. Die Pantoffeltierchen kriegen Kinder: Kain und Abel, und dann kommt der irdische Mord. Bleiben wir bei den Tatsachen. Biblisch gesehen war der Apfel die Verführung zwischen Mann und Frau. Aus Adam und Eva wurden Kain und Abel, wobei Kain Abel erschlug. Und daraus wurde vielleicht die erste Kriminalgeschichte der Genesis. Was ich nicht weiß, warum ein Mensch stirbt; weil einer besser als der andere war? Die Bibel erklärt die Eifersucht, das erste Mordmotiv ...

Der Neandertaler Kain und sein Bruder Abel haben in Wirklichkeit ein Feuer gesehen, Bitz und Donner, einen Baum, der brannte.

Dabei kam Kain auf die Idee, ein Lagerfeuer zu machen, und der eine wollte den anderen hindern. Dabei erschlug der eine den andern ...

So meine Interpretation, so könnte es gewesen sein ...

Dabei muss man eigentlich Gott hassen. Er erfand die Eifersucht, er schuf den Menschen.
Keiner, von Adam und Eva über Kain, wollte mehr etwas mit Gott zu tun haben, und so erschien ein neuer Gott am apokalyptischen Himmel.

Es ist einfacher, die Lebensgeschichte von Adam zu verfolgen, als an die Bibel zu denken ... Die ist ja von Propheten geschrieben worden, die haben sich das irgendwie mittels ihrer Rauschzustände zusammengetragen.

Da ich an einen Gott glaube, der außerhalb dieser Schrift existiert, will ich meine eigene Genesis schreiben. Ich schreibe von einer Familie aus Siebenbürgen, die im 2. Weltkrieg kam und sich zuerst in Frankfurt am Main niederließ. Siebenbürgen war der Vorposten im Krieg gegen die Türken, und so lange lebte und geht die Geschichte meiner Familie zurück: 800 Jahre. 1939 wurde mein Vater geboren. Meine Großeltern heirateten. Lore Luise und Wilhelm. Ihr Kind nannten sie ebenfalls Wilhelm. Durch die Unruhen des beginnenden Krieges und wegen einer Anstellung ging meine Familie nach Leipzig. Mein Großvater war Wäscher und Färbermeister. Da er in einem wichtigen militärischen Betrieb arbeitete, musste er Gott sei Dank nicht an die Front oder nach Stalingrad. Meine Großmutter war noch sehr jung und gebar ihr zweites Kind: Jürgen, 1941. Danach meinen zweiten Onkel Werner.

Die Untat

Mein Vater war ein starker, kleiner, aber hoher Herr. Er war Lackierer und Fahrzeugbeschichter.

1939 erblickte er im Jahr des Krieges sein Leben. Geboren in Frankfurt am Main am 20.11. als eines von drei Kindern unserer Familie, die später ein Teil meines Lebens, unseres Lebens, der Krausheit sein sollte. Sein Vater war Wäschermeister und Färber von Beruf und stammte ursprünglich aus dem deutschstämmigen Teil Rumäniens in Siebenbürgen. Lore Luise, seine Frau, war Ungarin.

Ich verstehe nicht, warum mein Großvater damals, als er von seinem Vater wegging, ausgerechnet nach Deutschland, in dieses gottverfluchte 1000-jährige Reich auswanderte. Andererseits ist es löblich, dass er es überhaupt gewagt hatte, seine Kindheit und die Fabrik seines Vaters hinter sich zu lassen, da ja der Kommunismus nach dem Krieg schon viel Schlimmes für die Bevölkerung brachte.

Auch wenn er, so wie er wollte, nach Amerika gegangen wäre, wäre dies vielleicht nicht die endgültige Erfüllung für uns alle geworden.

Ich bin aber stolz, im Land der Dichter und Denker leben zu dürfen, selbst wenn es damals ein Richten und Henken war, was von Deutschland und seinem Wahn übrigblieb.

Jedenfalls gilt es, die Geschichte geradezurücken, ohne Zweifel.

Ich fange an, aus meinem bescheidenen Leben zu plaudern, denn das ist das, was ich zu meinem Vater seiner Geschichte beisteuern kann.

Alles andere wäre verlogen und würde wahrscheinlich einer Fiktion und meiner eigenen Phantasie entspringen.

Es muss immer etwas passieren, so meine Geburt.

Es war 1979. Ein Jahr der numerischen Zahlenfolgen, ein Jahr der vielen Vorzeichen, kein Jahr der Wunder: ich wurde geboren, die Mauer von Pink Floyd wurde gebaut und das Motto: am Leben bleiben. Das Jahr der Disco und Tanzfilme, ein unnötiges Ereignis: meine Geburt.

Ich werde keinen Hehl daraus machen, ich war und bin ein Taugenichts, ein stilles Wasser, eine Blume, auch ein Dichter und Poet wurde aus mir, aber kein liebender Geist, den ich mir zu sehnlichst sehnte.

Ich schrieb über Vervollkommnung, und meine Vielfalt brachte mich, wie wenn ich ein göttliches Yop durch die Felsen schreien wollt, an den Rande der Vernunft:

Ich wurde krank ...

1.

In der Kindheit schien alles unendlich und unheimlich, auch mystisch und magisch, aber kindlich blieb ich nie ...

Ich erinnere mich an das Bild aus dem Krankenhaus.

Meine strahlende Mutter, mein Vater, mein Bruder auf dem Polaroid, und in den Armen geborgen, ich, wie eine Befreiung aller Last. Meiner Mutter glänzten die Augen vor Glück, doch ich kreischte wohl vor mich, leise und lästig, vielleicht, das weiß ich nimmer ...

Brainspotting 2

1.

Es geht immer nur um mich. Die vergangenheit reut mich in ihrer kraft. Ich kann ganz viel dazu. Ich hab die scheiße doch erlebt.
Ich hab den wortbruch meinen eltern gegenüber – nie bin ich bestraft worden deswegen. Nie. Weder geschlagen noch geköpft.

Ich hab einfach ein großes suchtpotential.

So ist das mit allem. Mit den downers wie mit den drogen.

Versteht das denn keiner? Wenn man mit dem kopf raucht und alles überfrachtet wird. Die idiotie. Einerselbst. Meinerselbst. Einbegriffen.

Schizophrenie ist doch kein kopfweh!

Das ist nervosität, sagten die ärzte. Ich meinte immer. Zu dumm. Diese halluz machen, dass man nicht schlafen kann. Dann kommt die paranoia – f 20.0.
Blubber dich satt oder rauch die dreißig bongs auf einmal. Immer wieder.

Da kam also gott an mein grab, vor dem ich stand. Dann fand ich mich wieder und wieder.

2.

Also, wenn man das ordnet nach jahren:

Ich kam 1979 in diese welt und ging in die schule. Jahrelang. Zeitweise sinnlos, das zu erzählen. Es waren, glaube ich, 18 jahre, in denen mich der schulalltag einholte.

Am anfang die kindergeschichten. Die grundrechenkenntnisse.
Das erste mal mama. Das zweite mal mutter.

Ich war klein. Traute mich aber nicht vor den anderen kindern
mama zu sagen. Wenn ich von meiner mutter sprach, sagte
ich meine mutter. Und das schon seit der ersten klasse!
Das war mir zuwider, die kindheit breitzutreten. Ich sage heute
oder schon seit dieser zeit anita und willi zu meinen eltern.
Das zeugt aber nicht von schlechter erziehung.

Ich hatte ein lebendiges leben in diesem ersten tonfall.

Warum trifft es mich?

Das lag doch nicht in den genen, das war auch nicht vorher
da.
Das kam mit der schule. Mit dem sechzehnten lebensjahr?
Ich weiß es nimmer.

Der stress, der mich manchmal in trauer und not versetzte,
aber auch in diese hochstimmung.

Ich hab das öfters ausgedrückt, beim schreiben.
Direkt auf das papier. Erst mit dem stift, dann mit der
maschine und dann mit dem computer.

Leise ist dieses lied.

Wenn man beginnt sich zu erinnern, bleiben viele denkfetzen
und viel widerhall auf dem weg durch den seelentunnel.

Wer hat mich jemals klagen gehört – das gehört doch zum
leben.
Keine wirre sekunde, die man bereuen muss, und keine
halluzination, die nicht einen teil oder kern voll wahrheit trägt.

Wer hat mich jemals klagen gehört.
Das gehört zum leben. Oder.

Erinnerung kann auch etwas gutes sein. Schlüsse aus dem erlebten ziehen, sie niederdrücken.
Sie ausdrücken kann schon ein wenig halt und heilung bringen.

Leicht zerfällt die erinnerung.

Wie eine feder aus der assoziationskraft. Hier erzählten sie über mich. Hier malte ich bilder und gab mich diesem potential hin. Dort werde ich aber auch gebraucht und zeitweise ist das leben sinnvoll.
Die medikamente zeugen von reiner brutalität.

Wenn ich nichts falsch gemacht hätte, hätte ich keine solche erinnerung. Und kein solches gewissen, das mich zwingt zu anworten und zu arbeiten im gleichnis.

Gerne erinnere ich mich an die kindheit. An die bremer stadtmusikanten, oder die burg, von der ich weiß, ich wollte immer fair und ehrlich sein und nie etwas unrechtes tun.
Weder lügen noch trinken. Schon gar nicht rauchen.

Es ist keine erinnerung zu fade, um sie nicht aufzuschreiben.
Wie vater in die stube kam und diese geschichten vorlas. Und ich wie gebannt im kinderbett.
Ich weiß diese erinnerung zu schätzen. Die carrera-bahn. Die märklinplatte zu weihnachten.
Im herzen ein goldklumpen so schwer wie die weisheit meiner erfahrungen.

Es ist bestimmt nie schlecht den horizont zu verbreitern. Ihn zu lesen.
Denkt an die benjamin-blümchen-kassette. Die krankenhausfolge.
Hinter dem horizont liegt das gold des regenbogens. Im unterfangen der schleier der berührung, durch den man gehen muss, wenn man immer krank sein will.

Ich brauch hustensaft.

Sagte ich. Und vater nahm den kochlöffel. Aber nur zum spaß.
Einmal und nie mehr versuche ich das kinderzimmer im traum
einzufangen.

Jetzt ist es leergeräumt und die enten aus entenhausen
verlieren ihre bestimmung.
Ich betete mit meinem kindergebetsbuch um die gesundung
und freiheit.

Die makabre freiheit.

ICH KOMM HIER NICHT WEG!

Das ist schwer. Ich bin gefangen in erinnerungen. Und die
schönsten spielen im nächsten leben.

Ein leben wie ein wetterelefant. Ein leben wie eine tkkg oder
drei fragezeichen-spürnase, das wünsch ich euch allen!

Ich sagte: die erinnerung ist gold. TONNENSCHWER!

© Uwe Kraus

Auszug: Das reromantische Manifest

Beginnen will ich bei Freud, dem Arzt und Psychologen, der die Psychoanalyse ins Leben rief. Seine Theorien zu Ich, Es und Überich treffen den Kern der Philosophie des beginnenden Jahrhunderts, das in katastrophalen Zügen durch die beiden Weltkriege die einheitliche romantische Idee der Ästhetik verwerfen wird. Seine Ideen der Analyse prägten die Wiener Schule sowie den Schüler Carl Gustav Jung, der mit seinen Methoden der Psychoanalyse Hesse bei Schriften wie dem „Demian" nachhaltig beeinflussen wird. Vor allem geht es bei Freuds psychologisch-philosophischer Lehre um die Aufdeckung des Unbewussten. Das Unbewusste selbst muss als ein Ding angesehen werden, in dem sich alles vereint: Ängste, dunkle Triebe, Träume, das Verhalten selbst und die Begehrlichkeiten. Die Idee des Unterbewussten ist eine, die schon vor Freud zum Beispiel bei Schopenhauer und Nietzsche anzutreffen ist. Seine Leistung jedoch liegt in der Durchleuchtung und Erforschung der Tiefen des Seelenlebens. Ein Modell erklärt Freuds Gedanken zu Aufbau und Teilung der Psyche: Für Freud bestand die Psyche aus Unbewusstem, Vorbewusstem und Bewusstem, aus denen sich das menschliche Ich formt. Neben dem Ich, der Identität des Einzelnen, gibt es in seiner Auffassung das Es, das besteht aus Trieben und Bedürfnissen. Über diesen Faktoren ist das mächtige Überich anzusiedeln, das sich aus den Erwartungshaltungen des Umfelds, der Familie und Gesellschaft zusammenfügt. Zwischen diesen drei Teilen der Psyche findet nun eine Art Konkurrenz des Verdrängens statt, die nach einem bestimmten Schema funktioniert. Dies Schema, das immer den gleichen Regeln folgt, wird vom Besitzer der Seele, vom Menschen, kaum durchschaut und erkannt. Wenn nun einer meint, Fehler seines „Seelenregelwerks" zu finden, so ist und war dies ein Grund für den Betreffenden, die Analyse der Freudschen Schule zu wählen. Aber dies Modell, das schon seit mehr als einem Jahrhundert zu den aktuellsten Ideen des Seelenaufbaus zählt, das beständig weiterentwickelt wurde, ist nicht die alleinige Leistung; wichtig in Bezug zur neuromantischen

Strömung ist nicht allein der tiefenpsychologisch analytische Schritt, nein, im „Demian" finden sich gleichfalls Traumdeutungen Freuds. Auch das Realitätsprinzip und die triebhaften sexuellen Kindheitserfahrungen, die Freud in seine Theorien einwebte, sind Mittel der romantischen Strömung. Erkennbar, was Sigmund Freud und die Psychoanalyse für die Philosophie, die Kunst und die Literatur, die in diesem Bereich durchaus unter die philosophischen Züge fällt, bedeuten, wird ersichtlich durch seinen 80. Geburtstag. An diesem Tage im Jahre 1936 dankten ihm 197 anerkannte Künstler und Schriftsteller für seine Forschung und seine Lehre, die gedanklich zu den Grundfesten der modernen abendländischen Kultur gehört. Einer dieser Gratulanten war zum Beispiel Pablo Picasso, in dessen Kunstwerken auch analytische Motive auftreten, die bei der Interpretation ersichtlich werden. Intensiven Kontakt pflegte Freud lediglich zu einem engen Kreis von Romanciers. Dieser bestand aus den Schriftstellern Thomas Mann, Arthur Schnitzler und dem mehrfach erwähnten Stefan Zweig. Diese drei vereinten vielleicht am genauesten Analytisches, so zum Beispiel bei dem psychologischen Verfalle der „Familie Buddenbrook", die vom Reichtum und gutem, angesehenem Leben in die Tiefe des Nichts stürzt. Im damaligen Wien, der Hauptstadt der analytischen Schule, arbeitete Freud viele lange Jahre, bis er nach London ins Exil wechselte. Angefangen 1895, als der Aufsatz „Entwurf einer Psychologie" erschien, folgten 47 Jahre, in denen er arbeitete, analysierte, diskutierte und schrieb. Dieser Aufsatz ist sogleich der Eingang der Analyse für Kenner; aufmerksam auf Freud wurde man aber erst 1900, als er seine „Traumdeutungen" offenlegte. Thomas Mann, der selbst von Nietzsche lernte und ihn zu verstehen suchte, fand in Freud einen zweiten Kenner der Tiefenpsychologie Nietzsches und Schopenhauers. Mancher Analytiker glaubte sogar, dass Freud den Begriff des Es von Nietzsche übernommen hätte. Freuds Dualismus hingegen ähnelt dem Genieaufbau Nietzsches: dem apollonisch-dionysischen System der „Geburt der Tragödie aus dem Geiste der Musik". Dies liegt wohl daran, dass Freud in seiner Studienzeit über den Komplex, wie ich ihn nennen mag, also über Wagner, Schopenhauer und Nietzsche diskutierte. Aus diesen Punkten ersieht man die Verbindung der Kunsttheorie der Romantik, die ohnehin schon psychologisch zu verstehen ist, mit der der Analyse, was einen neuen Zweig der Ideen entstehen läßt. Die Verbindung des Komplexes, also Schopenhauer als Gegenidealist, Nietzsche als Kulturphilosoph und Freud als Aufdecker des Unbewussten, ließen die Neuromantik entstehen. Dies war eine neue Ästhetik, der sich Schriftsteller gerne annahmen. Auch im späteren Verlauf der Geschichte wird die Analyse bedeutsam. In der Frankfurter Schule, dem Zentrum deutsch-jüdischer Philosophie, arbeiteten der Soziophilosph Adorno, der marxistisch angehauchte Marcuse sowie Fromm und der vom Institut unterstützte Ästhet Walter Benjamin, die in ihrer kritischen Theorie Formen der Analyse mit der Lehre Marx' zu verbinden suchten. Die kritischen Denker, vor allen Dingen Marcuse, sind wichtig für eine letzte Windung der romantischen Idee: der Flower-Power-Romantik mit ihren Studentenbewegungen und Friedensappellen gegen den Vietnamkrieg.

Die Romantik geht so weit und rückt in die Geschichte vor wie keine andere Idee. Sie schließt durch Nietzsche und Kierkegaard quasi die Existenzphilosophie und den Existenzialismus mit ein, die Schriften Camus' und Satres, sowie die Romane „Stiller", „Homo Faber" und „Montauk" von Max Frisch. Ich selbst sehe gerne die Ausläufer Nietzsches, mit denen die Wendung eingeleitet wurde, als abschließenden Rahmen des Irrationalen. Hesse zuliebe, dem ich später ein eigenes Kapitel als nachfahrendem Romantiker widmen werde, will ich mich nun C. G. Jung zuwenden, der mit seiner Archetypenlehre die Tiefenpsychologie ausbaute. Doch bevor ich dies tue, muß noch eins gesagt werden: Jung wurde vom Wiener Kreise ausgebootet, da die Freudianer, auf Freuds Theorie gestützt, meinten, nur wer an die Psychosexualität, an das Unbewusste und an ödipale Komplexe glaube, sei ein richtiger Analytiker; und dies tat Jung bloß teilweise, denn er verstand es nicht, alles auf Triebe zurückführen zu müssen! Jung baute aber trotzdem die Arbeit Freuds aus und gründete zudem die analytische Schule der Psychologie, die durch ihre Tiefenpsychologie bekannt wurde. Auf dem Gebiet der analytischen Arbeit Freuds sah er geistige und gefühlsbetonte Störungen als Mittel der Ganzheit, die durch Persönliches und

Psychisches erlangt wird. Carl Gustav Jung, der ein breites Hintergrundwissen in den Fächern Zoologie, Biologie, Paläontologie sowie Archäologie pflegte, begann mit seinen Arbeiten über die Komplexe, also über die Verbindung von Assoziationen zu Reizwörtern. Diese Untersuchung verband ihn noch eng mit Freud. Erst 1916, mit der Veröffentlichung „Über die Psychologie des Unbewussten", erklärte er mit seinen Anschauungen, wie anders seine Einstellung zu Freuds Libidointerpretation sei. In diesem Werk berief er sich auf Parallelen, die zwischen antiken Werten und psychotischen Ideen, Phantasien bestehen. Mit dieser Idee und seiner Aussage verließ er die Psychoanalytische Gesellschaft und gründete eine Bewegung, die er „Analytische Psychologie" nannte. Über 50 Jahre hinweg arbeitete Jung konzentriert und baute seine Kenntnisse durch Reisen nach Neumexiko, Indien und Kenia aus. Seine wichtigsten Gedanken, die die Psychologie und Medizin beeinflussten, stammten vor allen Dingen aus Träumen seiner Jugend und seiner Phantasie. 1921 veröffentlichte er das Werk „Psychologische Typen", das das Verhältnis zwischen bewusst und unbewusst erklären sollte. Hierbei erschuf Jung die Begriffe des Intro- und Extrovertierten. Auch schuf er die Idee des kollektiven Unbewussten, das aus sogenannten Archetypen und Urbildern zu bestehen scheint. Mit Urbildern verband Jung die Angst und das Erlebnis des Todes und verfestigte sie mit Mythen, Märchen und Religionen. Diese Verbindung erschien Hesse wichtig, da er von ihr Ideen des Schreibens zog, die ihn zu „Narziß und Goldmund" sowie zum „Steppenwolf", dem „Demian" und „Siddhartha" brachten. Somit will ich ein paar Beispiele psychoanalytischen Schreibens aufzeigen. Der „Narziß und Goldmund", eine meisterhafte Erzählung Hesses, gibt Fragen auf, die man wohl einzig durch den Mund eines Psychologen erwarten würde: „Ernst blickte Narziß ihn an: Ich nehme dich ernst, wenn du Goldmund bist. Du bist aber nicht immer Goldmund. Ich wünsche mir nichts anderes, als daß du ganz und gar Goldmund würdest. Du bist kein Gelehrter, du bist kein Mönch – einen Gelehrten oder einen Mönch kann man aus geringerem Holz machen. Du glaubst, du seist mir zu wenig gelehrt, zu wenig Logiker, oder zu wenig fromm. O nein, aber

du bist mir zu wenig du selbst."
Dies psychologisch tiefgründige Gespräch zwischen den Hauptcharakteren des Werkes Hesses zeigt, wie man sprachliche Schönheit, Ästhetik und Kunst mit analytischem Schreiben vereinen kann. In mir selbst wirft dieser Auszug Fragen auf: Wann bin ich ich selbst?
Dies ist der Ausgangspunkt für eine philosophische und analytische Überlegung, die zu einer Grundfrage über unser eigenes Inneres führt.
Diese Fragestellung behandelt Hesse auch, im drei Jahre zuvor erschienen Steppenwolf, dessen Spaltung des eigenen Selbst, zwischen Mensch und Wolf im Traktat, einem analytischen Meisterwerke deutlich wird:
„Es war einmal einer namens Harry, genannt der Steppenwolf. Er ging auf zwei Beinen, trug Kleider und war ein Mensch, aber eigentlich war er doch ein Steppenwolf.

.

.

.

Es mögen sich kluge Menschen darüber streiten, ob er nun wirklich ein Wolf war, ob er einmal, vielleicht schon vor seiner Geburt, aus einem Wolf in einen Menschen verzaubert worden war oder ob er als Mensch geboren, aber mit der Seele eines Steppenwolfes begabt und von ihr besessen war oder aber ob dieser Glaube, dass er eigentlich ein Wolf sei, bloß eine Einbildung oder Krankheit von ihm war."

In diesen Beispielen ersieht man das, was ich anfangs zu sagen versuchte: Mit Kunst fängt die Kunst an und hört niemals auf zu wirken, denn wir gebrauchen die Magie!
Ein kleiner Hauch von Wahnsinn steckt in jeder Seele.
Wahnsinn, damit meine ich kohärent gesehen die Wahrheit.
Magie, damit meine ich romantische Wahrheiten.
Wer den Wahnsinn in sich erkennt, erkennt meistens dabei ein Stück Wahrheit. Da Wahnsinn und Wahrheit Brüder sind, wird die Wahrheit immer romantisch zu betrachten sein.

Hesse hielt sich wie viele an die Maßstäbe Novalis': Wenn einer verrückt wird, so ist dies beängstigend, wenn alle verrückt werden, so ist dies Magie.

Die analytische Schule prägte und stellte klar, dass die Romantik ein System ist, welches auf Magie basiert. Auch hier zählten die Verbindungen des geheimnisvollen Weges nach innen, die zwar jetzt konservativ verarbeitet wurden, doch mit Hilfe von Ich, Es und Überich neu gestaltet und ausgelebt werden. Auch an diesem Punkte muss man wieder sagen, daß Freud recht hatte: „Die Stimme des Intellekts ist leise, aber sie ruht nicht, ehe sie sich Gehör verschafft hat."
Und dies mag wohl richtig sein; es hatte damals Richtigkeit und sollte heute ebenfalls Richtigkeit haben, denn Intellekt beruht auf Erhaltung, Erfahrung, Bewahrung und Tradition.

Der Zyklus

Wenn nur noch Zahl und Figur,
Sind Schlüssel unserer Welt
Und nur noch gedacht wird an
Hab und Geld.
Wird vergessen werden, was das Märchen lehrte,
Die Fabel, der romantische Held.
Wenn Rationalität siegt, wird die
Welt nicht Traum, der Traum nicht Welt.
Dann zählt nur noch die Vernunft
ohne die reromantische Wiederkunft.

Ausschnitt aus meinem unlängst veröffentlichten Erstlingswerk, dem „Reromantischen Manifest".
Das Buch gibt es für 10 € oder als E-Book für 3,99 €

Korrektorat: Axel Englert

© Uwe Kraus

Über Gerd Forster

Gerd Forster muss man als pfälzischen Dichter wahrgenommen haben, sonst weiß man über die Literatur in der Pfalz nichts. Er ist Gründungsmitglied der Autorengruppe Kaiserslautern und bemisst seine Heimat „Unter dem Eulenkopf" per pedes auf seinen gedanklichen Streifzügen. Forster, 1935 geboren, erhielt für seine schriftstellerische Tätigkeit 1977 den Pfalzpreis für Literatur sowie später ein Stipendium in Israel.

Vor Jahren war er Diskussionsleiter des Autorentreffens in Lambrecht und Redaktionsmitglied der Chaussee des Bezirksverbands Pfalz.

Neben sehr guter Lyrik schreibt er auch Musikergeschichten, Kurzkrimis und des weiteren Erzählungen. Einen Roman hat er bei Brandes & Apsel verlegt.

Seine weitere künstlerische Arbeit gilt der Musik. Forster studierte Musik und Germanistik, sogar Gesang! Als Lehrer war er im Heinrich-Heine-Gymnasium, hauptsächlich für Musik.

2006 erhielt er den Preis zum Buch des Jahres für „Fliehende Felder", seinen besten Gedichtband. Darauf folgte „Frau auf violettem Sofa", wobei er hier mit einem Maler aus Speyer, Jochen Frisch, arbeitete, der Bilder für das Buch zeichnete. Für sein zuletzt erschienenes Buch „Besuch beim alten Casanova", verlegt beim Rhein Mosel Verlag in Alf, hat er viel Lob erfahren.

Es gibt so viel über ihn zu sagen …

2006 schickte ich ein Manuskript an die Chaussee und daraufhin rief mich Gerd an und lud mich zu meinem ersten Autorengruppentreffen ein. Darauf bin ich heute noch stolz. Ohne seine Korrespondenz zu meinen Gedichten und Texten hätte ich wahrscheinlich mit dem Schreiben aufgehört.

Was mir am besten an ihm gefällt, ist seine ruhige musikalische Stimme.

© Uwe Kraus

Brief an eine Dichterin

Ulrike Draesner ist eine sehr gute Gegenwartspoetin. Ihr
schrieb ich mit 24 Jahren. Ich behandelte in dem Brief, da sie
studierte Philosophin ist, die Tetralogie. Es ist
mein **Wahrheitsmodell**. Eine Dialektik, der eine zweite
entgegengestellt wird. Ich muss erklären: Dialektik ist der
Mittelweg von Yin und Yang. Also Gut und Böse und daraus
das Mittelstück ... Dies dachte schon Lao Tse. Aus eins wird
zwei und daraus drei. Ich dachte mir: Wenn ich etwas abwäge
zwischen **Ja und nein, also Jein** ... Dann gibt Gott mir zu
diesem Jein von oben einen Denkanstoß, in dem er mir zu
meinem Denken ein Gegenteil entgegenbringt. Das heißt: Ich
handle und es handelt etwas gegen mich, damit ich mich
wehren muss, um weiter zu existieren ... Das klingt nicht
einfach ... Lesetipp: **Tao Te King** von **Lao Tse** oder etwas von
Hegel ... In der Philosophie ist oft über die Wahrheit gewähnt
worden ... Das Ganze erkläre ich auch in diesem Brief: viel
Spaß!

Betreff: Tetralogie des dichterischen Geistes

Sehr verehrte Frau Draesner

hiermit möchte ich mich bei Ihnen als unbekannter Autor
vorstellen, Ihnen meine Hochachtung aussprechen und Ihnen
von meinem Bestreben nach einer neuen Gedankenwelt im
Dichterischen erzählen.
Mir geht es darum, eine Welt der Poesie zu erschaffen, die
nicht nur dialektisch, sondern vierstimmig im Denken des
Wesens erscheint.
Ich gehe wie Paul Riceur subjektiv davon aus, dass es etwas
über uns gibt, ein dialektisches Wesen, das uns nicht täuscht,
wie Descartes meinte, sondern unserer Dialektik ein
Gegenstück präsentiert.
Eine Harmonie erreichbar und fassbar zu machen gelingt
kaum in meinem System, nicht dass Gott uns täuschen oder
ärgern möchte, nein, er will nur keinen Stillstand erzeugen.
Beweisbar wäre dies, wenn man die Reaktionen von Dingen,

die aufeinander wirken, im Komplexen beobachtet und auf einer Möglichkeit des Zufalls, nicht des Schicksals, erkennt, dass Wahrheit ein paradoxes widersinniges Element in unserem Leben ist.

Beweisbar wäre dies wohl aber nur, wenn Gott dies zuließe und Kapazitäten von Rechnern die Menschen erfassen, ihr Zueinander, ihr Nebeneinander, ihr Übereinander, denn die Dialektik Gottes spiegelt sich für mich in der Politik, im Gespräch mit den Eltern, in allem.

Es ist, wie wenn man etwas suchen will und es nicht finden kann, und in dem Moment, in dem man aufhört es zu suchen, findet man es.

Ich weiß, wie gesagt, es ist subjektiv und die Begrifflichkeit der Tetralogie gibt es beispielsweise, bei Jung oder bei Hegel, vielleicht weitaus früher.

Mir geht es darum, ein Experiment anzustreben: Die Synthese aus zwei Synthesen, eine vollführte vierstimmige, vielleicht quadrophonische Dichtung, die mit zwei Synthesen arbeitet, ähnlich wie das Verhältnis Gott-Mensch, oder eigentlich Gott-Gott als Mensch und Mensch, Dichter und Dichter.

Ich weiß, Sie haben Philosophie studiert, und ich bin sehr begeistert von Ihren Dichtungen – Sie schreiben sicherlich schon weit über 14 Jahre, ich erst vier, doch meine Begabung liegt in einer schnellen Entwicklung, die auf einer ungewöhnlichen Assoziationsfähigkeit beruht – Schizophrenie, Drogen in früheren Jahren, Engelstrompeten, die ich nahm, haben mich zu dem Dichter gemacht, der ich bin.

Trotz alledem möchte ich Sie bitten, meinen Gedankengang, der Sie sicher erfreut, als Philosophin zu durchdenken und mit mir armer Dichterseele ein Poem zu schreiben, das tetralogisch erscheint.

Es wäre mein größter Wunsch, mit einer Poetin wie Ihnen, die so experimentell und wissenschaftlich engagiert ist, die auch andere Dichter in den Gedächnisschleifen, ähnlich wie ich, verarbeitet, zu schreiben.

Ich geb zu, ich habe schon Dinge geschrieben, die ich durch Sie lernte und find Ihre goldige Metaphorik sehr liebenswürdig in einer Welt, die vor Negationen mehr und mehr verwirrt ist.

Ich las über Sie in den „Horen", dass Sie ebenfalls z. B. Supertramp als wiederkehrende Melodie in Dichtungen, allgemein Musik in Versen als untermalendes Instrument benutzen: ich auch. Falls es die Idee schon gibt, ein gespaltenes Gedicht zu schreiben, welches sich einer unterbewussten Wahrheit nähert, so sage ich: Sie und auch ich sind nicht die, die das probiert haben ...

Ich würde mich soagar über eine Absage freuen, und ich denke bei dem Ganzen über eine Internetaktion nach, vielleicht wenn man sich speziell hierfür eine Adresse anlegt ...?

Auch muss ich noch hinzufügen, dass ich in Kaiserslautern eine Literaturzeitschrift eröffnen will und eben an einer Gedicht-CD mit befreundeten Musikern arbeite, ein Hörspiel und eine szenische Lesung im Fernsehen sind geplant ...

Es gibt als Dichter immer etwas zu tun.

Ich empfehle ihnen als untermalendes musikalisches Instrument „Prelude for the gulls" (King Crimson Islands), Space odditity, Love over gold, childhoods end (Pink Floyd obscured by clouds), sowie, ganz wichtig, aber das wissen Sie, The Wall 2. Schallplatte 1. Seite komplett und, ums göttlich zu machen, U2: „one love".

Aber das ist eigentlich unnötig, dass ich das sage, Sie wissen das viel besser als ich!

Übrigens, ich bin 24 Jahre, Autolackierer, habe nie studiert und nur die Fachhochschulreife.

Mit freundlichsten Grüßen

© Uwe Kraus

Präsentation Stark BFW Birkenfeld

Thema
Gedichtinterpretation Novalis

Wenn nicht mehr Zahlen und Figuren
Uwe Kraus

10.06.2015

Novalis, geboren als Friedrich von Hardenberg, in Oberwiederstedt, am 02.05.1772.
Wichtige Werke: Die Christenheit und Europa, Die Lehrlinge zu Sais, Hymnen an die Nacht, Heinrich von Ofterdingen ...
Novalis studierte mit Schiller und starb am 25.03.1801 in Weißenfels.

Wenn nicht mehr Zahlen und Figuren
Sind Schlüssel aller Kreaturen
Wenn die, so singen oder küssen
Mehr als die Tiefgelehrten wissen,
Wenn sich die Welt ins freye Leben
Und in die Welt zurück begeben,
Wenn dann sich wieder Licht und Schatten
Zu ächter Klarheit werden gatten,
Und man in Märchen und Gedichten
Erkennt die wahren Weltgeschichten,
Dann fliegt vor Einem geheimen Wort
Das ganze verkehrte Wesen fort. -/- Novalis im Jahre 1800

Philosophiegeschichte und damalige Situation
Zur damaligen Zeit: rationale Strukturen, Denker und Vorfahren wie Leibniz, Locke, Hume und Descartes machten die Welt vernünftig!
Novalis ging dagegen an!

Interpretationsansatz

Wenn nicht mehr Zahlen und Figuren -/- rationale Struktur ...
Zahl als Symbol der Vernunft und der
-/- Wissenschaft, die die Welt
-/- lähmt
Sind Schlüssel aller Kreaturen -/- Novalis versucht Splittung
-/- in die Magie
Wenn die so singen oder küssen
Mehr als die Tiefgelehrten wissen -/- Der Kuss und die
Irrationalität
-/- sind in diesem Fall Liebe zu
-/- Irrationalem, zur Magie, zur Psychologie.
-/- Er versucht die Weisheit in der freien Welt
zu finden und sucht den Pfad ins Innere: den geheimen Pfad,
zur Aufsplittung der Vernunft in Traum

-/- Er sucht die Träume, die Philosophie in Märchen und
Gedichten und stellt die Poesie als oberstes Gut dar
Wenn sich die Welt ins freye Leben
Und in die Welt wird zurück begeben

-/- Die Suche nach Freiheit wird zum
-/- Rangersten, d. h. die Vernunft soll
-/- überwunden werden, eine Welt
-/- der Phantasie öffnet die geheimen
-/- Türen der Magie und der Mensch
-/- tritt als Träumer gegen den Starrsinn Aufklärung an

Wenn dann sich wieder Licht und Schatten
Zu ächter Klarheit werden gatten

Und man in Mährchen und Gedichten,
Erkennt die wahren Weltgeschichten,

Dann fliegt vor einem geheimen Wort

Das ganze verkehrte Wesen fort.
-/- Hier überlasse ich es der eigenen Assoziation der Zuhörer

Abschließend gilt: Das Gedicht begründete eine Kulturepoche, die Romantik

Sie ist höchstes künstlerisches Gut der wahren Dichtung und Wahrheit!

Novalis beeinflusste mit diesem Gedicht die Jenaer Frühromantik und sogar Menschen wie Beethoven oder Goethe orientierten sich danach ...

Die Tiefenpsychologie Nietzsches sowie alle Gedichtformen suchten diese Genialität.
Novalis starb jung an Mukoviszidose und wusste nicht, wie genial er wirklich war ...
„Indem ich dem Endlichen einen unendlichen Schein verleihe, so romantisiere ich es."
Novalis im „Atheanaeum", einer Zeitschrift der Romantik.

© Uwe Kraus

Brief an einen Verleger

Herr Krüger war der Verleger des Hanser Verlages, dem besten deutschsprachigen Verlag weltweit! Sie machen Müller, Pamuk, Obama, Mo Yan ... Herr Krüger schrieb mir 12-mal zurück. 2012 gab ich ihm die Hand auf der Buchmesse. Er war immer auf dem Boden geblieben! Er war der Mann der Lyrik! 2014 verließ er besenrein seinen ziegenhautledernen Arbeitstisch und übergab das Zepter Jo Lendle. Er kam von Dumont. Mit ihm habe ich heute und letzte Woche telefoniert ... Die Briefe von Hanser haben ein Wasserzeichen! Ich schrieb diesen Brief 2003 ...

Viel Freude,

Uwe Kraus

Sehr geehrte Redakteure der Akzente Literaturzeitschrift, lieber Herr Krüger

Hiermit möchte ich Ihnen eine Auswahl meiner Gedichte, die ich in diesem Jahr anfertigte, übergeben.
Ich weiß, dass Sie für einen größeren Zeitraum schon fest verplant sind, was die Zeitschrifteninhalte betrifft, doch trotzdem möchte ich Ihnen meine Gedichte vorstellen, und sei es nur darum, eine Antwort zu erhalten, die eine Wertschätzung des Gesandten beinhaltet!
Ich schreibe mittlerweile seit mehr als dreieinhalb Jahren und vertiefe mich ständig in Lyrikbände, wobei ich an mir bemängeln muss, dass ich zu viele Bände aus den Suhrkamp-Reihen lese.
Leider habe ich erst drei Bände aus der Hanser-Reihe gelesen, wohl weil in meiner Buchhandlung der Bedarf an Lyrik, wie auch in allen anderen Stellen in Deutschland, spärlich gesät ist und man nur die normalsten Bände, wie zum

Beispiel Bände von Erich Fried oder Klassikerausgaben,
Eichendorff, Brecht oder schon weniger häufig Paul Celan,
Günther Eich oder Sonstiges findet.
Beinahe nie ist etwas Neues dabei! Fast jeden Gedichtband,
bis auf einige, die ich mir aus den Reclamreihen gekauft habe,
musste ich bestellen, und es ist schon so, dass man nicht
erfährt, wenn man nicht gerade auf die Internetseiten der
Verage geht, was neu erscheint.
Einer Ihrer Mitarbeiter sagte mir, 100 000 Menschen
schreiben, 30 davon lesen.
Ich lese Lyrik, zudem sehr viel Prosa, und hoffe auch dadurch
von Ihnen ernster genommen zu werden als die, bei denen Sie
merken, dass derjenige gar nicht liest und blind mit den
Worten um sich schmeißt.
Ich habe eigentlich meine Gedichte nur an drei Verlage
geschickt, im Lauf der Jahre, und diese waren Hanser,
Luchterhand und Suhrkamp.
Alles was dabei heraussprang, war ein Meer aus
Forderungen: Sie schreiben zu wenig verdichtet, manchmal
benutzen Sie hochphilosophische Worte, die Sie mit einfachen
totschlagen ...
(Durs Günbein schreibt z. B. als Georg-Büchner-Preisträger
philosophisch und wiegt das Ganze mit einfachen Worten auf.)
Ich darf das laut diesen ganzen Verlagen nicht!
Irgendwann kam der Punkt, da sagte ich zu einer dieser
Frauen: Ich hab darauf keine Lust mehr; und las ihr dann am
Telefon „Tränen" vor.
Sie sagte: Aber Herr Kraus, das ist doch wunderbar,
dynamisch, das hat was!
Ich sagte dann nur: Sie wollen das doch sowieso nicht. Und
Sie antwortete:
Natürlich nicht. Sie müssen jetzt an Literaturzeitschriften
schreiben.

Dies tue ich hiermit und wünsche Ihnen viel Vergnügen!
Was noch bemerkenswert ist: Mit manchen dieser Dichtungen
nehme ich am „Leonce-und-Lena-Preis" teil.

Mit freundlichen Grüßen, Uwe Kraus

Über Buchhandlungen – Die blaue Blume und Morphy Burkhart

Sucht man nach einem besonderen Buch, z. B. einem extra spannenden Krimi, muss man als Lautrer die Buchhandlung „Blaue Blume" von Morphy Burkhart aufsuchen. Morphy, ein Urgestein für Literatur und regionale politische Dinge, als Mitglied der Grünen, ein Mathematiker, mit höchst philosophischen Ansätzen und Gründungsmitglied der Autorengruppe, pflegt die regionale Literaturszene.
Zum Beispiel mit den Lesungen bei „Lautern liest" oder den Buchpräsentationen in der Scheune des Theodor-Zink-Museums.
Seine Auswahl an Büchern, die er in seinem Laden hat, gleichen einem Schatz ... Außerdem ist das Lyrikprogramm, was mich als Dichter interessiert, sehr gut.
In seiner Buchhandlung finden auch manchmal selbst Lesungen statt. Hier geben sich viele schlaue Leute die Klinke in die Hand.
Wenn ich zu ihm fahre, besprechen wir meist den Literaturbetrieb, so freundschaftlich ist er. Vor einigen Jahren bekam seine Buchhandlung die Auszeichnung als eine der besten ihrer Art!
Im „Thalia" fühle ich mich nicht wohl. Salzstreuer mit Goethe und Schiller zeugen eher von einem Großhandel oder einem Warenladen.
Morphy Burkhart, ein außergewöhnlicher Nichtautor der Autorengruppe, der als extrem belesene Seele immer wieder wichtige Aspekte zum Schreiben hervorbringt. Auch in der „Chaussee" erscheinen Rezensionen von ihm oder Kurzessays ...
Wer richtige Bücher liest, sollte ihn nach den neuesten Dingen fragen ...

Die „Blaue Blume", ein Kleinod der Stadt!

Es weihnachtet mehr!

„Ach", sagte das Christkind, „was ist denn mit dem Knecht Ruprecht geworden. Jetzt prügelt er nicht mehr mit der Rute die bösen Kinder ... warum hat der keine Zeit mehr?"
„Sag dem Weihnachtsmann, er soll ihn suchen gehen, Rentier Schlafi." Schlafi suchte und fand ihn vor dem Fernseher ... Er erklärte ihm, was das Christkind von ihm wollte, und so begab es sich, dass der Rehbock mit dem fetten Weihnachtsmann, er hatte ja 15 Kilo zugenommen, kurz vor Nikolaus, den Schlitten spannte und aus der Backstube der Elfen, mit dem Beam durch den Kamin verschwand.
Und so flogen sie, da nie Schnee lag, den Grünen Weihnachten entgegen und suchten den Knecht ...
Aber wo ...?
Das Rentier hatte die Idee: Es sagte zu dem colasüchtigen dicken Weihnachtsmann: „Er kann nur bei seinesgleichen sein. Er drückt den Roten Teufeln die Daumen!"
Daraufhin gluckste der dicke Bauschebart: „Fliegen wir nach Kaiserslautern und suchen den Batzi ..."
Kaum waren sie dort angelangt, in der Hölle, sagte der Dicke: „Da ist er ja, da, auf dem Trainingsplatz ..."
„Was macht er da?", fragte der Weihnachtsmann...
„So, wie es aussieht, ist er Torwarttrainer", meinte das Rentier.
„Scheint gute Arbeit zu verrichten ...", sagte der Dicke. „Ach, dafür braucht er die Rute?!"
„Ja, wenn er weiter so trainiert, arbeitet er noch bald für den DFB." „Der hat keinen Bock mehr aufs Christkind", sagte das Rentier.
„Der will in die Bundesliga ...", meinte der Weihnachtsmann und er hat recht ... Die Teufel sind auf dem Vormarsch, es sieht aus, als könnten die aufsteigen.
Der Weihnachtsmann sagte; „Komm, wir können ihn nicht aufhalten, er hat gar keine Zeit, der trainiert die so gut, dauernd prügelt er auf die Mannschaft ein. Wenn der so weitermacht, steigen die wie die 60er zweimal auf ..."

(... will be continued)

Wollen wir hoffen, dass der Weihnachtsmann recht hat ...

Fröhliche Weihnacht,

Uwe Kraus

Besteuerung der Reichen

Ehrlich. In Deutschland wohnen sehr viele Millionäre, die jetzt, wie die Linkspartei zum Beispiel fordert, besteuert werden sollen.
Mein Denkansatz dazu:
Wenn ich eine Million mit einem Geschäft gemacht hätte, sagen wir, ich hätte eine Fabrik gegründet und beschäftige 500 Leute, und habe dieses klein angefangen, dann würde ich nie und nimmer einsehen, eine Extra-Abgabe zu bezahlen. Ich würde 500 Familien ernähren! Und sorge dafür, dass 500 Leute ihre Steuern zahlen können. Warum sollte ich dann in die Pflicht genommen werden?
Die, die dann nichts machen, zum Beispiel die, denen die Linkspartei Geld geben würde, zum Beispiel auch Faulenzer, denen würde ich kein Geld geben.
Adolf Dassler hat ganz klein angefangen, die Brüder Albrecht. Die ernähren viele Menschen ...
Lieber würde ich die auffordern, in Deutschland zu produzieren.
Ich denke, Geld gehört denen, die ihre Arbeit machen ...
Es gibt natürlich Milliardäre, die könnten etwas abtreten, aber ich sehe es so: Jeder kann eine Existenz gründen und selbst erfolgreich werden!
Das unterstützt das Arbeitsamt.
Wenn ich sehe, dass viele gar keinen Bock haben, werde ich

eher böse, als sie zu unterstützen ...
Das war das Wort zum Samstag,

Uwe Kraus

Mein Tag der Deutschen Einheit 2003

Also jetzt, um 17Jahre zurückzudenken, muss ich mit viel Leid
und Pech beginnen ... ich war aufgrund einer Trennung und
der Suche nach Glück und Liebe mir nichts dir nichts damals
auf Beschluss mit Handschellen in die Landespsychiatrie
Landeck in Klingenmünster gekommen. Vieles sprach dafür,
dass ich nicht gesund werden würde ... Ich hatte mich polytox
vergiftet mit Gras, Alk und meinen Downers ... Jeden Abend
Disco und 10 Wodka doppelter Natur sowie ein Wahnsinn, der
mich fesselte, für drei Wochen ans Stationsbett, da ich drauf
und dran war, die Psychiatrie abzufackeln ... Damals starb
meine Großmutter, und ich durfte, weil ich irre war, nicht zu
ihrer Beerdigung ... Ein kurzer Entlass, dauerte 4 Tage, dann
war der Beschluss wieder fällig ... Station P19 war eine harte
Station ... einmal trat eine Insassin die Panzerscheibe kaputt
und ich schlüpfte durchs Glas, um gleich wieder geschnappt
zu werden ... Meine Mutter, damals noch nicht choreatisch,
hatte noch einigermaßen den Durchblick ... es dauerte bis zum
Wochenende des 03.10., dem Tag der Deutschen Einheit, bis
ich einen Wochenendurlaub antreten durfte ... ich, total auf
Leponex, kotzte meinem Vater ins Auto ... auch die ekelhafte –
wie kann man so etwas essen – Zungenwurst und die
Schattenmorellen machten meine Lage nicht besser ... es war
gerade die Mutter meiner Mutter gestorben ... dies muss wohl,
mit dem Klinikaufenthalt, der Auslöser für den Gendefekt
meiner Mutter gewesen sein ... Auf jeden Fall, ich war wie auf
Trip. Mein Eltern hatten, da ich ausgezogen war, mein
ehemaliges Zimmer, in dem meine Oma gepflegt werden
sollte, nochmals für mich hergerichtet .... es kam an diesem
Abend „Eyes Wide Shut" und ich halluzinierte mit den
Schauspielern ... ich meinte, ich könnte ihre Auftritte steuern,

sie beeinflussen ... es dauerte bis morgens, bis ich nicht eingeschlafen war ... Auf MDR kam den ganzen Nachmittag vom Mauerfall und ich hatte, wie Pink von Pink Floyd, eine eigene Mauer um mich gebaut – Jetzt, 17 Jahre später, hat der Tag eine eigene Gewichtung ... die Mauer habe ich eingerissen, so wie es die Deutschen mit der Mauer in Berlin machten – wir sind frei – Deutschland und ich, von der Herrschaft böser Geister ... nun freue ich mich auf diesen Tag und wünsche allen ein friedliches Wochenende ...

Uwe Kraus, Kaiserslautern

PS: Das ist Realität. Und „Eyes Wide Shut" kam wirklich im Fernsehen ... Ich habe es letztes Jahr im Sendeplan des ZDF nachgesehen ... Ich kann mich an alles erinnern!

Lektorat: Axel Englert

© Uwe Kraus

Für einen Trainerwechsel

Der Teufel geht um in der dritten Liga. Einst schoss man die Bayern aus dem Stadion, fertigte Real Madrid ab, fegte bis zur letzten Minute Barcelona aus dem Stadion ... Jetzt heißt es 0 : 3 bei Türkgücü … Schommers, wer ist das eigentlich? Sasic unverständlicherweise gefeuert. Kurz gescheitert, dann das Martyrium: Balakov, ein Trainer folgte dem nächsten ... Spielen wir bald gegen Morlautern? Derby in der Stadt, eventuell in der Oberliga. Es müssen Kerle her, Vorbilder, die die jungen Spieler noch kennen. Kein Durchschnitts-Jessen, kein Hildmann ... Hier braucht man größere Namen ... Was einst Kuntz gelang, die Rettung in der 2. Liga – lang schon fast vergessen! Die jungen Spieler haben kein Idol mehr, der sie verhext wie einst Feldkamp ... Sie spielen sogar gegen den Trainer! Lasst euch bei der Trainerfrage keine Zeit ... Der Zug in die zweite Liga ist im Moment stillgelegt ... Konzentriert euch auf den Umbruch und klont Feldkamp oder Rausch – Kuntz jetzt Europameister mit der U21! Warum musste der Manager werden, warum nicht Trainer mit Kuntzsäge? Wir brauchen einen Schritt in die Zukunft, wobei vieles noch nicht passt ... Man sollte jemand holen, der nicht zuerst aufs Geld schaut, sondern auf das Herzblut – wenn es nach mir ginge, würde ich vielleicht nochmal Sasic nehmen! Er ist hart, hat aber Erfahrung und kann seinen Job ... wir wollten doch aufsteigen! Ich würde gerne wieder hören: Wir wollen den Trainer sehen! Und ich will, dass Ehrmann wieder da ist. Mein Bruder Josie würde sich im Grab umdrehen, wenn er erlebt hätte, dass der Betze noch schlechter spielt. Er war für mich der größte FCK-Fan, er wäre auch mit dem Verein in die Regionalliga gegangen. Aber muss das sein, frage ich den Vorstand? Wir Fans wollen einen guten und erfolgreichen Verein sehen.

© Uwe Kraus

Hier biete ich einen Songtext an ... Vielleicht gibt es Interessenten ... In Deutsch geht er in die Richtung von Novalis –
Auch die englische Version ist brauchbar. Die englische Version hat keinen Fehler.
Ich schrieb es für Sabrina Roth und wollte dies auch Dota geben, aber es ist immer so, dass die Bands für sich bleiben wollen.
Eventuell hilft mir Herr Kronibus von der Emmerich-Smola-Schule. Er ist mein Gesangslehrer. Ich will versuchen, im Singen Noten zu können ...

Uwe Kraus

Erst wenn ein traum im traum

erfindet sich in zeit und raum,
so wird das leben voller wandlung sein
ein spiel der weiten weiten welt
ein schrei gegerbt aus vollen lungen
an der wir die tage zählen ungesungen ...
ich lebe klamm und stumm die tage und die nacht
der traum vom traum ist angefacht
und die melodie wie schall und laut voll zartheit klingt
mich immerzu zum leben bringt
und traum dem traum zu lieben zwingt
so will ich sein ein dein im mein
ein lied das klingt wie komet und meteor
ein fast gefülltes stundenglas
gefüllt mit murmeln, die ich aß ...

ich weiß der tag geht fort wie klamm und kalt
und ich bin immer nur zu fassen ...
fliege durch die lüfte
wie ein vogel fern der welt –
fülle glas um glas für stunde
mit murmel blei und schrot
so lasst mich doch sein dem leben ohne not.

nur hoffnung schreit in ewigkeit
lebe lust und einigkeit
mit mir der große geist ...

Only when a dream within a dream

Invents itself in time and space
so life will be full of change
a game of the wide world
a scream tanned at the top of my lungs
when we count the days unsung ...
I live clammy and silent the days and the nights
the dream of the dream is kindled

and the melody sounds as loud and loud full of tenderness
makes me want to live all the time
and dream forces the dream to love
I will be yours in mine
a song that sounds like comet and meteor
an almost full hourglass
filled with marbles that I ate ...

I know the day will go by like clammy and cold
and I'm always just grasping. ... Fly through the air
like a bird away from the world.
fill glass by glass for hours
with lead and shot marble
let me be like this in life without need. Only hope cries out in
eternity
live lust and unity
with me the great spirit ...

An das Nobelpreiskomitee

**Bald werden die Nobelpreise vergeben. Dort schrieb ich
letztes Jahr hin, um eine Änderung zu erreichen. Musik
soll selbst, meiner Meinung nach, einen Preis gestiftet
bekommen. In der Zeit der Pandemie ist Musik selbst
wichtig. Sie macht Menschen glücklich und lässt ihre
Probleme vergessen ... Ein solcher Preis könnte nie
schaden. Der Wirtschaftspreis wurde auch später
vergeben. Bob Dylan wäre nicht nur wegen seiner Texte
wichtig gewesen!**

**Hier der Brief und im Anschluss ein Gedicht, welches ich
nach Oslo schickte:**

An das Nobelpreiskomitee
Norwegisches Nobel-Institut
Drammensveien 19
N-0255 Oslo
Norwegen

Sehr geehrte Damen und Herren,

ich würde gerne von Ihnen wissen, warum andere Künste als die der Literatur nicht für den Nobelpreis ausgelobt werden, z. B. Musik ... Musik, ein Leben ohne sie, wäre ein Irrtum, meinte Nietzsche! Alle Künste entstanden durch Musik, auch Literatur!

Früher, als es noch Lyra hieß, auch im antiken Rom oder zur Zeit der Bibel, wurden Gedichte in Liedform vorgetragen, der erste Philosoph, den die Menschheit evtl. kennt, Pythagoras, hatte die musikalische Schwingung errechnet!

Musik ist der Antrieb und ein Lebensgefühl! Eine Belohnung, etwas, was nur wenige besitzen, nämlich eine aus ihr entstehende Lebensfreude!

Jeder Mensch auf der Welt erwartet mit Spannung, wer in ein paar Wochen diese Preise gewinnt ...

ich möchte nun diese Idee in Ihnen arbeiten lassen und sende Ihnen

freundliche Grüße,

mit Bewunderung,

Uwe Kraus

Mein Gedicht für die Musik:

Lesart des grauens

Oder die antwort auf die frage?
Wer beginnt wer zerrinnt
Oder empfindet wenn er verworren
Verdorrt und schlicht sein leben bindet
Die vergangenheit

Verändert bewusstsein
Liebe und schmerz
Der rhythmus
Der epistel wie die einer anapher
Die weder wie die epistel oder die anapher vorliegt
Ändert pulsschlag
Erdet und will und will

Warum ist es der weg
Vor dem man steht
Wobei drei wege hinter mir liegen
Und ich nur noch einen weg gehen könnte
Bzw. zurück!

Ich wanderte im tal und folgte ließ mich trösten
Und kummer verstehen
Doch nur die passion die resolute passion
Meiner willkür
Wird verändern den gedrängten pfad
Da es 4 ebenen gibt!

Auf einer scheibenwelt
Leben die untreuen
Am ende die toten
Die der sand verband

ICH bin gekommen aus staub
Und werde staub
Doch der treppengang
Oder die rolltreppe scheint der fünfte weg!
Mein leben besteht aus noten
Die ich vom boden auflas
Nachdem sie gefallen vom tor

Wissen wir doch alle:

Mystik machte musik
Sport und eleganz sind bewegungen

Der zeit
Am achten tag schuf gott die melodie
Um den menschen die sieben tage zu erhellen ...

Wissen wir auch: die musik ist des tragödien geistes:

Nietzsche wusste:
Die musik ist ein irrtum wenn man sie nicht gebraucht!
Auch der schreibende schreiber programmiert
Seinen rhythmus
Der seiner körpermusik entspricht!

Des menschenherz pulsiert mit jedem tag
Den noten seiner geister –

Oder scheiden sich da die geister?

Das wort gesprochen durch des siegels mund
Dem lamm und turm verbunden
Schweigt ehedem die zartheit unendlicher sekunden –

Warum – warum?

© Uwe Kraus

Die kafkaeske Ballade der Nacht!

Spürst du den Nebel steigen, den Lichterregen der
Straßenlaternen, die sich milchig in der Gasse spiegeln,
den Blickfang der Schönheit im Morgenmagma. Vor allen
Dingen erzähle ich schichtweise und binde die
Schwermetalle, um die Gefahr der Vergiftung zu
verdichten. Ich schiebe den Regen in seinen Wolken weg,
denn der Regen hört auf, wenn ich nicht mehr atme. Auch
erdrückt mein Herzmeter das Innenfeld des polaren
Widerstandes. Ich beginne mich neu. Alles was diese
Nacht brachte, verwischt an den Grenzen zum Jenseits!
Beobachtet das Futterhaus der Vögel – der kalte stramme
Winter zieht ihren Gebärden den Futterneid hinfort. Sie
fliegen in gleichschenkligen Dreiecken ähnlich derer der
Schatten und Drachen hinfort, obwohl der Herbst
verflacht durch die frühe Dunkelung, so wird der
Nimmersatt ein Prozedere einstimmen:
Iss keine Taubenherzen, du Amazarist, durch schöne
Flügel folgt dir das Wolkenweib, wie der Leib der Brüste
einer schönen Frau. Ich sehe sie zu mir kommen die Frau,
ein Gelenk meines Herzens wäre schwerelos für sie zu
begarben, zu greifen, zu feilschen dem Lot der Flügel des
Frühlings. ich hasse diese Eindrücke, sie schweben
hernieder wie Löwenzahnblütenpropeller und doch ist der
Greif ein Vogel, der die Winde erschwebt.
Wolltest du mir helfen, ich bin wieder wach, hatte
geträumt im Regen des Lichtmondes.
Dieses Gedicht wird sicher schwerer als eine Bibel, das
weiß ich!

Uwe Kraus, 2018, im Januar
lektoriert von Axel C. Englert

Perpetuum mobile oder die Weltformel ...

Was macht uns abhängig? Energie!
Wir brauchen eine Lösung ohne Gas und Öl. Das macht uns zum Sklaven der Länder, die sich seit Jahren bekriegen und von Amerika und Russland unterstützt werden, weil sie diese Bodenschätze bevorraten.
Hybrid-Antriebe sind nicht der richtige Weg, da sie durch zu wenig Bodenschätze nicht genügend produziert werden können. Die OPEC kann uns immer vordiktieren, was wir machen, wenn wir nicht weg von diesen Energiequellen kommen ... Das ist ein alter Hut.und sollte jetzt in dieser Rassismusdebatte weiterdiskutiert werden.
Öl, das gilt z. B. auch für den Schlafmohn, sollte nicht gekauft werden.

Russland und Amerika führen durch unsere Waffen in diesen Ländern Krieg.
Darum werden Menschen verfolgt, nicht nur wegen des Glaubens.
Deutschland sollte sich aus diesem Krieg heraushalten und nicht unterstützen, durch Waffen oder Kauf von Rohstoffen.
Der Schlüssel liegt in der Energie, denn Krieg wird dafür schon immer geführt.
Ich weiß, ich bin nicht der Erste, der das sagt, aber mir ist eingefallen, wie wir früher mit Lego spielten und ein Perpetuum Mobile bauen wollten.
Ein fünftes Element quasi, das sich von selbst antreibt.
Ich hoffe, der Wasserstoff könnte dies sein.
Früher machte ich mir Gedanken, wie, wenn der Regenwald abgeholzt werden würde, Sauerstoff entsteht ...
Da dachte ich an die Eismassen in der Antarktis. Sie bestehen aus H2O. Ich dachte:
„Wenn es nun gelänge, das Wasser vom Radikal Sauerstoff zu trennen und zwei Sauerstoffe zusammenzufügen, dann wäre es möglich, Sauerstoff zu fördern ... Auch der Wasserstoff ist die Energiequelle.. Die Explosion des einzelnen Wasserstoffs ist das Perpetuum Mobile ..." Meine Gedanken sind schon mal von Faraday, Volta, Ritter und Davy

gedacht worden, es ist die Elektrolyse. Man kann durch Strom Wasserstoff und Sauerstoff trennen. Die Grünen setzen sich da ebenfalls dafür ein. Es würde Frieden im Nahostkonflikt bringen, sowie eine Unabhängigkeit. Aber wirklich verbessert man das Klima, indem man Energie spart. Mir ging es vor allem um den Sauerstoff, nicht um die Energie. Zudem dachte ich an die Antarktis, da ich dachte, wenn Wasser siedet, scheidet sich Sauerstoff in Dampf, und das könnte man in der Antarktis tun, indem man Eis schmilzt und dann wieder gefriert. Eigentlich kann man das in jedem Wasservorrat nutzen, es kostet nur viel Energie ... ! Wie mir Doktor Sitzmann von der TU KL mitteilte, wird die Technik der Spaltung von Wasser in Wasserstoff und Sauerstoff in Zukunft mehr zum Tragen kommen, aber dazu brauchen wir günstigen Strom aus Wind und Sonnenenergie. Aber Dr. Langbein und Dr. Sitzmann erklärten mir, dass es sehr schwierig wird, die enorme Sauerstoffproduktion der Pflanzen durch industrielle Verfahren auch bloß teilweise zu ersetzen. Doktor Langbein sagte, es wird an der Hitze liegen, warum der Mensch irgendwann ums Überleben kämpft. Sauerstoff sei da, meinte Dr. Langbein.

Aber auf jeden Fall sollten wir Erdgas und Kohle sowie Öl fallen und uns nicht von anderen Weltmächten bevormunden lassen. Wenn wir keine Energie kaufen, wird Friede sein. Was stärker in den Vordergrund rücken sollte, sind Biogas und Erdwärme ... Die Erde stellt alles bereit. Lasst uns das nutzen ...

Vielen Dank für die Aufmerksamkeit,

Ihr Maler und Lackierer,

Uwe Kraus, Kaiserslautern, den 25.09.20

© Uwe Kraus

Ohne Mittelfeld.

FCK – DYNAMO DRESDEN 0 : 1

Der Grund, warum der FCK das Spiel verloren hat, ist nicht, weil man nicht kämpfte, sondern bis zum Platzverweis des Dresdner Spielers kein Mittelfeld angespielt und nur durch Geschiebe in der Abwehr die Zeit verschenkt wurde. In der zweiten Hälfte ging den Dresdnern geschuldet durch die Gelb-Rote-Karte die Puste aus, aber trotz einem Torschuss oder Anrennen nach dem anderen brachte Dynamo den Sieg über die Zeit.

Fürs nächste Mal: Lasst Schad nicht alleine, lauft zur Grundlinie durch. Versucht den Ball besser vor dem Tor zu kontrollieren und trainiert euer Kurzpassspiel in der Offensive. Von den Einwechslungen gefiel mir Ritter gut. Er hat Wucht und ist eher ein kampfstarker Spieler, der den Ball behaupten kann. Auch Skarlatidis könnte mehr im Mittelfeld bewegen ... Wir brauchen Spieler, die zum Ball arbeiten. Wenn das Mittelfeld mehr eingebracht würde und nicht, wie geschehen, bis zum Platzverweis zurückgespielt würde, hätte der Betze eine Chance auf den Punktgewinn gehabt. Gefallen hat mir die Körpersprache ... man wollte sich durch harte Spielweise demonstrieren. Dass Dresden nach dem Tor kaum mehr eine richtige Chance hatte, ist für uns ein Wermutstropfen, denn wir hätten ein Tor machen müssen ...

Es fehlt ein Stratege. Schüsse, also Abschlüsse aus der Entfernung sind trainiert worden. Etwas muss auf die Schnelligkeit geachtet werden.

Bitte nicht gleich meckern, der HSV spielte weitaus anders gegen Dresden. Jeder hatte sich einen Sieg gewünscht. Leider gab es einen Dämpfer.

Lasst die Spieler sich finden. Und eines wollte ich noch sagen: Es ist traurig, dass die Zuschauerkapazität nicht ausgeschöpft wurde.

Bis demnächst in diesem Theater,

Uwe Kraus

Sujata Bhatt – „Die Stinkrose" – Carl Hanser Verlag
Englisch/Deutsch übersetzt von Jan Wagner

Eine Dichterin, die man bisher in Deutschland kaum
wahrnahm, hat Jan Wagner, der Büchnerpreisträger, aus dem
Englischen übertragen. Bhatt ist Inderin, in Bremen wohnend,
und studierte einst in Amerika. Sie schreibt wortgewaltig in mal
längeren Passagen, aber auch kurz gesetzt ist sie eine
Künstlerin. Sie lässt ein Mädchen den „Kuhdung" vom Boden
sammeln, schreibt lyrisch von ihrem Vater, von Dingen wie
Bulimie, und verzaubert immer mit exotischen Bildern, die uns
geheimnisvoll vorkommen könnten.
Auch der Religion gibt sie ein Bild. Sie ist, wie ich schrieb,
Meisterin einer Geschichte, die ein Gedicht wiedergibt. Und
das finde ich bemerkenswert.
Von manchen wird ihre Art zu schreiben mit Chandler
verglichen. Es ist geheimnisvoll, wenn „Affenatem" auftaucht.
Bhatt ist in viele Sprachen übersetzt. Die vorliegende
Sammlung von 45 Poemen, ja manches Mal eher Elegien, hat
Jan Wagner ausgewählt. Sie selbst hat auch Günter Grass
übertragen.
Sie sollte, da sie z. B. in England zur Schullektüre gehört, hier
ein größeres Publikum finden.
Das Buch selbst ist in der Edition Lyrik Kabinett von Carl
Hanser erschienen. Hanser ist für seine herausragenden
großen Dichter aus aller Welt bekannt. Man mag „Danke"
sagen. Danke, dass ich das Buch geschenkt bekam, um
darüber zu referieren.
Ich schrieb Hanser, ob sie mir „etwas Hervorragendes"
anbieten können, und das ist es mit Sicherheit. Wie gesagt:
Bhatt ist in 20 Sprachen übersetzt!

„Die Stinkrose" kostet 20 € und ist in jedem guten Lyrikregal in
Deutschland zu bevorraten …

Uwe Kraus, den 15.09.2020

© Uwe Kraus

Vorstellung des Heftes „Fliegenpilz"

Dies hier ist die zweite Seite des „Fliegenpilzes", einer Literaturzeitung, die es kostenlos z. B. bei der „Blauen Blume" gibt. Vor Weihnachten erscheint die zweite Ausgabe. Bei der ersten Ausgabe mit dabei: Birgit Heid, Christina Bacher, Vera Gniffke, Manfred Dechert, Andreas Fillibeck, Winfried Anslinger, Ekkehard Walter und Uwe Honnef ... Birgit Heid ist Vorsitzende des Literarischen Vereins der Pfalz. Christina Bacher schreibt Krimis und Jugendbücher und betreibt in Köln die Obdachlosenzeitung und andere Zeitungen. Dechert gewann schon oft Mundartpreise, zudem den „Toto-Lotto-Preis" des Landes Rheinland-Pfalz. Fillibeck verfasst Satiren, gab unter anderem ein satirisches Kochbuch heraus, außerdem ist er allseits als Rheinpfalz- Reporter bekannt. Anslinger wurde zweimal mit der Jahresgabe des Literarischen Vereins der Pfalz bedacht. Ein kleines Bild von der Kunstpädagogin Vera Gniffke ist ebenfalls dabei ... Kurze Lyrik von Honnef und Walter zum Schmunzeln ist auch drin.

In der Zeitung geht es um Science-Fiction, Pink Floyd, ums Kochen, über Trauer, und es ist sogar ein Brief an eine bekannte Dichterin enthalten ... Von mir ist unter anderem Folgendes abgedruckt. Das Heft gab es bisher 350 Mal. Online gibt es das Ganze bei: www.uwekraus.de/der-Fliegenpilz/

Hier mein Auszug aus dem Roman „Brainspotting", den es für 5 € im Buchhandel gibt:

Ich sah gelb.

Vielleicht wisst ihr, was eine Bong ist oder ein Eimer. Mittlerweile machten wir eine Sportart aus dem Kiffen – wer raucht wen unter den Tisch? Wer baut die härtesten Bongs, die größten Kawumms? Einen Eimer kann man auf mehrere Weisen bauen. Wir bauten immer solche: Zwei abgeschnittene Colaflaschen werden ineinandergesteckt, eine 1,5- und eine 1-Liter-Flasche. In das untere, das größere Stück, füllt man Wasser und in das obere, das Mundstück, steckt man ein perforiertes Stück Alufolie, in dem man die Mischung, also den Tabak mit dem kleingebröselten Gras oder Haschisch, entzündet. Dann zieht man langsam die obere Plastikflasche nach oben und durch den Unterdruck, der in der Flasche darauf entsteht, kommt eine Menge Qualm in die Flasche. Je gelber und kräftiger, desto besser. Nun vorsichtig das kleine Stück Alufolie vom Mundstück der Flasche abgenommen und den Rauch tief eingesogen, bis die Flasche leer ist.

Uns kam es nicht auf den Wochentag an, wir kifften immer. Selbst vor Klausuren, die wir mit unseren vereiterten Hirnschalen ergo in den Sand setzten. Es ging irgendwann nichts mehr rein. Doch vergaß ich mich umzubringen, Da ich am Schluss dachte: Dann werd ich Müllmann.

Aber an diesem einen Abend war es anders, zu viel. Ich zerbrach, mein erster Schock. Wir saßen im Bauwagen bei Schlafi, einem Freund. Ich hatte ihn mit zehn Jahren bei den Pfadfindern kennengelernt. Sein Vater fuhr uns immer zur Schule. Er war ein Jahr älter als ich und hatte eine Schwester in meinem Alter. Wir feierten Europameisterschaften und Weltmeisterschaften bei ihm und seinen Eltern im Wohnzimmer und jetzt, jetzt musste ich in seinem Bauwagen kotzen, weil ich ihm beweisen wollte, mehr rauchen zu können als er.

Ich musste die Augen schließen, doch alles in dem Bauwagen war nun in meinem Kopf. Ich war taub und konnte nicht mehr gehen, ich hatte das ganze Gefüge des Raumes in mir. Gelb, ich war gelb wie die Simpsons. Der Bewusstlosigkeit nah, sah ich die Poster und die Schallplattenspieler, die Bongs und den ganzen Bauwagen vor mir, als hätte ich die Augen offen. Ich wollte aufstehen und sackte zusammen.

Schlafi sagte, ich solle den Kotzeimer endlich raustragen. Doch ich konnte nicht mal stehen, meine Beine versagten.

Kälte überfiel mich, dann wurde die Tür geöffnet und die frische Luft tat gut. Nervenzusammenbruch. Zu viel gekifft. Eimer. Dosen. Bongs.

Over and out!

Ich war nicht mehr ich selbst und als ich die Augen öffnete, war alles gelb. Schlafi, der Züchter dieser halluzinogenen Pflanzen, spielte ausgerechnet „The Unknown Soldier" von den Doors.

Dann kam mein Vater.

Das war ich. Ich fühlte mich wie Jesus, verkündete drei Tage später die Apokalypse in der Innenstadt und sang von der Sonne, die von ewigen Höllenqualen Blut tropfend auf uns niederbrenne.

Ich kam mir vor wie der Rattenfänger von Hameln. Ich lief durch die Stadt, ein Schüler mit telepathischen Fähigkeiten. Sophokles, Antigone, Lysergsäure, meine paranoideste Phase. Im Karstadt-Café glaubte ich, Theaterschauspieler zu sein und wollte für eine Vorstellung üben. Überhaupt schlüpfte ich immer in andere Personen, mal war ich Nietzsche, mal Karl der Große, diesmal Theaterschauspieler. Ich saß da, vor mir eine Tasse Tee – ich trank damals nur Tee – und sprach in klar formuliertem Hochdeutsch vom griechischen Altertum. Aber nicht nur einen Akt, ich las das ganze Buch vor. Die Leute schien das gar nicht zu stören, jedenfalls kam niemand, um mich rauszuschmeißen.

Gedicht des Tages

Das Lied ist der Soundtack meines Lebens ... Hier mein
Gedicht dazu:

**Soul folded building/oder Hauptwerk, Gedicht für Alle und
Keinen**
(Pink Floyd gewidmet)

Die Band in meinen Lamellen beginnt zu experimentieren
Der Ohrraum abgegraben das Männlein/der Mann im Ohr!
Nunmehr höre ich ihn, er fängt an zu wispern
Und überholt datengespeicherte Festnetze
Des digitalen Monumentes
Des Sprachenturms/
So soll es bleiben?
Historie in den Gedichten meiner Traumwaschung
Jeder Tag lebt nach vorne, der Himmel beginnt
Dort wo wir aufhören zu entkommen –
Ein Gedicht beginnt mit Gift
NUR MIT GIFT

© Uwe Kraus

Rezensionen

Werner Söllner – „Knochenmusik" – Edition Faust

Werner Söllner hat mit „Knochenmusik" ein morbides, expressives Werk geschaffen. Der naturalistische Stil seiner Poeme beginnt zu faszinieren, aber auch zu ekeln. Leider weilt dieser großartige Autor nicht mehr unter uns, und leider hat er nur ein kleines Werk hinterlassen. Leider machte seine Securitate-Vergangenheit seinen lyrischen Ton und seine Akzeptanz in der Autorenwelt für lange Jahre stumm. Von ihm habe ich einen signierten „Schlaf des Trommlers" und die „Kopfland Passagen". Er wurde sehr von Celan beeinflusst. Ein Gedicht aus „Knochenmusik", welches am meisten berührt, ist seine Geburt, die Szene, in der er geboren wird. Auch wenn es die Natur ganz genau widerspiegelt, es ist großartig. Und ein Muss für jeden Lyrik-begeisterten Schreiber ...

Uwe Kraus

Rainer René Mueller – „Poèmes Poètra" – roughbooks

Ebenfalls expressiv und zeitlos, die Verse Muellers. Poèmes Poètra sind ein Zusammenschnitt der langen Jahre, in denen Mueller nicht mehr so wahrgenommen wurde wie es ihm zusteht. Das Buch ist mit einem Nachwort von Dieter Gräf versehen. Mueller erhielt viele Förderungen, geriet aber in Vergessenheit. Mueller hat eine Kunstsprache, spielt mit den Versen und Satzzeichen, gern mit der Sprache. Es wird über die Kriegszeit geschrieben, aber auch über Liebe. Gleich auf dem Deckel des wundervoll gestalteten Buchs eine tolle Wortneuschöpfung: „Wie ein Vogel/über der Ebene/schreit/ schreit ein Vogel,/wie/er, er/schrier,schrier/ (Bilder, gewest)/es ist Schnee." Das Buch befindet sich in der zweiten Auflage. In jedem Fall lesenswert.   Uwe Kraus

Mascha Kaleko – „Das lyrische Stenogrammheft" - Rowohlt

„Du bist der Hafen", diese Zeile hat mich am meisten berührt. Kaleko schrieb 1933 dies wunderbare Buch, das in langen gebundenen Versen von der Großstadt Berlin, auch von der Liebe und von der Abreise ins Exil erzählt. Es ist knapp, was die Zeilen sagen. Sehr verdichtet, und sie spricht in vier Zeilen eine stark platz-einnehmende Sprache. Das heißt, sie packt enorm viele Bilder in eine Strophe. Die Musikerin Dota wagte sich daran, diese wunderbaren Gedichte zu vertonen. Die Reime sind ganz genau für eine Vertonung gemacht. Kaleko starb leider, ohne ihren größten Fan, Dota, kennenzulernen. „Das lyrische Stenogrammheft" ist das meistverkaufte Lyrikbändchen des 20. Jahrhunderts ...

Uwe Kraus

Timo Brandt – „Ab hier nur Schriften" , Gedichte – Aphaia Verlag

Timo Brandt ist vielen artifiziellen wie auch konservativen Lyrikern der Jetztzeit als Rezensent bekannt. Einst schrieb er mir zu meinen pathischen Gedichten, sie seien zu übervoll philosophischer, wie auch multiplizierender Eindrücke behaftet.
Er hatte recht!
Nun, da er sich scheute, mich zu besprechen, will ich ihm gerne meine Rezension zu seinem Band schreiben. Das Gedicht vom 23. erschlägt den Leser, nicht auf schlechte Weise ... aber hier geht es mir, wie ihm mit meiner Lyrik. Es sind Fetzen von Eindrücken, vielleicht auch Träumen. Er schreibt von Charles Dickens' Geburtstag, verwindet es überbordend mit einem heißen Tag im Park, lässt einen Schlüssel kämmen, bringt Bilder seiner sehr belesenen Seele hervor. Es ist ein Teppich, der an manchen Punkten geflickt wird, aber auch zertreten. Ich will sagen, dass er seinen Träumen freien Lauf lässt, aber auch manchmal erratisch wirkend sich hier zum Teil verläuft ...

Er sucht den Schlüssel, vielleicht für seine Poesie ... Wie heißt
es bei Pink Floyd:
„You lock the door and throw away the key there is someone
in my head but it's not me ..."
Will nicht sagen, er hat den Schlüssel verloren, er findet ihn für
sich selbst irgendwie, aber nicht für mich ... Ich mag Gedichte,
in denen klare Aussagen fassbar sind ... Ich hatte selbst
Gedichte geschrieben, wie wenn ich im Rausch wäre ... er ist
in sich in einem Rausch ... Mir gefällt, was er von der Melodie
schreibt, bleibe aber wie ein Unwissender, denn Philosphie ist
ein Unwissen ... ein Paradoxon ... Man muss seine
schlangenartigen Fährten lesen, um zum Paradoxen während
des Lesens zu gelangen.
Dies hier ist keine Kritik! Ich danke Timo Brandt für seine
Weltsicht ... hoffe auch auf klarere Strukturen, denn wenn er
sich fängt, und den Schlüssel findet, kann er ein ganz Großer
werden ... Liebe Grüße an Herrn Brandt, mit Hoffen auf sein
Wohlgefallen! Im Übrigen trifft diese Meinung nicht auf alle
Gedichte zu. Er hat viele klare Dinge, dazu gebundene Dinge
hierin ... Auf jeden Fall ist es lesenswert.

© Uwe Kraus

**Wer Rezensionsexemplare senden will: Ich lese vorrangig
Lyrik! Info an uwekrauslyrik@gmx.de
Es muss auch mit Kritik gerechnet werden. Bitte nur
ernsthafte Literatur!**

Leseeindrücke:

**Zu Sting „Lyrics" von Simon & Schuster bzw. „Die Songs"
– S. Fischer**

Ein wunderbar aufgemachtes Buch von Simon & Schuster, mit
den Texten, die mich mein Lebtag begleiten. Ich frage mich,
warum S. Fischer sich für die zweisprachige Ausgabe nicht so
viel Mühe gab.
Mich regt das Buch an, selbst zu singen ... Um mit- oder mit
Playback zu singen, sehr gut.

Ich bin fasziniert von der Lebensgeschichte des Milchmann-
Sohns zum Doktor der Musik, zum Ritter der englischen
Majestät.
Das Buch wurde sehr effektvoll und mit viel Sinn für die Details
im Design gemacht ... Das Buch von Fischer ist dagegen
lieblos. Die Übersetzungen vom Fischer Verlag fand ich nicht
gut, da versucht wird zu reimen, was man nicht unbedingt tun
muss.

Für Stings Fans ein Muss ... Gerne hätte ich, dass meine
Lektorenfreundin von Suhrkamp mal die Texte überträgt ... Sie
ist wie ich ein leidenschaftlicher Fan seiner Musik.

Ich grüße alle Police- und Stingfans,

Uwe Kraus

Zu Ossip Mandelstam „Bahnhofskonzert" – S. Fischer

Mein neuer Freund! Der Stern ist ergreifend. Nicht messbar
auf einer Skala, mit der man Literatur in diversen Onlineshops
bewertet. Ich habe noch nie etwas Sensibleres gelesen ... Es
ist wunderbar, wie er verknüpft und die Reimschemata wirken
lässt ... Zärtlich, seine Biegungen und Windungen zu erleben.
Er schreibt auch über Tennis. Gerade seine ersten
unbetitelten Werke aus dem Stern ergreifen mich am
meisten ... Es ist furchtbar, dass er in einem Arbeitslager
sterben musste ... Er hinterließ auch Essays zur Poetik und
autobiographische Prosa ... Gerne befasse ich mich noch
damit ...
Wenn jemand über blondes Haar schreiben kann, dann nur er.

Ich wünsche viel Lesevergnügen, obwohl es mich traurig
macht, dass er so viel erleiden musste! Durch eine
Schutzinfektion fand sein Leben ein trauriges Ende. Das Buch
zeigt, wie wichtig Literatur in der Zeit der Unmündigkeit ist ...

Marion Poschmann „Nimbus" – Suhrkamp

„Nimbus" ist der neue Band von Marion Poschmann. Es ist der beste Band, den Suhrkamp in den letzten Jahren an Lyrik herausgab. Sie ist ein Erzähler, Beobachter und lässt bildhaft Worte Assoziationen im Kopf illuminieren. Gerne liest man von Eis in allen Facetten, Natur, Krieg nur gehaucht. Bilder, die brauchbar sind. Es gibt die Wortspieler, die, die versuchen, nichts Wirkliches zu erzählen. Ganz anders Poschmann. Erinnernd an z. B. die großen Amerikaner bringt sie etwas in Gang. Eine Phantasiewelt, die aus dem Gedicht tritt. Keine Versatzstücke, die unerklärlich erscheinen. Mich freut der nicht verrückt werdende Ton, der aus eigenen Kopfgeburten tritt! Schon ihr erstes Gedicht vom Fahrradfahren, von glitzernden Kieseln, ist inspirierend gewesen. Darum kaufte ich mir ihr Buch und es war kein Fehler!
Dichter, die erst erklären müssen, warum sie etwas schreiben, denen also die Phantasie fehlt, oder die essayhafte Gedichte schreiben, sind meiner Meinung nach out!
Es zählt das Erleben und die Beschreibung und das damit verbundene Verzahnen der Bilder. Das macht Frau Poschmann sehr gut.
Ich hoffe, es finden sich viele, die diese Idee forttragen!

Uwe Kraus, den 20.04.20

Novalis „Hymnen an die Nacht – Die Christenheit oder Europa", Insel Verlag

Novalis, Freiherr von Hardenberg, begründete die große idealistische Traumwelt der Romantik ... unglücklich Verlobter, heimlich Verlobter und Schüler Schillers, hat die Unendlichkeit der Poesie entworfen. Die Rückwendung zur Freiheit der Menschen, die Verschmelzung von Poesie und Philosophie, ist ihm gelungen ... Ich wollte nach ihm eine zweite Romantik ins Leben rufen, die Reromantik ... Novalis ist für mich der höchste Dichter, erst danach folgen Hölderlin und Nietzsche. Goethe kann ihm nicht das Wasser reichen. „Indem ich dem

Gemeinen einen hohen Sinn, dem Gewöhnlichen ein
geheimnisvolles Ansehn, dem Bekannten die Würde des
Unbekannten, dem Endlichen einen unendlichen Schein gebe,
so romantisiere ich es." Dieses Zitat versuche ich in jedem
Gedicht zu beleben, so wie alle Dichter es versuchen! Novalis,
der Urgeist der Romantik, starb für mich leider viel zu früh! Er
hätte ein weitaus wichtigeres Werk herausgegeben, wenn er
nicht an Mukoviszidose gestorben wäre ...

Uwe Kraus

Hannes Bajohr „Halbzeug", Suhrkamp

Bajohr, 1984 geboren, hat einen eigenen Zugang zur Poesie.
Angelehnt an Ernst Jandl verfasst er Computerstiche, fast
Lochkarten, Algorithmen und künstliche Äste künstlicher
Bäume ... Er ist kein Erzähler, eher Realist, und taucht nur
kurz unter die irrationale Decke; seine Gedichte beschreiben
das 21. Jahrhundert, welches mit fast mathematisch
abgefassten Drucken, düster und grau über uns schwebt ...
die Gedichte könnten auch in Installationen und Projektionen
bei Ausstellungen gezeigt werden. Wahrlich erfahrenswert in
schöner Optik verfasst ... Danke an Suhrkamp, danke dem
Verfasser ...
Uwe Kraus

**„Das zehn zeilen buch" von Sudabeh Mohafez – Edition
Azur**

Liebe Lyrikkenner, ich bin überrascht, wie kurzweilig und
intensiv 10 Zeilen in verdichteter, poetischer Prosa sein
können. Das Buch lebt, nicht zuletzt von der Schönheit der
filigranen Sätze.

„er maß den himmel aus: zenitweit. Der himmel aber war, was
er immer gewesen ist ..."

Fast biblisch klingen die melodischen Stücke. Erst war ich gelangweilt, denn ich dachte, es sei wirkliche Kurzprosa. Und da wäre mir eine 10-Zeilen-Kurzgeschichte lieb gewesen ... denn es ist sehr anspruchsvoll, in 10 Zeilen eine Shortstory zu schreiben ...

Fred Heidingsfelder aus der Lauterer Autorengruppe schrieb immer eine Kurzgeschichte auf einer Seite ... das war wunderbar, denn es nicht einfach, einen Krimi auf eine Seite zu reduzieren ...

Aber egal. Frau Mohafez hat wirklich einen poetischen Duktus ... eine wundervolle Art zu schreiben ...

Helge Pfannenschmidt, ihrem Verleger, sagte ich, ich kann dafür nicht schreiben, da ich es anfangs überflog und glaubte, es sollen eben kurze Geschichten sein. Das sind sie für mich nicht, auch wenn es auf dem wunderschönen Buchcover vermerkt ist ... Aber meist ist ein Gedicht mehr als nur wie bei manchem Wortklauberei ...

Aber, das war auch die Zeit, in der ich keinen Zugang mehr zur Poesie hatte.

Es ist faszinierend, wie man so Sätze bauen kann. Es stört etwas, dass Namen abgekürzt werden, da es unpoetisch ist. Es stört absolut den Lesefluss.

Aber überzeugt euch selbst. Das Buch ist in der Edition Azur erschienen, dem besten Verlag für junge Gegenwartslyrik.

Somit schließe ich,

Uwe Kraus

Bis zum nächsten Mal ... Zur Zeit in Arbeit u. a. Hilde Domin, Rainer René Mueller, wiederholt Söllners „Knochenmusik", Mascha Kaleko ... Es liegen noch Nelly Sachs und Karl Krolow in meiner „Blauen Blume".

Sonntagsgedicht

Lasst es euch heute gut gehen, liebe Leser ... Und kommt mal
auf einen Abstecher auf die Eselsfürth, in den Hagelgrund,
oder lauft mal auf den Daubenbornerhof ... Dort befindet sich
übrigens der Kletterwald und es gibt einiges Kulinarisches ...
Also, mein Gedicht für meine Heimat. Hier wohne ich seit 41
Jahren. Es bringen mich keine 10 Pferde weg ...
Mit diesem Gedicht nahm ich 2003 am Leonce-und-Lena-Preis
der Stadt Darmstadt teil, es enthielt aber Rechtschreibfehler,
ich wurde nur als Gast eingeladen. Dieser Preis ist einer der
wichtigsten für junge Lyrik. Ich habe danach nie mehr
teilgenommen. Jetzt bin ich zu alt ... Gerade nahm ich an
einem österreichischen Preis teil und wurde mit einem Gedicht
216. beim Publikumspreis des Lyrikwettbewerbs Hildesheim.
In Hildesheim waren über 1100 Gedichte am Start ... Hier wird
noch ein Jurypreis vergeben. In Österreich muss ich evtl. am
06.11. zur Preisverleihung. Aber abwarten! Der Preis wird in
Baden bei Wien verliehen ...

Eselsfürth

1.

gegessen die tränen im meer versunken die stadt
in schilf gebrochen der see durch formen des weilers/
hier unten liegt atlantis im see sagte der fischer
den ich sah im waldsee den hechten zu angeln.
ich stieg hinab in schächte in gräber des sees doch was blieb
war der trübe himmel über dem tang.
ich spielte auf der insel des sees grub nach gold im schlamm
und forschte mich in den wald hinein auf denen der
drachenfelskopf schimmerte im morgenschein.
im wald spielten wir sangen und spazierten über den klippen
im wald horchten wir den vögeln den klang nach freiheit ab
wir pfiffen und spielten bis die glocke erschallte
und das abendbrot auf dem tisch wartete/

es war sommer es war herrlich kind zu sein unschuldig und
frei die formen der weiler zu bestöbern mit klingelnden
fahrrädern den nachbarn den nerv zu beseelen/
wir sind jung geblieben/wir sind/wir waren da nach atlantis zu
forschen wir waren/ich blieb als letzter indianer und immer
noch lausche ich ohne kriegsbeil dem rauschen der felsen
dem ruf des morgens dem schall der nacht/
ich blieb hier in zonen meiner heimat am weiler und sie sind
gegangen/fort in andere städte um zu spielen und lauschen
den winden von süden so sitze ich noch immer und warte bis
die glocken litten über dem land meiner heimat und esse die
tränen meiner kindheit im wald ...

2.

ich aß den sand der tränen und goss die phantasie in die
steine
ich spielte im land meiner träume und suche immer noch
atlantis im see
wo bist du
rief ich den see hinab ins geröll der felsen
in den baum ohne ast.
ich lief wie quijote durch die weiden und grüßte die mühlen
doch fand ich ihn nicht den wind.
ich war überzeugt von geheimnissen die in mir drinnen nach
außen liegend verborgen zu schimmern den mondschein im
tal –
ich sah den frühling ich sah den herbst
ich sah dich sommerkind im winter verrauschen in licht und
fallen die blätter.
ich lief wie quijote in den kampf:
und brüllte in die wege des bachs die arme der stauden ich
war hier geborgen: bin ich kind in dir zeit verloren denk ich
zurück an den ort an dem ich entsprang:
ich aß die tränen in luft und zirkulierte mit drachen in lüften.
du bist da/heimat:
soll ich gehen und grüßen dich nicht mehr?
soll ich gehen in die stadt zu heulen in autobussen und singen
auf dächern

wo ich doch bei dir bin in deinen schlanken linien begrenzt von
himmel und ferne begrenzt von bächen/
ich suche atlantis im staub des wassers immer noch
und spiele den don in der fabel:
du indianer kennst mich recht.
ich kenne dich don wie du die luft singst so bin ich bei dir im
nachmittag und auch in der nacht zu fühlen das land gegerbt,
das atlantis/der spiegel im see/das ist atlantis!

Uwe Kraus, 2002

© Uwe Kraus

Über das Schulsystem

Heute kam mein ehemaliger Lateinlehrer zu uns in unsere
Lackiererei. Er philosophierte von früher. Da kamen wir auf ein
Thema, vielleicht das Thema, das unsere Jugend beschäftigen
sollte, nämlich die Bildung, die mangelnde Konzentration und
die immer höher werdenden Ansprüche der Eltern, der
Wirtschaft ... Mein Lehrer wollte, im Gegensatz zu seinen
Kollegen, dass es nicht immer leichter würde in der Schule,
sondern, dass man, so formuliere ich frei, einen Strich ziehen
sollte und nur wirklich Begabte, die höhere Anforderungen
überstehen, an die Universitäten lässt. In seiner Zeit war die
Abiturquote bei 7 % und heute ist sie weit über 30 % –
warum? Ehrlich gesagt, wird es wohl den jungen Menschen zu
leicht gemacht ... Früher konnte man nach dem Besuch der
Hauptschule ein sehr guter Handwerker werden ... mit Mittlerer
Reife war man befähigt, in den öffentlichen Dienst zu gehen ...
Fachhochschulreife ermöglichte den Zugang zu technischen
Hochschulen und Abitur natürlich wie heute auch den Zugang
zu Uni. Ich frage mich, da unser Bildungssystem immer
weniger strapaziert wird und die Denkblockaden und Handys
der Schüler mehr ablenken ... Was heißt heute Uni? Saufen,
rauchen kiffen, Party – 2 Semester, dann ab als Verkäufer an
die Tankstelle? Tut mir leid ... Mein Vater hatte acht Jahre

Volksschule und war in manchen Dingen gebildeter als ich mit Fachabitur ... Es gibt Menschen, die Arzt werden können, aber die sind nicht in der Mehrheit! Investieren in immer mehr Größenwahn? Warum gibt heute nicht die Hauptschule wie in den Siebzigern den Hauptteil an und warum wird sie zum Abwrack erklärt ... Viele Menschen kommen aus der Schule und wissen nichts anzufangen mit ihrem Leben – auch sollte darauf geachtet werden, dass die richtig wirklichen Dinge gelehrt werden ... Zumindest sollte ein junger Mensch kochen können ... nicht ins McDonald's rennen ... es gibt so viele wichtige Dinge ... Ich fordere, da ich ja aus Rheinland-Pfalz komme, die Einführung einer Abschlussprüfung für die 10. und 12. Klasse, da es sie hier nicht gibt. In anderen Bundesländern wird das ja gemacht – ich hoffe, es wird gelernt und gelehrt ... Schule ist etwas, was Spaß machen sollte! Aber es sollte differenziert werden, wer für welchen Beruf geeignet ist, nicht diese Schwemme an den Unis, die nur aufhält und als falsches Ziel gesehen wird!

Herzlichst, Uwe Kraus, Kaiserslautern

© Uwe Kraus

135

Hier, zur Freunde aller Lyrikliebhaber, Rezensionen aus letzter Zeit ...

Uwe Kraus

Wer Rezensionsexemplare senden will: Ich lese vorrangig Lyrik! Bitte Info an: uwekrauslyrik@gmx.de Es muss auch mit Kritik gerechnet werden. Bitte nur ernsthafte Literatur!

REZENSION zu „Humboldtstraße, römisches Rot" von Klaus Hensel, Schöffling Verlag

Liebe Lyrikliebhaber, ich mag die kurzen, auch prägnant gebundenen Texte von Klaus Hensel ... ich dachte, Liebesgedichte, die höchste Kunst, sei seit Rilke nicht mehr besetzbar. Viele gleichen sich und langweilen ... Wie oft musste ich Ostermaier lesen ... Was er äußert, ist in einem Buch gesagt und wird ewig langweilig ...

Wie anders bei Hensel, einem Seelenverwandten meiner Herkunft. Hensel, aus Siebenbürgen stammend, einem guten Ort, um Dichter zu werden, beschreibt die römischen Stätten und Straßen, aber auch die Abstellkammer. Nicht mal störend, dass er versucht, Tabstopps zu setzen, nein wohlsehend für das Auge ... Man mag in seine Welt dringen, seine Erfahrung teilen und bewundern. Er ist ein Mann der Romantík, ufert nie aus, er beschreibt! Keine verstörende Metapher, kein böses Blut ... Er ist dabei, genau zu sezieren, Worte zu setzen, die im Fluss seiner prosaischen Gebilde stehen! Ich bin kein Freund von versetzten Texten ... von Sprachbildern umgeben, trifft jede Zeile den richtigen Beginn ...

LESENSWERT! Auf weitere Bücher von ihm freue ich mich!

Hasune El-Choly –
Einige gelesene Eindrücke. Teil 2:

**„Jetzt bleiben Fragmente", Mitlesebuch 144, Aphaia
Verlag**

Zum Ersten möchte ich anmerken, dass ich Lyrikliebhaber bin
und auch seltene und kleine Ausgaben verehre. Meine ersten
zwei Bände vom Aphaia Verlag habe ich somit bestellt und
möchte nun meinen Eindruck zu meiner ersten Leseerfahrung
kundtun:

Hasune El-Choly ist mir unbekannt gewesen, was ein Fehler
war, ein Sammler von Eindrücken, die Bilder aufs innere Auge
projizieren ... Er schreibt von Liebe, kalten Nächten, von
Häfen, auch zeigt er Bilder seiner Heimatstadt Hamburg. Was
mir sehr gefällt ist, dass jedes Bild genau gesetzt ist und wenn
ein Eindruck aufhört, fängt der nächste an ... Bilder von
Bomben, ineinandergreifende Hände, sich drückend und
fühlend... es sind Bilder, die man in die Hände nehmen kann.
Man spürt, so genau seziert ist es geschrieben, den eigenen
Druck der Handflächen, wie wenn man selbst der Liebsten die
Hand gibt ... es erfreut diese kompakten, da wirklich
messerscharf geschliffenen Bilder zu fühlen, wie eine
Erfahrung eines Augenblicks, der Sehnsucht, aber auch
eigenes Wünschen, ist dem Leser das Hirnkino beschieden ...
Aphaia ist kein großer, aber entdeckenswerter Verlag ... Die
Bücher sind sehr groß, fast wie Schulbücher oder Magazine.
Aber das ist eine Eigenheit, die nicht von Nachteil ist ... Im
Übrigen: Hasune ist mit zwei Jahren nach Deutschland
gekommen und studierte Verfahrenstechnik ... ein Beweis,
dass sehr viele Menschen sich sehr wohl gut in unserer
Gesellschaft etablieren, auch wenn sie nicht unbedingt
Muttersprachler, sondern Freigeister sind.

Herzlichen Dank für diesen Band, Hasune El-Choly ...

Rezension

„Fermaten", Edition Azur, von Dominik Dombrowski

Ich finde auch seine Sprache sehr gut, manchmal klingend wie
ein Buch Paul Austers, T. C. Boyles, auch getrieben von
wirklichem Leben, Lebenserfahrung und harten Bildern – es ist
ein Einblick in seine 27-qm-Welt. Mir gefällt auch das Flapsige,
das zu großer Poesie wird, indem er seine Gedichte lenkt
durch wichtige Einschübe, was das Leben alles bereitgibt, hat
er erlebt, in vollen Zügen – harter Tobak, wie wenn man eine
Ernte 23 raucht. Auch wenn es scheint, dass er sehr gerne
arbeitet an seinen Werken, bleibt kaum Luft zwischen den
Worten, es ist schön, diese prosaischen Gebilde zu lesen ...
ich denke, es fehlt zur großen Form nicht viel. Es sind auf
jeden Falle keine Fermaten – da bleibt kein Auge trocken.
Ruhe strahlen die Gedichte aus, auch wenn in diesen Poemen
das Leben mit Kraft genossen wird, eben wie eine Ernte 23.

Liebe Grüße nach Bonn,

Uwe Kraus

Rezension: „Spurensuche" von Şafak Sarıçiçek

Elif-Verlag

Ich habe das Buch bis Seite 80 sofort gelesen. Ich werde
nachher weiter lesen. Es macht Spaß, das zu lesen! Es ist
auch von der Aufmachung toll und noch nicht mal teuer! Was
mir unklar bleibt, ist das Auftauchen von Käfern und Fliegen ...
ich denke dabei immer an Hitze und Sonne, warme Regionen,
Frühjahr, und dann taucht es immer wieder als Moment auf,
was gar nicht zu seinen Texten passt, da alles harmonisch

fließt, wie ein dialektisches Bild der Käfer – vielleicht gibt es auch eine Bewandtnis in der Türkei, die diese Bilder erklären – Ich finde gut, dass er politisch schreibt. Fürs Layout wäre es interessant gewesen, bis zur Hälfte eine Gegenrichtung des Gedruckten zu machen. Am besten gefällt mir das Gedicht von Heidelberg, vom Laufen. Im Übrigen: Seine ersten Gedichte sind besser als das politische, obwohl das eine Richtigkeit hat. Er sollte mehr über seine Umgebung schreiben. Das Heidelberg-Gedicht ist wunderbar ... das andere klingt wütend, was man sehr gut nachvollziehen kann ... es ist zu stark, seine Enttäuschung zu verstehen .... Aber ich wünsche, dass er mehr die Facetten seines Lebens und seiner neuen Heimat beschreibt. Auf jeden Fall, er schreibt besser als ich. Die Kurzgedichte hätte ich weggelassen, ihm gelingt mehr das Große ... es sind schöne Worte dabei und vor allen Dingen schreibt er so, dass es interessiert ... Ihm fällt etwas ein! Er muss nicht artifiziell tricksen, er kann schreiben! Ich sehe ihn als neuen Chamisso-Preisträger!

Herzlichst, Uwe Kraus

Nora Bossong, „Kreuzzug mit Hund", Suhrkamp Verlag

ich lese gerade kreuzzug mit hund. es ist sehr geradlinig und einfach ... ich finde, ich hätte mir gerne etwas verspielteres gewünscht, eine goldigere sprache ... mir fällt auf, dass sie ernsthaft schreibt, wobei ein abschweif für zukünftige bücher schön wäre. ich hatte etwas an frau scheuermann gedacht, der tag, an dem die möwen zweistimmig sangen. aber es ist so viel kluges dabei, solch interessantes. ich denke, diese meinung ist subjektiv ... frau bossong erzählt interessantes, aber man wird nicht direkt darauf hingewiesen, in welchem ort sich das gedicht befindet ... kreuzzug mit hund soll ja räume und wichtige denkmäler beschreiben, somit bleibt die orientierung eine metapher, die das buch doch interessant macht, auch wenn es mir zu rational erscheint. nora bossong ist einfach zu intelligent, da sollte sie in der romanform bleiben, denn das kann sie ... 3,8 Sterne!

„Spitzen: Gedichte. Fanbook. Hall of Fame", Suhrkamp Verlag, Anthologie

Ich lese gerade „Spitzen: Gedichte. Fanbook. Hall of Fame" und frage mich, wie man ein solches Werk mit solch einem Titel belegen kann. Es sollen außergewöhnliche Gedichte sein, wundersame Hingaben an die Lyrik. Bei der Hälfte der Texte ist mir die Leidenschaft zum Lesen des Buches vergangen! Nur drei Gedichte sprachen mich an – der Rest ist Flickwerk. Ist denn nicht Poesie etwas, das man erlebt, das erzählt, oder ist Lyrik ein Aneinanderreihen von noch nicht mal schönen Sequenzen. Es tut mir leid. Vor zwei Jahren gab es die Anthologie der „Magischen Welten". Das war eine Anthologie von Facebookschreiberlingen, die zum Thema Fantasy etwas schreiben sollten. Das Buch ist vergriffen, aber es war wenigstens lesbar! Ich glaube, die hochgestochenen Herrn und Fraun Lyriker kommen gar nicht mehr zu Boden vor lauter sinnlosem Geschreibsel! Ich habe meine Texte vor Jahren an Herrn Forster gesendet. Er riet mir, beim konkreten Alltag zu bleiben, etwas zu schreiben, was ich erlebe. Davon sind diese Lyriker weit entfernt! Unlesbar, durchschnittlich – wo sind die Ostermaiers und Lindemanns. Die, die noch erzählen können ... Keine Leseempfehlung für jemand, der lernen will, wie man Gedichte schreibt. Im krassen Gegenzug möchte ich an Drawerts „Lagebesprechung" erinnern! ... 3 Sterne, Uwe Kraus

Herbst über KL

Es geht langsam auf den Herbst zu und die Vergangenheit überdauert die Stadt. Wer erinnert sich nicht gerne an das frühere Kaiserslautern, den alten Bau des Pfalztheaters, das Pfaffgelände, die schönen Blumenkästen vorm Karstadt, den Fliegenpilz am Stiftsplatz. Ich selbst erinnere mich natürlich nicht mehr an den Oberleitungsbus oder den alten Hexenbäcker, aber ich erinnere noch die Passage, die Kaufhalle, das Hertie und die florierenden Geschäfte. Mein Vater sagte immer, schau mal, schon wieder ein Geschäft leer. Heute haben wir die Mall. Auch haben wir ein WM-Stadion, aber sind etwas drittklassig, was ebenfalls die Schönheit und den Gewinn der Geschäfte angeht. Einst gab es die BBK, aber auch große Fabriken, wie Zschoke, die Schulmobiliar machten. Was meiner Meinung nach fehlt, ist eine Veranstaltungsreihe, wie in der SAP Arena. Gute Musiker, aber zusätzlich der Erfolg der Roten Teufel beleben die Stadt ... **Nutzt bitte das Stadion!** Ich hoffe, die Roten Teufel fangen sich jetzt und kommen mal wieder dahin, wo sie hingehören, in die Bundesliga ... Ich wünsche der Stadt Erfolg und Glück und dass die Dinge sich zum Rechten kehren ... Hier ein Gedicht, welches ich für die Ausstellung der Autorengruppe und die Künstlerwerkgemeinschaft schrieb ... Es ist zu „**PINGPONG**", einer Gemeinschaftsproduktion, entstanden. Bilder davon habe ich unten angehängt. Danke an Eva Paula Pick, Silvia Rudolf und Morphy Burkhart für die Umsetzung des Projekts. Es gibt den Katalog für 12 € im örtlichen Buchhandel, in der „Blauen Blume". Etwas Schönes zum Schmökern im Lauterer Herbst ... Hier meine Verse ...

Schuhsohlen mit nadel und faden –

betrachtet den zwirn,
er ist vom saum
der stich schneewittchens
in den finger gebannt zu bluttod ...
oder blutrot ...
ich erzähle die fäden in seidenspinnen

und konzentriere mich auf den blick über die stadt ...
das zerzauste pfaffgelände
und die nähnadel, die sie berühmt machte,
beerbt von dem lausigen herzblut des efcekas
der in diesem faden nur noch die farbe bildet ...
wer kennt diese stadt
noch als nähmaschinenmonopol,
die kammgarn, den hexenbäcker auf bildern,
der einstige oberleitbus..
ich verschwinde in ihr,
ich zeige diese metrople, wie sie berühmt wurde ...
gebannt in herbstleid
und schwanke wieder zum faden:
die nadel der stadt,
das nähgarn, aus dem ihre bewohner versponnen sind,
in ihrer fantasie, eine vergangene zeit
im melodischen tackern der maschine meiner oma –
schneiderlein, tischlein deck dich ... oder knüppel aus dem
sack ... diese stadt verbal gehalten im saum des pfälzerwaldes

© Uwe Kraus, 14.04.2018

142

Dota oder wie Musik berührt

Kaiserslautern. Am Donnerstagabend (27. August) war die Berliner Sängerin und Liedermacherin Dota (Dorothea) Kehr in Begleitung von Bandmitglied Jan Rohrbach zu Gast im Kammgarn-Kulturgarten. Sie stellte vor rund 140 Leuten ihre harmonischen, schnellen und humorvollen deutschen Texte vor. Dota hatte auch ein neues Album im Gepäck: „Kaleko". Mascha Kaleko war eine deutsche Dichterin, die unter anderem „Das lyrische Stenogrammheft" schrieb – ein Lyrikband aus dem Jahr 1933. Und genau daraus interpretiert Dota jetzt Gedichte mit ihrer kraftvollen und heiteren Art.

Dota begann das Konzert mit eigenen Stücken. Da merkte man gleich, sie ist ein Großstadtmensch, Berlinerin mit Schuss. Ihre Texte sind schnell und ausdrucksstark. Dorothea Kehr spielte zumeist die Melodie mit ihrer Akustikgitarre, die von Jan Rohrbach wiederum effektvoll mit der E-Gitarre unterlegt wurde. Im Verlauf des Abends setzte sich Rohrbach dann ans E-Piano!

Mit ihrer „Gute-Laune-Art" packte sie das begeisterte Publikum, das Dota erst nach insgesamt fünf Zugaben von der Bühne gehen ließ. Es war ein rundum gelungener Abend. Ein dickes Lob auch für das tolle Ambiente im Kammgarn-Kulturgarten. Es duftet nach Popcorn, die Atmosphäre ist gemütlich und anheimelnd und alles andere als unbequem und schlicht.

© Uwe Kraus

INSTAGRAM. Eine Betrachtung.

Wer weiß nicht, was ein Hashtag ist? Das sind die Leute, die das Wort Raute nie benutzen ... schaltet man RTL ein, in Exklusiv: Instagram .. Meiner Meinung nach blockiert dies die Kindheit und das Erwachsenenalter junger Menschen ... für einen nackten Arsch gibt's 100.000 Follower, kein richtiges geschriebenes Wort ... Bilder über Bilder. Verblödung sexueller Hirngespinste ... Ich hatte mich da angemeldet, dann merkte ich, dass es mir nichts bringt auf einem Foto das Wort „DU" zu lesen oder „ICH" ... bei den sozialen Netzwerken triumphiert für mich immer noch Facebook ... erst gab es Studi VZ, dann Stayfriends, dann Werkenntwen und jetzt verblödet der junge Mensch vor Bildern von Ärschen, Küchenfotos oder Kloschüsseln ... Warum? Nicht ein Buch mit wahrem Inhalt wird gelesen ... höchstens Sexfantasien von 50-jährigen Hausfrauen oder unbegabten Schmierfinken ...
In einem Verlag wie Suhrkamp wird Literatur gedruckt. Da gibt es weder Erotik, noch Bilderbücher oder Kinderbücher bzw. Comics ...
Heut liest man nur noch Instagram ... was sind Follower, kennt man die ... ist das was zu essen?
Junge Menschen begnügen sich oftmals mit Bildchen ... Wer liest eine Tageszeitung....
Ein Hoch auf die Öffentlich Rechtlichen! Kein Gefasel von Twitter ... Trump hat getwittert! Lächerlich ...
Ich bin 41 Jahre alt ... Ich mag keine Fantasien, ich mag das wirkliche Leben ... allein die Benutzeroberfläche finde ich nicht ausgereift ... Sicher, es gibt Leute, die schöne Bilder malen oder fotografieren ...

Schade, dass keine Bücher gekauft werden ... Es gibt noch nicht mal mehr alle Klassikerausgaben, da die Verlage sparen müssen ... Für mich ist Instagram pubertär und narzisstisch ....

Wenn ich nochmal das Wort Instagram hören sollte, bin ich gezwungen umzuschalten ...
Für Follower bin ich nicht zu haben ... Bei Facebook kann man wenigstens mal einen Aufsatz oder ein Gedicht lesen ...

Bei Instagram regiert die Nacktheit ... Die Folge: Immer mehr 30-jährige haben 16-jährige Freundinnen, wie eine Studie belegte ... In Japan trauen sich die Leute vor lauter Mangaschrott nicht mal aufeinander zuzugehen, bzw. Beziehungen zu knüpfen ...
Der Computer macht's möglich ... und wenn man sich dann noch ansehen kann, dass junge Frauen vergewaltigt werden, wird mir schlecht ...

Schönen Tag!

© Uwe Kraus

Andreas Fillibeck – eine Lautrer Seele

Harten Tobak schreibt er gerne in witziger Manier. Der langjährige Rheinpfalzreporter ist Autorengruppenmitglied, ein bestechender Satiriker, der immer mit einem Augenzwinkern, ja fast mit einem, für die Lesenden, herzerfrischenden Lachen endende Texte bietet.
Er ist ein guter Kerl.

Ein gern gesehener Gast im „Webend", der dort leidenschaftlich seine Seemannslieder singt – Er ist für mich zu einem echten Freund geworden. Er schreibt mal satirische Geschichten übers Kochen oder auch Science-Fiction, schreibt auch die „Weihnachtssatiren" der Rheinpfalz, die mal vor einigen Jahren zu einem gebundenen Werk zusammengefasst wurden.

Sein erstes Buch erschien im Selbstverlag, gedruckt von der Anstaltsdruckerei Mannheim ... Auch arbeitet er gerne mit anderen Künstlern zusammen. So z. B. mit einem Gitarristen der Lautrer 70er, Hans Nauerz. Ebenfalls mit dem Fotokünstler Jörg Heieck. Mit ihm machte er einen Katalog über die Ramsteiner Airbase.

Wo es was zu schreiben gibt, ist er. Einmal erzählte er in der Autorengruppe, ihm wäre unterwegs, beim Spaziergang, eine krasse Idee für einen Text gekommen, bloß hatte er nichts zu schreiben. Daraufhin schenkte ihm Morphy Burkhart ein Notizbuch, welches er normalerweise in der „Blauen Blume" verkauft.

Ich hab von „Filli" noch nie etwas Böses oder Aggressives zu hören bekommen. Er ist immer cool und unverblümt und das schätze ich an ihm. „Er hat vor dem Mund kein Blatt!" (Aufbruch)

Ich könnte noch viel mehr schreiben …

Uwe Kraus

© Uwe Kraus

Sabrina Roth – Musikerin und Gesangslehrerin

Vor geraumer Zeit war ich auf einem Konzert von den Blue Note Stories. Das war noch vor dem Lockdown. Die Blue Note Stories sind ein Duo. Der Gitarrist und Bassist Udo Werle und Frau Roth machen tolle Musik. Es wird mit Instrumenten experimentiert. Auch gesanglich. Mit verschiedenen musikalischen Werkzeugen, einem Verzerrer und einem Speichermedium, einer Loop Station, werden gearbeitet. Das heißt, dass die Musik immer mehr übereinander gelegt, ineinander geflochten wird. Das geschieht durch die Speicherung … Die Musik reicht von den Beatles, bis hin zu Avantgarde Künstlern der Jetztzeit. Bis zu Sting.
Zur Zeit ist für Künstler nix zu holen, zumindest war es ja lange so. Sie arbeitet mit ihrem „Studio für Stimme" als Gesangslehrerin und zudem als Logopädin.
Sie ist mit mir seit Jahren befreundet und ich zeige ihr meine Musik. Sie berät mich per Messenger, wie und was ich falsch

mache ...
Vor Jahren nahm sie am Weihnachtscontest von SWR 1 teil.
Von ihr gibt es mehrere CDs.
Wer Interesse daran hat, im Gesang unterrichtet zu werden,
soll die Internetseite www.srothvoice.de besuchen.
Das neue Projekt heißt: „Friends United". Da werden tolle
Cover erstellt ...

Uwe Kraus

© Uwe Kraus

Corona und Urlaub

**Liebe Leser, in dieser Hitze sehnt man sich an den Strand,
ans Meer. Jetzt ist coronabedingt alles schwierig. Man
muss sich im Freibad anmelden, am Strand Maske tragen.
Touristen werden gebeten einen Test zu machen, wenn
sie zurückkommen. Dieses Gedicht schrieb ich letztes
Jahr. Ich erinnerte mich an Ostende. Da wäre ich jetzt
gerne, doch ich bleib zuhaus. Ich finde es nicht richtig, in
Urlaub zu fahren und andere Menschen zu gefährden. Hier
in der Pfalz ist es auch schön ... Hier kann man an den
Eiswoog fahren oder an den Gelterswoog und Gott einen
guten Mann sein lassen. Außerdem gibt die Pfälzer Küche
Gutes her. Wenn man bei der Hitze z. B. zum Doktor muss,
ist es traurig, dass man eine Maske braucht. Hoffentlich
bringt die „Glutwelle" endlich Regen. Die Felder
verglühen in der Hitze. Erntebedingungen sind schlecht.
Vor lauter Corona vergisst man den Klimawandel. Im
Gedicht heißt es: „einer steigt in den ballon des teufels".
Für mich ist die Sonne die Hölle ... Irgendwann wird sie
die Welt zerstören. Wenn wir uns anstrengen den
Planeten weiter zu zerstören, wird sie mit unabdingbarer
Kraft die Welt zu einer Wüste werden lassen. Zur
Zerstörung zählen für mich die unnötigen Flugreisen oder
Reisen auf Kreuzfahrtschiffen!**

Bleibt daheim! Hängt die Füße in den Eiswoog, was wollt ihr in Risikogebieten? Esst mal lieber 'nen Leberknödel mit Sauerkraut oder 'ne Pfälzer Bratwurst, am besten ein Rumpsteak, als Pizza, Paella oder Kaiserschmarrn. Rheinland-Pfalz hat wunderbare Ecken. Kulinarisch, wie geschichtlich ... Mal mit dem Moped nach Johanniskreuz oder das Eisenbahnmuseum in Neustadt ... Mit dem Kuckucksbähnel nach Elmstein oder einfach mal in den Hagelgrund auf der Eselsfürth spazieren gehen ... Da gibt es so schöne Sachen zu machen! Viel Spaß beim Lesen, euer Uwe Kraus.

glutwelle

langsam rollen die wellen vorwärts,
gischt steigt auf dem glitzernden wasser
bleiglut, hitzenester, feuerwolken
stoben am ziehenden sonnengeflecht
gartenstühle japsen nach wasser.
eilig wird die promenade begangen,
unten am strand tummeln sich touristen,
manche mit frisbee bewaffnet.
einer steigt in den ballon des teufels
und kämpft um schatten
nitrosamine mehren sich auf tätowierter haut.
ich suche dich im getümmel.
dann der blick zur bank
trolleys ziehen in hotels die bar wird abgespült.
ein bitter lemontropfen auf deinem zerknirschten lächeln:
Du schon wieder höre ich meine alphawellen empfangen,
Ja. Ich liebe dich nämlich!
Ich lass nicht los, egal was kommt ...

Uwe Kraus, KL, den 26.06.2019

© Uwe Kraus

Liebe Leute, Beate Kimmel, unsere Bürgermeisterin, sucht ja
ein „Lied für Lautern" ... Hier mein Text, unvertont ... Liebe
Bands, ihr habt noch bis Ende August Zeit, ein Lied zu
kreieren. Mein Gedicht ist nur ein Versuch, einen Liedtext zu
schreiben ...

Viel Spaß, Uwe Kraus.

Grumbeerblues
1.
Die Stadt ist Kaiserstadt, das Herz der Pfalz!
Hopfen und Malz, der BBK erhalt's
Man sieht den Berg, das Stadion droben
Und der Teufel hat den Plan, so soll es toben
Liebe kennt keine Liga, so sagt man
Wenn man so was sagen kann
Vom Humbergturm zum Kahlenberg
Daneben unser Betzenberg ...
Die Pfaff doch einst, der Hexenbäcker
Die Kammgarn und der Zuckerschlecker ...
Hier, wo man Herz und Herzblut mischt und
Größer schreibt, da bleibt
Der stolze Mut und Dankbarkeit ...
Denn ich liebe diese Stadt wie ihr
Keiner bringt mich weg von hier!

Refrain:

Lautre du bisch mei ä un alles
Unn ich kann net ohne dich
Han mich verguckt in dich

2.
Von der Walter-Elf zum Opelkreisel
Mit dem Moped
An der Fruchthalle vorbei
Da sieht man Leute mit Herzblut frei
Durch die Straßen gehen,
der Stiftsplatz und der Kaiserbrunnen
149

die Pfalzgalerie und das Theater
all das ist Lautern eine Macht
ein Kleinod eine Pracht.
O Lautern, du wirst niemals stille stehn
Und niemand mag ohne dich vergehn
Denn du bist der Puls der Zeit
Eine Heimat ohne Niedertracht und Leid
Fährt man in deine Straßen ein
So ist man nie allein!

3.
Im Südwesten bist du zuhaus
Im Pfälzerwald und darüber hinaus
Bekannt durch deine Nähmaschinen
Bekannt durch deine Betze-Buben
Bekannt durch deine Schönheit voll der Pracht
Der angebrochene Tag geht in die Nacht!
Wir feiern unsere Stadt mit Recht und Fug
Denn Liebe ist wohl kein Betrug
Nur eines bleibt uns immer sicher:
Das Herzblut wird so immer dicker.
Die Mall und auch die Altstadt hier
Das macht uns alle schier
Glücklich dass das Leben wir
In Lautern mit dem Schoppen Bier.
Lautern, danke dir ...

Uwe Kraus

© Uwe Kraus

Rezensionen

Wer Rezensionsexemplare senden will: Ich lese vorrangig
Lyrik! Bitte Info an: Uwekrauslyrik@gmx.de
Es muss auch mit Kritik gerechnet werden. Bitte nur
ernsthafte Literatur!

„Das Verrmächtnis des Templers" – C. A. Marx – Herder/Knecht

5 Sterne – Mein Verlegerfreund von Karl Alber, Lukas Trabert,
der damals für Knecht, aber auch Herder Spektrum arbeitete,
veröffentlichte damals eine sehr ansehnliche historische Reihe
bei Knecht ... Er sagte mir am Telefon, ich solle unbedingt sein
von Marx herausgegebenes Werk „Das Vermächtnis des
Templers" lesen ... das Buch ist spannend wie ein
Kriminalroman, jedoch handelt es sich um einen historischen,
richtig gut recherchierten Abenteuerroman, bei dem man das
klösterliche Leben der Templer, die Kampfkunst von Schwert
und Bogen kennenlernt. Herr Trabert hat wie der Autor sehr
gute philosophische Kenntnisse und das Buch wird mit einem
Rätsel beendet, denn ist denn Philosophie nicht ein Rätsel,
Religion und Meditation? Es kommt einem vor, als wäre
dieses Geheimnis auf mich eingegangen, obwohl ich nichts
weiß! Das Buch folgt von Anfang einer Spur, die sich am
Schluss verzweigt und verästelt ... Auf weitere Bücher, die
Marx und Herr Trabert machen, kann man gespannt sein – zur
Zeit habe ich Marx' „Spiegelspiel" in Arbeit – bin gespannt –
Liebe Grüße, Uwe Kraus

José F. A. Oliver – „Nachtrandspuren" – Suhrkamp

2002 war es, als ich mich mit Frau Landes von Suhrkamp auf
der Buchmesse verabredete ... Als ich am Stand von
Suhrkamp war, kam gerade das ZDF, denn Imre Kertész hatte

den Nobelpreis gewonnen ... Sie sagte, ich solle später
kommen, aber ich konnte damals nicht mit meiner Mentorin
sprechen ... Angefressen wie ich war, lief ich zum Bahnhof in
Frankfurt, und dort war ein Stand mit Büchern aufgebaut ... da
sah ich die Neuerscheinung von Oliver, „Nachtrandspuren",
und dachte, das kaufe ich mir als Trostpflaster ... damals
konnte man nichts am Stand in der Messe erwerben –
VOLLTREFFER! Das Buch ist Olivers bestes, das ich kenne –
er verbaut Kommata und Punkte, trennt Worte mit dem
schreibenden Schwert ... Ich habe das Buch im ICE 3 Mal
gelesen – es war unglaublich, da ich diese Trennung nicht
kannte ... ich schrieb darauf ein Gedicht, für welches er sich
Jahre später bedankt, über das er gefreut hatte. Ich gebe ihm
für sein Buch 4,5 Punkte! – Herzlichst, Uwe Kraus

Tranströmer – Gesamtausgabe – Hanser

5 Sterne – Tranströmer hat gerade zu Lebzeiten nur 500
Seiten veröffentlicht ... er wurde wie kein anderer in andere
Sprachen übersetzt, trotz dieser Verlagsarbeit konnte er nie
von seinen Büchern leben ... Er arbeitete als Psychologe, und
ihm machte die Arbeit Freude... ich finde es wichtig dies
anzumerken, denn man kann von Büchern nicht immer leben
im finanziellen Sinne ... 2011 bekam er den Nobelpreis
zugesprochen ... Mich fasziniert diese große ausholende
Sprache, als er von leuchtenden Telefonen in der Nacht
schrieb oder über die Schären – es gibt niemanden, der ein
größerer Gedichterzähler ist. Man kann sich bildhaft in seine
Sicht einblenden und möchte manchmal gar nicht mehr aus
dem Gedicht hinaus ... Ich hatte von ihm schon 2000 ein Buch
von Hanser, konnte ihn aber damals nicht zuordnen ... Dann
nahm ich 2014 sein Buch aus dem Regal und dachte,
während ich las, der Mann liebt Musik und komponiert ... Als
er später einen Schlaganfalll erlitt, gab er trotzdem nicht das
Schreiben auf – seine Frau half ihm, weitere schöne
Gedanken zu formen ... was man ihm nie vorwerfen könnte, ist
der Punkt, dass er ins Unverständliche dringt, und dies liebe
ich an seinen Werken – Danke!

Valzhyna Mort – „Kreuzwort" – Suhrkamp

Mort – 4 Sterne – die 1981 geborene Lyrikern wurde zum Tag
der Poesie 2013 mit „Kreuzwort" mit ihren poetischen, auch
prosaischen Gebilden veröffentlicht – ich dachte „Kreuzwort"?
Muss ich haben und dann war ich erst enttäuscht, denn ich
dachte, sie würde visuelle Kreuzworte schreiben, ähnlich eines
Kreuzworträtsels ... quasi visuelle Poesie ... mein Englisch ist
nicht gut genug, da sie wie Tempest mit einer zweisprachigen
Ausgabe bedacht wurde. Es sind manchmal Gedichte, die wie
alle guten Bände, die Suhrkamp macht, Bilder verschönern,
manchmal auch rau oder sogar pervers bzw. erotisch
klingen ... mein Lieblingsgedicht bleibt das von dem
Würfelspiel, bei dem der Schachkönig ... Die Weißrussin ist
ein neu aufgehender Stern, der Sprachraum wird durch
eigentlich unlogische Analogien zu wirklichen Paradoxa ... Das
muss wohl das Kreuzwort sein ... Uwe Kraus

Dieter M. Gräf – „Rauschstudie Vater + Sohn" – Suhrkamp

Mein Freud Dieter Gräf, aus Ludwigshafen – 5 Sterne –
Erfinder des Autor ennfahrens, der Rauschstudie um Vater +
Sohn ... Mit Kling einer der Begründer des Bild-an-Bild,
Szene-an-Szene-Legens ... Gräf erinnert etwas an einen
irrwitzigen Poeten, der sich fast überschlägt um Textmaschine
an Textmaschine zu heften ... Seine weiteren Bücher, vielfach
prämiert, wirken ruhiger und geschlossener ... Nach dem Tod
von Unseld erschien nur noch die Anthologie des
„leuchtenden Buches" bei Suhrkamp und Insel ... Suhrkamp
vergaß seine großen Dichter der 90er. Kling wechselte zu
DuMont, Gräf zur Frankfurter Verlagsanstalt. Mittlerweile gibt
es mit „Falsches Rot" einen fünften großen Band von Gräf –
einem der wichtigsten Dichter aus Rheinlandpfalz – in der
„Brueterich Press" . Und das ist gut so! Uwe Kraus

Michael Krüger – „Ins Reine" – Suhrkamp

„Ins Reine" – 5 Sterne – ich habe Herrn Krüger auf der Buchmesse 2012 die Hand gegeben und mich für seine liebe Art bedankt. Damals kam Mo Yan als Autor von Suhrkamp zu Hanser – er war der damalige Nobelpreisträger – Herr Krüger hat mir als Leiter von Hanser immer geantwortet – sehr persönlich und es tat ihm leid, mich nicht evtl. in den Verlag zu holen ... Ich bekam Briefe mit Wasserzeichen und manches Mal schrieb er zwei Seiten ... Er war nach Unseld einer der wichtigsten Verleger in Nachkriegsdeutschland und er wusste das Gedicht zu schätzen .. Ich mag seine kleinen, liebevoll verpackten Verse, die eine Geschichte erzählen, vom Altern, vom Gelesenen oder von der Arbeit am Texten – ich schenkte ihm mein Zigarettenetui und ein Zippo-Feuerzeug für seine gute Art – er hat die beiden in jedem seiner Verlegervideos liegen – ein Hoch aufs Gedicht, ein Hoch auf Krüger! Danke, Ihr Uwe Kraus
----

Lutz Seiler – „Pech & Blende" - Suhrkamp

Hier 5 Sterne – Lutz Seilers „Pech & Blende" war mein erster moderner Gedichtband, den ich in den Händen hatte ... für mich klang „Pech und Blende" wie „Glück und Leid" ... ich dachte dabei an dialektische Reimgebilde, die ich fortan schreiben wollte – er hat mir, nach langem Sinnsuchen, der Lektüre Hesses und Novalis', Nietzsches und den Klassikern, eine neue Richtung aufgezeigt ... ein sanftes und ein hartes Wort, welches überlagert wird, wie Yin und Yang ... er ist für mich auch ein Vorbild, da er schreibender Handwerker, Dachdecker und Zimmermann war .... Am Tag, als er für „Kruso" seinen Buchpreis bekam, rief ich im Huchelhaus an und erreichte ihn prompt – ohne ihn wäre die Poesie nicht die, die sie für mich wurde. Ich würde auch alle seine Gedichtbände mit einem „Sehr gut" auszeichnen – Liebe Grüße nach Wilhelmshorst – Ihr Uwe Kraus
----

Alexander Nitzberg – „Farbenklavier" – Suhrkamp

Meiner Meinung nach 4 Sterne – Nitzberg, ausgezeichnet mit
vielen Preisen, ist als Übersetzer und Lyriker hervorgetreten ...
seine in „Farbenklavier" komponierten, gebundenen Reime,
die einen zum aufmerksamen Wachen über dem Buch
zwingen, erinnern an Shakespeares Gebilde mancher Sonette
... er verfasst in einem Reim eine eigene Welt, fasst
unglaubliche Dinge in einen Vers ... Als ich das Buch zum
ersten Mal las, begann ich, nur noch in einer Zeile zu denken,
die mich, nach einem Weltraum, in den anderen hob ... Er hat
es verdient, weitere Reime zu verdichten, um einen Zyklus,
wie zum Beispiel den „Taucher" von Schiller, in einer eigenen
Weise zu erdenken ... Danke für meisterliche Kurztexte, Uwe
Kraus

Albert Ostermaier – „Solarplexus" – Suhrkamp

5 Sterne – Ostermaier, der Meister des Liebesleids der 90er,
der Denker der Maniacs in Motion, Schreiber von
bildschirmgleichen Kinosequenzen, die während des Lesens
vor dem inneren Auge spielen ... ich erinnere an „Solarplexus":
Tangenten unter der Stadt ... aufgehende und hinabgleitende
Aufzüge ... in „Autokino" das Radarlicht, und das Messer unter
der Fußmatte ... engelsgleiche Songs und Poeme in
Hörkomposition ... Ostermaier verleitet mich immer noch zu
sagen: Das Tattoo wäre nur der Schatten eines Asts ....
Ostermaier schreibt gut und seine Liebesgedichte sind nicht
langweilig, sondern fordern den Leser zu seinem eigenen
Glück heraus. Uwe Kraus

Ann Cotten – „Fremdwörterbuchsonette" – Suhrkamp

Hier 4 Sterne: Ann Cotten. „Texterherz", „Schreibblüte",
„Niemandsrose" ... Ihre „Fremdwörterbuchsonette" haben mich
erschlagen, später

„Softsoftporn" ... dann „Verbannt" ... hier ist eine krasse
Punkpoetin am Werk ... ihre Schreibe unverwechselbar,
ähnlich der eines geriebenen Stückes Kohle in flammendem
Herz der Diamant ... Danke für ihre Texte – Uwe Kraus

Eine Leseprobe: Ein Vierteljahrhundert alt

Dies sollte ein Drehbuch für einen Hollywood-Streifen geben!
Mel Jones, der Protagonist, war zum einen Tommy Lee Jones,
zum anderen Mel Gibson .... Ich schrieb damals 50 Seiten mit
der Hand und dies war der Teil, den ich mit Omas
Kofferschreibmaschine abtippte. Ich habe das Buch im Kopf.
Anfang dieses Jahres, ein Vierteljahrhundert später, arbeitete
ich daran. Ich will es zu Ende bringen ... Es spielt natürlich in
einem kleinen Ort in Amerika. Vorbild war das Haus meiner
Großmutter in Ramstein. Ich war 17, als ich dies schrieb ...
Viel Vergnügen, Uwe Kraus!

Bruderschaft:

1. Kapitel

Es war ein verregneter Samstagmorgen. Es war ein Tag, an
dem man gerne einmal einen anderen Tag vom Kalenderblatt
reißen wollte ...
In der Emettonstreet, einer vergessenen Seitenstraße, wohnte
Mel Jones. Er war einer, den man leicht aus dem Gedächtnis
streichen wollte. Er wurde schon immer von anderen
vergessen, nicht beachtet, da er ein äußerst zurückhaltender
und verbitterter Mensch war.
Er selbst war vom Leben gekennzeichnet. Sein Gesicht war
vernarbt und mit tiefen Furchen versehen. Mel war nicht
sonderlich groß und hatte es deshalb schwer, wenn es darum
ging, sich zu behaupten.

Er war 40 Jahre alt und hatte einen Schmiss am Augenlid, den er nicht erklären konnte.

Mel wohnte in einem verwahrlosten Haus, das die Hausnummer 17 trug. Von den grau gestrichenen Wänden bröckelte, schon seit er das Haus bewohnte, der Putz ab. Er wohnte jetzt schon mittlerweile 7 Jahre in Brighton, seit er damals aus Chicago weggezogen war. Mel lebte wie unsichtbar. Die einzige Zeit, die er außerhalb seines Hauses verbrachte, war die Zeit, die er zum Einkaufen nutzte. Mel nahm sich nie besonders viel Zeit für seine Nachbarn und auch sonst nahm er an nichts teil, was Brighton betraf. Das machte ihn nicht sonderlich beliebt. Man bezeichnete Mel als arbeitslosen Faulenzer, als Nichtsnutz. Es war wie ein Teufelskreis. Falls er mal Kontakt suchte, verweigerte man ihm den, so zog er sich letzten Endes zurück. Er wusste zwar selbst, dass er seit der Zeit, in der er dort lebte, nicht besonders arbeitswillig war. Aber er wollte dennoch kein Lebenskünstler sein. Mel arbeitete nicht mehr wie früher, als er noch Lehrer für Biologie und Geschichte in Chicago an der Franklin High war.

Jetzt schrieb er nur noch ein paar Zeitungsglossen und Buchkritiken. Mel verdiente sich damit nicht tot, aber für seinen Lebensstil reichte es.

Das einzige Lebewesen, das ihm heute noch etwas bedeutete, war seine Katze.

Es hatte seinen Grund, warum aus einem so intelligenten Menschen ein Eigenbrötler geworden war: seine Vergangenheit.

Manchmal bekam er schlimme Alpträume, wenn er sich nachts ungewollt zurückerinnerte. Dieses Trauerspiel wiederholte sich laufend, manchmal nur zwei Mal in einem Monat, es war aber für Mel während der Alpträume die Hölle auf Erden.

An diesem Abend war es mal wieder so weit. Er spürte schreckliche Kopfschmerzen, ohne zu wissen, wann die Cluster verschwinden würden.

Diesmal waren die Schmerzen unglaublich. Er wollte an diesen Abenden gar nicht mehr schlafen. Er wollte sich mit Kaffee vor den Alpträumen wachhalten ...

Entgegen seiner Hoffnung verstärkte sich der Kopfschmerz so sehr, dass er sich gegen die drohende Müdigkeit nicht mehr wehren wollte.

Nach circa einer Stunde schlief er ein. Alles nahm in ihm seinen ungewollten Verlauf.

Er war damals 3 Jahre alt, als seine Eltern tödlich verunglückten, Mel erlebte seine Kindheit im Traum wieder. Seine ersten Erinnerungen führten ihn in das Heim, in dem er aufgezogen wurde. Mit elf adoptierten ihn ein alkoholkranker Schläger und eine missratene Adoptivmutter. Er war mutig und lief mit 14 in seine Freiheit davon.

Genau an dieser Stelle endete sein Traum ... Mel saß aufrecht in seinem Bett. Schweiß rann ihm vom Schädel, die Bettlaken klamm und verschwitzt. Er fühlte Ekel und fror. Frustriert wie er war, drehte er sich eine Zigarette und lehnte sich fluchend zurück. Warum war er nicht wach geblieben ... hätte er sich an sein Versprechen gebunden! Er ärgerte sich und stieß derbe Phrasen von sich. Mel stand auf und versuchte sich zu beruhigen, „Scheiße!" schleuderte er in den Raum. Er lief ruhelos durch sein Haus und warf immer noch Schimpfworte um sich.

Das Ganze dauerte etwa eine halbe Stunde. Als Erstes nach seinem psychotischen Selbstgespräch nahm er erst mal eine Kopfschmerztablette. Sein Wutanfall ließ seine Schläfen pulsieren.

Die Einsamkeit machte ihm schon seit langer Zeit zu schaffen. Er hatte die angezündete Kippe vergessen. Sie war längst im Ascher verglimmt. Bisher war es ihm nie gelungen, seine Vergangenheit zu verdrängen! Er erhob sich erneut aus seinem Bett und wollte sich eine zweite Zigarette drehen. Er ging auf den ledernen Sessel mit dem Glastisch daneben zu. Dort lagen sein Tabaksbeutel und sein Drehpapier, neben den Zeitschriften und Büchern, die sich dort stapelten. Während er sich die Kippe drehte, dachte Mel immer wieder an den Grund des Alptraums. Sein Leben verlief wie schwarzes Pech. Der Grund lag 35 Jahre zurück – warum heilte die Zeit diese Wunde nicht?

Es war die Sehnsucht nach Familienglück und einer behüteten Kindheit – Mel wusste, dass er nicht mehr schlafen würde. Für gewöhnlich las Mel Zeitschriften oder Bücher, doch heute konnte er nicht.

Danksagung Holger „Josie" Kraus.

Heute war ein harter Tag für mich, denn ich habe meinen letzten nahen Verwandten zu Grabe getragen. Wie bekannt, ist Josie am 13.07.20 verstorben und heute war seine Beerdigung. Ich habe das Gefühl, ihm meinen letzten Dienst erwiesen zu haben. Pfarrerin Westrich machte das großartig. Auch das Bestattungshaus hat das toll gemacht! Ein paar hundert seiner besten Freunde nahmen Abschied. Ich hoffe, Josie, ich habe es für dich richtig gemacht!
Als wir aus der Friedhofshalle gingen, applaudierten 200 Freunde und ich war gerührt zu sehen, wie er gemocht wurde! Geehrt fühlte ich mich, als Dr. Markus Merk sogar als Letzter am Grab vorbeiging.
Lasst mich euch Dank wünschen!
Ich hoffe, ihr wart zufrieden! Ich hätte nie gedacht, dass ich so froh, im Namen meines Bruders sein kann!
Er hat wahrlich sehr gute Freunde!
Wir sehen uns nächste Saison auf dem Betze! Ich werde seine Dauerkarte übernehmen!
Ich denke, Josie drückt dem Efceka auch weiterhin alle Daumen! Ich werde sein Wissen hüten ... Er brachte mir auch viel über Statistik bei ...
Wir alle, die bei der Beerdigung waren, können dankbar sein, dass es ihn gab!

Ich wünsche euch von Herzen alles Liebe!

Euer Uwe Kraus

© Uwe Kraus

Über Freundschaft

Liebe Leser, was ist schöner als gute Freundschaft ... Schiller
schrieb: „Wem der große Wurf gelungen, eines Freundes
Freund zu seyn"! Manchmal geht Freundschaft durch Lüge
oder Eifersucht oder wegen den Frauen kaputt, zumindest bei
uns Männern ... Bei Frauen ist es umgekehrt ...
Gerade in letzter Zeit verlor ich Freunde ... Aber es ist auch
falsch, wenn man aggressiv reagiert. Das tat ich. Aber gereizt
zu werden ist ebenfalls nicht schön, man lernt freilich aus
Fehlern .... Hier mein Text zur Freundschaft ... Ist etwas von
Schiller dabei ... Dieses Gedicht schrieb ich einst für einen
meiner besten Freunde, aber wir verstehen uns wieder. Es
war damals ein Mißverständnis. Zu Krach und dem Verstehen
zählen Geduld und Vergebung gleichermaßen ... Jetzt ist das
Gedicht wieder aktuell, da abermals jemand in meinem
Freundeskreis, eigentlich zwei, nicht ehrlich war bzw. waren ...
Aufrichtigkeit ist eine der wichtigsten freundschaftlichen
Tugenden ... Man höre immer auf seine Intuition, wenn man
Freunde wählt – Fehler verzeihen sollte man, wenn es möglich
ist ...

Ich wünsche viel Freude!

Freundschaft

hass, das maß an intuition,
wähle weise wer dir folgt
und dich nie mit füßen tritt –
schlimm wenn man am boden läge
schläge auf den boden schlägen
und du keine chance hast zu entkommen –
freundschaft ist das unterpfand,
ich schrieb vom reichen mir die hand zur hand/
kein gnadenbrot soll dich verwehren
freiheit immer mehr bezehren –

so höre:
wer kein freund, scheint der, der lacht –
lass ihn sein –,
der auftaucht durch der fantasie dilemma –
schreib dich satt so lautete mein schwur
alles andere ist nur partitur –
freude wer des seines schneiders glück
gibt es zum lass kein mehr zurück
ich werde in den wunden waten
und die dummheit gieriger erraten
nur der saum des stoffes ende
führt mich zur gedankensonnenwende
wolltest du dir selbst gerecht doch sein,
so vergiss den schein.
denn freundschaft reagiert nur hier,
von angesicht zu angesicht –
die ferne verraucht nur gespräche –
wie wenn man gegen wände spräche
zur freundschaft gehört kontakt und sitte
niemals für und jegliche abbitte –

© Uwe Kraus, den 15.04.19

Vorwort vom „Reromantischen Manifest"

Liebe Leser, vor kurzem habe ich mein erstes Manuskript aus dem Jahr 2000 veröffentlicht. Es ist eine Idee, wie der magische Idealismus neu entfacht werden könnte. Meine Idee gebe ich in einem Märchen am Ende des Buches preis. Es wird die Literaturgeschichte abgearbeitet und erklärt, was Romantik heißt. Unsere Welt ist mir zu rational ... Im Internet werde ich oft als Re-Romantik-Meister bezeichnet, aber nur zum Spaß ... Ich will zurück zu Harmonie und Glück ... Das Buch kostet **10 €** und als eBook **3,99 €** ... Lektoriert hat es Axel C. Englert, ein studierter Philosoph aus Würzburg.

Viel Spaß mit dem Vorwort!

Das reromantische Manifest – Eine Kulturkritik

Zur Einleitung dieses Buches will ich zum einen erklären, was Romantik heißt, zum anderen will ich die Struktur dieser essayartigen Schrift erläutern. Dies Buch soll, sofern es gelesen wird, eine Neuerung in die philosophische, literarische und künstlerische Denkweise bringen. Denn was heißt Romantik?

Romantik ist alles Ästhetische, alles künstlerisch Geniale, alles Phantastische. Der Gedanke beginnt mit Schlegels Auffassungen bei einem Großen: Homer; er geht über Dantes „Göttliche Komödie", über Cervantes' „Don Quijote" bis hin zur deutschen klassischromantischen Kunstperiode, die er mit seinen Theorien zur Poesie eröffnet. Der Gedanke des Ästhetischen geht von Shakespeare zu Hugo und bis hin in die Neuromantik zu Hesse und Tolstoi. In der Musik kann man eine Entwicklung von Mozart, Haydn, Beethoven über Strauss bis hin zu Wagners Kunsttheorie wahrnehmen. Die Romantik ist eine Epoche, die sich nicht einengen lässt. Sie umfasst jeden Schritt der Mystik, Magie und Poesie. Romantik heißt Kunst, Kunst, die heute nicht mehr gebraucht und bekannt ist. Die Gesellschaft hat kein „Schöpferisches Ich" mehr, so wie Fichte es forderte. Sie hat keinen Nietzsche mehr. Aber sie hat die Ideen dieser Denker und Dichter. Warum benutzt man sie nicht, um wieder romantisch zu werden?

Dies Buch ist in seinen drei Gliederungspunkten darin bestrebt, einzig und allein die Grundbegriffe im ersten Teil, den Zyklus der Romantik im zweiten, und abschließend die Theorie, die Märchenutopie, im dritten Teil darzulegen.

Im ersten Gliederungspunkt werde ich die Begrifflichkeiten des Ästhetischen, des Poetischen mit praktikablen Beispielen erklären. Ich werde versuchen, Pantheismus offenzulegen, Irrationalität zu erläutern. Darüber hinaus werde ich aus diesem gesamten Komplex eine kleine erste vorläufige Theorie bilden, die Frieden heißt. In einem kurzen Rückblick auf Politik, Philosophie und Literatur gehe ich den ersten Schritt in Richtung zweiter Gliederungspunkt.

Der zweite Gliederungspunkt des Buches soll verdeutlichen, was Romantik in geschichtlich-literarischer Funktion bedeutet. Ein lebensphilosophischer Rückblick soll den Zyklus, wie ich ihn nannte, verdeutlichen. Ausgangsposition bezieht dabei Novalis, mein Lieblingspoet, der Schwärmer. Ich will einen Prozess darstellen, der von der klassisch-romantischen Zeit bis zur Neuromantik, zur Flower-Power-Romantik und auch mir reicht.

Der dritte Teil, die utopische Theorie, soll aus romantischer Philosophie, aus Fichte, Schelling und Nietzsche eine assoziative Verbindung eingehen, die nicht suggestiv, sondern praktikabel zeigen kann, wie aus einem zerstörten philosophischen, beinahe dekadenten System ein neues romantisches werden soll.

Denn dies ist das Hauptziel des Buches: Eine Romantisierung

Einleitend möchte ich eines sagen:

Das Herrliche, es kann euch gelingen Doch es kann nur aus euch selber kommen

Dieses dichterische Exzerpt des Zacharias Werner soll verdeutlichen, dass es an der Gesellschaft selbst liegt, ob man in sich geht und gegen die Konservativität der heutigen Tage ankämpft. Denn (so Hesse): „Der Vernünftige rationalisiert die Welt und tut ihr Gewalt an. Er neigt stets zu grimmigem Ernst." Ich empfinde in unserer heutigen Gesellschaft nichts als ästhetisch; der Mensch ist zu vernünftig geworden. Dies will ich nun zu ändern versuchen. Auch wenn ich am Ende nur allein dastehe und mir keiner folgen wird, weiß ich, ich habe versucht, das Rad der Zeit, das Relative, nicht ewig weiterdrehen zu lassen. Das Motto dieser Schrift bezieht sich auf einen Aphorismus, der mir wochenlang, bevor

ich anfing zu schreiben, im Kopf herumflog. Es ist ein Spruch
Nietzsches aus der Götzendämmerung.

Nietzsche – Dritte Gewissensfrage: „Bist Du einer, der
zusieht? Oder einer, der Hand anlegt? Oder der wegsieht,
beiseite geht ..."

Doch eines will ich noch sagen: Hauptsächlich gehe ich in
diesem Buche auf die deutsche Romantik ein, denn sie ist der
Auslöser gewesen, der auf die anderen Länder
herüberspiegelte. Musik und bildende Kunst werden auch in
dieser Schrift an zweiter Stelle stehen. Ich sehe meine Theorie
vordergründig im literarischen Bereich, obwohl man im
romantischen Sinne dies nicht unterscheiden, trennen kann.
Doch so gesehen: Wenn ich philosophische Grundsteine lege,
arbeite ich niemals gegen das musikalisch-künstlerische
System. Ich wünsche mir auch eine Kunst wie eines Delacroix,
Caspar David Friedrichs oder Runges, doch ich kann dazu nur
bedingt Einfälle liefern. Ich will einen Universalkünstler der
Romantik herauskristallisieren, der in allen Bereichen, wenn er
es will, tätig werden kann! Denn dies ist der Hauptteil meiner
Theorie, die Geburt eines „Homo Romantikus", den ihr euch,
wenn ihr wollt, zum Vorbild nehmen könnt.

Dies Buch entstand, um allen, die sich für Philosophie
interessieren, einen neuen Denkweg aufzuzeigen. Für alle
schrieb ich dies Buch, die mit Wittgenstein die Philosophie
sterben sahen!

Für die Sache, die blaue Blume und den neuen Denkweg.

Uwe Kraus, Kaiserslautern, im Jahr 2000

Über meinen Bruder

ingenieur der wissenschaft wäre ich geworden, wenn nicht ein geschichtenerzähler, der euch allen lust und freude übergibt und sich in dieser natur bewegt, einen prosatext zu schreiben. ich bin dynamit, wie ein explodierender stern, ein astral, ein planet.
ich habe alles zu erzählen, was die geschichte hergibt, von den unumgänglichen martyrien, der sonne und dem weisen stein, auf den ich stieg.

es tut mir leid, wenn ich immer sage, ich könnte keinen roman schreiben, ist doch ganz einfach. dies sei vorwort für eine erzählung, die uns von diesem stein des weisen hinabstößt ...

1. fußball

als ich klein war, interessierte mich fußball überhaupt nicht. ich bekam das weltmeisterschaftsfinale 1986 nur am rand mit.
auch die em 88 ist an mir vorbeigeschwappt. damals erinnere ich mich lediglich daran, dass der fsv salmrohr in der zweiten liga war ...

mein bruder wohnte noch zu hause und wir spielten in seinem zimmer kissenfangen. angefangen mich für fußball zu interessieren, habe ich mich erst 1990, bei der wm in italien.

ich spielte mit bruders freunden den ganzen tag im hof unseres vaters und wir schossen eine scheibe zu bruch.
später bekam ich meine erste dauerkarte für block 11, den gibt es heut überhaupt nicht mehr ...

ich war nie überinteressiert. mein bruder lernte die tabellen auswendig, von kreisklasse bis zu internationalen ligen.
ebenso mit dem eishockey, das interessierte den brennend.
ich kann eigentlich nur staunen, in wie vielen stadien er war. in

seinem hirn drehte es sich nur ums runde, das in das eckige muss. ich will nicht sagen fantastisch, doch hochintelligent, was den sport angeht. unser vater meckerte mit ihm, da er da sein ganzes geld reinhängte, von neapel bis brüssel, von genk bis nach liverpool. ich verstand nicht, was der schiedsrichter für eine rolle spielt. das war halt unintelligent für einen kleinen bub ...

jetzt lebt holger nicht mehr ... und ich denke zurück ...

ENDE des Ausschnitts ... 2010/2020 ... Uwe Kraus!

© Uwe Kraus

Über Musik

Liebe Leser, diesen Text wollte ein englisches Musikportal veröffentlichen. Ich schickte ihn an die Musikseite der „Rheinpfalz", die sagten, dass nur Redakteure ihre Musik vorstellen können. Auch unlängst sandte ich ihn zum „Rolling Stone". Ich reflektiere gerne zur Musik meine Gedanken. Ich singe selbst, mehr schlecht als recht. In Kaiserslautern sollte dieser Text anregen, mal wieder ein Bandfestival nach Corona zu machen. Wir haben so gute Bands: Vanden Plas, Brass Machine, Stephan Flesch, Eklipse, Clustered Vision, BJC, Sabrina Roth ... Nursery Crime usw. Mein Nachbar macht tolle Musik ... Er spielt seit 1981 Keyboard und experimentiert wunderbar mit Synthesizern ... Früher wollten wir ein Haus mieten und daraus eine Musiker-Kommune machen ... Der Volkspark gehört mal voll Leute und da sollte es ein Konzert geben ... Meine Meinung. Macht Musik und nicht auf „Superstar"! Lasst die Musik euren Doktor sein ... Hier mein Text zur musikalischen Entwicklung in Deutschland:

RADIOWELLEN Musik Unterhaltung

Ich bin häufiger Youtube-Besucher, besitze aber kein Konto,
überhaupt bin ich altmodisch ... Kein Wunder, mit 40 sieht die
Welt anders als für heutige junge Menschen aus ... Ich höre
selten Hip-Hop, und wenn nur Klassiker, ich bin Nutzer der
psychedelischen Musik im Deutschen, so Amon Düül oder
auch Hölderlin. Habe mich sehr mit Musik beschäftigt, mit Pink
Floyd, Syd Barrett ... zudem kenne ich Geheimes, von dem
der heutige User nichts weiß. Mir gefällt z. B. der aktuelle Stil
von Capital Bra nicht ... Immer der Verweis auf Drogen wie
Tilidin auch bei Celo und Abdi, die Verherrlichung von Kokain
macht unsere jungen Menschen hemmungsloser ... Was bei
mir Fettes Brot oder Fünf Sterne Deluxe war, eher der
fröhliche Mitschnacker, den gibt es nicht mehr. Natürlich
hörten wir auch Lisa Gold oder Schranz ... das war jedoch
weniger dem Milieu zugeordnet, in dem ich mich befand ...
Amphetamine,Kokain, Engelstrompeten ... all das habe ich
mitgemacht, möchte es mir aber eher der Scham zuordnen.
Ich verherrliche keine Drogen, lache aber gern über den
Ballermann, tut mir leid. Die Musik von heute ist viel
hemmungsloser. Warum?
Im Übrigen: Wir haben sehr gute Musiker in allen Jahrzehnten
der Musik gehabt .. so Kraftwerk oder Klaus Schulze ... Ich
hatte immer Radio gehört und auch da bin ich konservativ.
Meist ein Oldiesender ... Mal eine Frage: Wie oft sind die
Beatles schon im Radio gekommen? Kein Wunder, dass sich
immer mehr von der Musik in Drogenträume flüchten. Celo
und Abdi sind mir zu brutal ... für mich selbst kann ich sagen:
Lasst mal die Jungen ran, nicht die verrückten Hip-Hoper
sondern die jungen guten deutschen Bands ... In Lautern
kannte ich 20 Bands, aber die haben trotz CD-Produktionen
nie den Weg zum Erfolg gefunden ... Vor allem man muss
nicht dieses Amigelaber im Radio haben ... Ich weiß, dass
nicht mal 70 Prozent die Musik annähernd interpretieren
können. Aber warum nicht mal was Deutsches und zwar
OHNE DROGEN-GELABER! Die Leute mit über 30, die noch
Playstation spielen und Drogen nehmen, kann ich nicht
verstehen! Irgendwann ist doch die Pubertät vorbei ... Ich will

keine Schlager im Radio, nein, ich fordere mal mehr von den Produzenten, in die Tiefe zu gehen und in den Szenen zu suchen, statt z. B. Rihanna dauernd zu spielen. Es muss sich was ändern! Gefühlte 99999999999999999999999999999999999999 mal „Let it Be" geht mir auf den Wecker!
Ich fordere: Werdet selbst aktiv und hört keinen Drogenschrott!

Drogenmusik und Drogen basieren auf einem schlechten Selbstbewusstsein!

Macht Musik und nicht auf „Superstar" ... das wollte ich noch anmerken: Jeder Trottel versucht, bei Bohlen zu singen!
KANN ICH NICHT VERSTEHEN, DIE SINGEN NICHTS EIGENES & SPIELEN KEIN INSTRUMENT –
Ich bin Musikliebhaber ... lasst die Musik euren Doktor sein ... nicht, dass ihr wegen der Musik zum Doktor müsst –

Guten Tag,

Uwe Kraus

Beziehungen, Trennungen und die Einigung, zum Tag des Kusses! Für Christina ...

Wenn ich eines in einer Beziehung gelernt habe, so ist dies emotional zurückzustecken, andere Meinungen zu akzeptieren, auch wenn es erst nicht leicht fiel.
Liebe ist ein Prozess. Man fordert den anderen zum Glück heraus. Ich war unglücklich in meinem Leben. Mein Vater nahm sich das Leben, doch wie Licht trat mein Abbild in meinen Schatten. Ich bin verliebt und arbeite dafür, diese Beziehung zu halten. Es gibt Dispute, es gibt Probleme, aber ich bin ehrlich. So ehrlich, dass ich an sie glaube.
Wenn man schwer Beziehungen halten kann, dann scheint dies nicht für die Zeit, aber wer verzeiht, der macht es richtig. Verzeihen und Lieben sind eines. Wie oft war ich getrennt und verloren und unglücklich.

Das möchte ich nicht mehr sein. Deswegen wünsche ich mir
Verständnis.
Ich verzeihe mir selbst nicht alles! Aber nunmehr wünsche ich
mir Glück –
Hier ein Liebesgedicht, welches genau diesen Prozess
darstellt. Man will nicht mehr, kann freilich nicht aus seiner
Haut heraus. Es gibt Beziehungen, die durch Eifersucht und
Kontrolle geprägt sind. Und so ging es mir. Beziehungen
zerfallen und werden unglücklich durch Misstrauen ...
Sting besang diesen Prozess in „Every breath you take" ...
Eine glückliche Beziehung gibt es nur, wenn man jemandem
seine Freiheit lässt.
Manchmal wird man besitzergreifend und versucht in des
anderen Leben einzugreifen. Eifersucht ist keine Krankheit, sie
ist ein Gefühl ...
Mein Gedicht, es ist von 2003:

Hold me

Halt mich fest
Krampf mein geist
– küss mich –
Schrei in mich ein und fang mein licht
Auf dunklen seiten –
Wir können unsern
Atem spürn
Verarbeite und schleife bündele
In naganer schleiferei mein
Diamantensein und fühle meinen puls
Wie er sich aus meinen
Adern bis ins herz erzieht
Und denk an mich wenn ich für dich blut durch meine
adernstränge
Quellen lass
Und meinen sinn aus deinem sinn
In unsern willen
Links das herz zum kochen platzen will
Erdenk ich dir ein zaubern in den
Kleinen quanten meiner neuronalverbindung

Die sich zieht von oben bis
In dieses
Große hirn
Wenn du mich tötest so
Falle ich von deinen armen
In dein herz den engeln folge
Ich mit deinen gaben
Wenn du mich streckst
Erschrickt die ader
Balsam
Wenn wir uns sahn
Der balsam
Der balsam
Wie kam
Es dass wir uns mit blut bespien
Und fingen in den wandlungen
Der nerven
Hoch und tief
Ein singen
An
Und blieben
In den
Kleinen
Assoziationen
Ohne
Wirklich in dein herz zu schwingen
Fuck
Warum
Warum wollen wir uns töten
Töten
Kill me
Kill me
Halt mich noch ein letzten abend
Wenn ich dich umarme
Schreits das herz e
S schreitttttttttttttttttttttttttttttttttt
Fuck
Ich kann dich lösen
Von dem bösen
Halt mich

Vergiss
Und schrei nach mir wenn
Deine beine
Schwach erzittern
– gänsehaut –
Weil dein sein
Mich nie verlieren will?

© Uwe Kraus

Gedicht des Tages

Hier ein Gedicht zum Klimawandel, verpackt in alter Schreibe.
Früher wollte ich schreiben wie ein Goethe oder Schiller.
Nunmehr weiß ich, es gibt andere Wege und Mittel zu
schreiben. Jeder der schreibt, sollte sich mit modernen
Gedichten befassen ... Ich teile zu Beginn alte Texte. Der
ungelernte Lyrikleser sucht Reimgedichte. Heute gibt es
Variationen, was früher Sonett oder Ballade waren, ist heute
das Prosagedicht. Meiner Meinung ist das Reimgedicht, wie
auch die Mundart, am Sterben. Einhalt hat das experimentelle
Schreiben gefunden. Nach dem Krieg, mit der Gruppe 47,
erreichte die Postmoderne einen eigenen Weg. Celan,
eigentlich Symbolist, und Bachmann feierten große Erfolge.
Auch Enzensberger bleibt für mich ein Vorbild. Die
Postmoderne, heute ein Weg zu Experimenten. Was Grass
schrieb, war magischer Realismus. Es gibt sehr viele
Richtungen. Ich halte mich an keine Vorgabe, möchte aber
dem Hobbyschreiber bzw. engagierten Schreiber Helmut
Heißenbüttel ans Herz legen. Auch Lutz Seiler, der den
Buchpreis gewann, oder Jan Wagner zeigen, dass es
Gedichte nach Auschwitz geben sollte ... Hier ein Gedicht über
einen Baum, den Baum des Lebens ...

vom baum des lebens

berichten will ich von natur
von einem stück unserer kultur
das sich wiegt im wind

171

und ewig seine früchte trägt
von einem wesen das keinen schlägt
jahrtausend liegen hinter ihm
der baum des lebens träumt den sanften traum
von gesundung und von raum
dass seine äste niemals biegen
dass menschen niemals nehmen ihm sein letztes glück
o mensch denkt er kehr zur natur zurück
in seinen adern fließt der saft der weite
o mensch schütz die natur in ihrer breite
denn irgendwann wird der letzte baum gefällt
und die natur zu end gequält
doch glaubet mir ich will nicht lügen
die natur wird sich niemals menschen fügen
der mensch muss leben mit ihr immerdar sie schützen
niemals darf er sie ausnützen
o helft dass der baum niemals muss sterben
denn dann stirbst du
dann ist ewig ruh
ohne bäume ohne natur soll niemand sein
menschen wenn ihr niemals sterben wollt
so kehrt zurück zu der natur
und denket an die wurzeln
die sich im erdreich stählen
von was soll ich denn noch erzählen?

Uwe Kraus, 2001, „Der Stern des Lebenssinnes, Gedichte, Hymnen"

© Uwe Kraus

Diesen Text teile ich zum zweiten Mal, da nun wieder die Nachrichten darüber berichten ... Man sollte sich erinnern!

GLYPHOSAT, KEROSIN

Seit den siebziger Jahren wird nun als Herbizid unser wohlgeliebtes Glyphosat auf unsere Lebensmittel gesprüht ... Da ich ja aus Kaiserslautern komme und wir im Herzen des Pfälzerwaldes in einem Talkessel liegen und von vielen Seiten der Autobahn unseren beliebten Weizen, für krebserregendes E10, aber auch andere Felder nahe der Autobahn bebauen, z. B. Obstplantagen in Mehlingen und und und ... fällt mir auf, wenn ich im Internet googele, wie viele Anbieter es für diesen Schund gibt, der, wie alle Welt weiß, stark krebserregend ist. So wie Herrn Trumps Galaxys aus Ramstein, die bei Landeanflügen, sei es mitten in der Nacht, ihr giftiges Kerosin über der Stadt ablassen ... Ich hatte und habe drei Verwandte, die an Krebs erkrankt sind, obwohl sie nie rauchten, sich gesund ernährten und Sport machten. In Bayern ließ man das als erstes Bundesland einfach weiter geschehen, Felder mit dem Zeug zu bebauen ... Wir essen Brot mit Glyphosat, Fleisch kaufen wir, von dem Tiere das giftige Zeug schlucken mussten. Ja, es gibt nichts, was unsere Landwirtschaft nicht macht: Maschinenfett ins Futter für Schweine ... ja, und es gibt keinen Einhalt, Frau Julia Klöckner, die Landwirtschaftsministerin, lässt es geschehen! Sie sollte selbst mal 10 Stunden lang am Krebs operiert werden und 10 Mal Chemotherapie kriegen, dann wüsste sie, dass der Mensch, und sie lässt es zu, sich selbst zerstört ... Früher, vor Jahrhunderten, wurde das Dombild von Paderborn gemalt. Es entstand nach dem Konsum von Roggenbrot mit Mutterkornsporen ... Immerhin ist es wahnsinnig gut gemalt... Heutzutage essen wir das, was auf den Tisch kommt. Die Industrie der Lebensmittel will schnelles Geld machen und geht dabei an Grenzen, die nie durchbrochen werden dürften ... Frau Klöckner hat wahrscheinlich für diese Industrie ein Herz, da sie richtig kassiert ... so ist es bei allen Politikern... sie machen das, was für ihren Geldbeutel gut ist,

173

damit schließe ich,

Über Autolack

Wie sagte einst der Erfinder der Fließbandproduktion des Autos? Mir sind alle Farben recht beim Herstellen meiner Autos, Hauptsache die Autos werden schwarz ... Tatsächlich ist Schwarz eine einfache, unbunte Farbe ... Ihr Pigment ist Ruß, Kohle ... Wenn heute ein Auto gefertigt wird, entscheidet die Mode, der Geschmack der Kunden ... Schwarz hat beim Auftragen kaum Fehler ... Es gibt keine Übergänge, Nebelbildung wie beim Silber und den hellen pigmentierten Farben, die es jetzt gibt.. Wie kam es, dass aus dem beliebten Schwarz, dem Edlen und einfachen Hochglanzlack etwas Neues entstand? In den 70ern gab es vorrangig einfarbige Autos, den sogenannten 2K Lack, der von selber glänzte. Man muss ihn sehen wie zwei mit Farbe angereicherte Klarlackschichten, z. B. Jamaikagelb ... Heutzutage ist das eher out. Dreischichtlacke und natürlich unser geliebtes Silber, wie auch Perlmuttlacke, die in den 80ern und 90ern vorherschten, eroberten den Markt ... Vor allem eher schlechtere Automarken fallen mit schrillen Farben auf! Bei Mercedes oder den oberen Marken herrscht edle Farbwahl. Zur Zeit neu in Mode ist wieder Weiß, auch eine am Anfang der Autohistorie beliebte Farbwahl, wobei hier oftmals der Lack in Dreischichtlackierung, quasi Weiß mit Perlmutt und anderen Effekten, der letzte Schrei ist ... Weiß gab es früher nur ohne Pigmente, also ohne verschiedenen Effekt, der meist ein Schimmern der Farben, regenbogenartig hervorruft. Dreischicht ist meiner Meinung nach die Krone der Lackierung das gibt es vor allem bei hellen Farben, aber auch sattem Rot oder Orange! Mit dem aktuell vorherrschenden Wasserlack, bei dem die Zwischentrocknung erschwert ist, ist es schwer, eine Reparaturarbeit vorzunehmen ... Bei diesen Farben gibt es einen Grundton, eine einfarbige Schicht, auf die eine Lasur mit Gold und Farbeffekten aufgetragen wird ... Es ist fast unmöglich, den Farbton zu anderen Teile zu treffen. Danach

kommt wieder Klarlack auf die bearbeiteten Flächen. Neuster Schrei, seit einiger Zeit auf dem Markt, die sehr teuren Xyrallics. Hier kostet eine Mischfarbe, von der man nur Tropfen braucht, im Halblitergebinde 150 €, überhaupt sind Perleffekte teuer ... Das billigste, und da wären wir wieder bei Henry Ford, ist Schwarz! Empfehlung für eine Farbwahl eines Autos: Wenn man ein edles Fahrzeug kauft, sind schrille Farben unangebracht! Maybach oder Jaguar kommen übrigens seit Jahrzehnten mit denselben edlen Farben aus! Selbstständig mit der Spaydose zu arbeiten empfehle ich nicht ... als Laie kann man viele Dinge, aber Lackieren ist ein schweres Gewerk ... Da beherrscht mancher Geselle seine genaue Arbeit nicht –
Für heute ist Schluss, ich hoffe, ich habe Ihnen die Welt des Lackierens ein wenig näher gebracht ...

Uwe Kraus, Kaiserslautern

© Uwe Kraus

DIE HECHTE von Kaiserslautern – Eine etwas andere Sportart!

Es gibt für Frisbee eine Sportmannschaft in Kaiserslautern. Sie heißen Hechte, wie wenn man nach der Scheibe hechtet ... Es ist vor allen Dingen ein gemütlicher, aber schneller Laufsport, eine schöne Gemeinschaft, die z. B. Fahrten zu Turnieren sogar in einem Radius von 1000 Kilometer in Deutschland oder im benachbarten Ausland ermöglicht. Frisbee?

Wie spielt man Frisbee in einer Mannschaft, macht das Sinn, wie sind die Regeln?

Die Hechte befinden sich im Funsportclub Kaiserslautern an der Hohenecker Straße gegenüber vom Mediamarkt ... Es gibt in der Regel 7 Feldspieler pro Mannschaft. Meist wird auf einem längs halbierten Fußballfeld gespielt. Im Winter auch in der Halle. Es geht darum, die Scheibe durch Taktik in die Endzone, (Ein 18 m breiter Streifen vor der jeweiligen Toraus-Linie) – ergo hinter das Toraus – zu bringen und dort zu fangen. Ähnlich wie beim Football. Aber hier wird keiner angegriffen! Es ist wie Schach. Man hat für einen Wurf zum anderen eine Zeit. Es sollte schnell gehen und überraschend. Sonst kann der Gegner die Scheibe in Besitz nehmen. Fällt sie zur Erde und man fängt sie also nicht, bekommt der Gegner das gute Stück. Es gibt keinen Schiedsrichter, keine blutige Nase ... und man muss einen Meter zum anderen Abstand halten und darf ihn nur decken, nicht stellen!

Wer mitspielen will, sollte Kondition haben, es wird aber nicht vorausgesetzt. Noch gibt es in Kaiserslautern keine Jugend, aber da ist ja Luft nach oben!

Schön sind die Turniere. Sie gehen meist zwei Tage und es wird gezeltet, sie sind mit etwas Lagerfeuerromantik versetzt. Der Gastgeber stellt die Verpflegung.

Eine richtige Liga, in der die Hechte spielen, gibt es nicht, aber eben Turniere! Man spielte in Heidelberg, Frankfurt, Mainz, um nur einige Orte zu nennen. Das Schöne ist das Zelten und das Drumherum, welches die Sportart ausmacht.
Natürlich sind auch Mädels willkommen! Wer Interesse hat, sollte mal die Facebookseite:
www.facebook.com/hechtekaiserslautern ansehen, da stehen noch viel mehr Informationen, wie hier berichtet.
Viel Vergnügen beim Ausprobieren ...

Uwe Kraus

© Uwe Kraus

BLACK LIVES BETTER – mein Text zu Floyd

Wieder einmal bewies Amerika, wie schlecht die Polizei mit
Schwarzen und Andersstämmigen umgeht. Ich höre nur noch
Floyd. Er wurde wegen eines gefälschten 20-Dollar-Scheines
überprüft und zu Tode gefoltert. Leider weiß ich nichts über
den Tatverlauf. Es waren drei Polizisten und keiner half Floyd.
Ich selbst sehe da den Vergleich zu dem deutschen Polizisten,
der angeblich lebensbedrohlich verletzt wurde und am
nächsten Tag das Krankenhaus ohne schlimme Verletzungen
verließ. Die Polizisten damals prügelten den Mann, der den
Polizisten damals angeblich fast totgeschlagen hätte. So
ungerecht ist das Leben. Ich verstehe nicht, warum Menschen
ihre Macht ausnutzen. So ist es bei allen, die
Respektspersonen oder Vorgesetzte sind und evtl. auch
Macht durch ihre Position bekommen. Trotz allem braucht
man Ordnung und Gerechtigkeit. Und die bekommt der zu
spüren, der Amerika uneins lässt. In Amerika gibt es so viele
rechte Menschen, und die schlagen sich auf die Seite des
Präsidenten. Aber durch Corona und Rezession wird Amerika
handeln müssen. Trump ist hoffentlich bald aus dem Amt. Es
gibt keinen schlimmeren Menschen, der seine eigenen Regeln
macht und meint, er müsse wie ein Diktator Amerika immer
mehr von allem absondern, wie bei der WHO oder den
verschiedenen Abkommen, die er ad acta legte. Er ist für mich
eine Marionette der Waffenlobby und wird es auch bleiben.
Vielleicht wird Trump über sein eigenes patriotisches Herz
stolpern. Patriotismus ist in Deutschland fast gleichzusetzen
durch die AfD, zum rechten Flügel ... Ich möchte, dass die
Demokraten so schnell wie möglich wieder die Geschicke
übernehmen! Alles, was Obama getan hatte, wurde sinnlos!
Alles wurde von Trump auf Null gesetzt. Wenn es in Amerika,
geschuldet durch Floyds Tod, eine vorgezogene Wahl gäbe,
dann würde vielleicht etwas für die Nation getan werden, für
die ganze Welt!

Uwe Kraus hat getwittert!

© Uwe Kraus

Für die Axel-Springer-Akademie

Dies war mein Bewerbungstext im letzten Jahr für die Springer Akademie. Ich wurde in die engere Auswahl gezogen, vor Einsendeschluss. Der Text wurde auch bei Politik und Zeitgeschehen, einem Forum mit 500.000 Followern, geteilt. Damals hatte der Text eine Reichweite von über 35.000 Lesern. Vielleicht passt er jetzt ebenfalls ! Menschen brauchen meiner Meinung nach Entschleunigung! Wir leben in einer technisierten Welt und lassen uns zumüllen von Computern, Netzwerken und werden sogar zu unserem eigenen Feind! Hier mein Ode an ein Tamagotchi, eine Satire!

Ode an ein Tamagotchi

Ach, was war das noch? Ein Ei, das man züchten konnte, doch eher die Entwicklung zum Probelauf der neuen Handygeneration! Internet, die Maschine brennt, würde Falco sagen, der eher unvergessen bleibt, wie der Karl-May-Film im Sonnabendprogramm der Öffentlich-Rechtlichen zur Ferienzeit in den 80ern! Was macht unsere Gesellschaft aus, die letzten Kinder der 70er, aufgewachsen mit Sesamstraße und Sandmännchen, bauten Burgen, bolzten auf dem Bolzplatz und fuhren mit dem Schlitten im Winter ...
Was passiert mit den Kindern der Jetztwelt? Internet, Killerspiele, dann wieder Amoklauf, Selbstmordattentat, oder Gang zur Jobbörse –

Was wird aus uns, der Generation, die noch durch die Eltern von der schlechten Zeit, dem Krieg, den Lebensmittelmarken erzählt bekamen? Wir sind jetzt dabei, diese Elterngeneration zu pflegen, für Wohlstand haben sie für uns gesorgt. Doch was wird aus uns, da wir ja keine Kinder haben bzw. ein Elternteil, das in Scheidung lebt usw.
Keiner von uns sollte sich wirklich Gedanken darum machen, denn sonst kann es einem dabei schlecht werden ... was früher in der Elterngeneration, Ludwig Erhard mit den Menschen gestaltete, den Aufschwung, das Wirtschaftswunder, nicht so wie jetzt, die

Verpackungsindustrie des Exportweltmeisters, der nur einkauft, was deutsche Firmen im Ausland produzieren und dann zum Export weitergibt!
Deutschland, ein Wintermärchen! Schrieb Heine, was für eine Ammenmär! Die Jetztgeneration, die in der Schule hocken und heimlich Videofilme schauen bzw. keinen Respekt vor den Lehrkörpern haben, nicht so wie bei Pepe dem Paukerschreck, nein, da reicht manchmal keine Maschinenpistole!
Was wird aus uns? Ein Land voller alter Menschen, das darauf hofft, Fachkräfte aus dem Ausland zu holen, da keine vorhanden sind! Warum nicht? Ein Arzt geht nach Schweden, keiner will mehr einen Metallberuf lernen und was bleibt übrig?
... ein Haufen 20-jährige Hauptschüler, die keinen Abschluss aufweisen können bzw. keine Lehre beginnen, sondern lieber von Hartz IV leben, da das ja einfacher ist!
Einzig 400-Euro-Jobber oder Berufsgrundschüler, die sich noch nicht mal anstrengen, um übernommen zu werden bzw. Praktikanten bleiben übrig!
Wer pflegt uns, wenn wir alt sind – welche Renten sind dann noch sicher?
Aber zurück zum Handy! Erst Tamagotchi, dann die Einschrottung der Telefonzelle, das Quatschen von jungen Leuten in aller Herren Sprachen, hat die Welt eingeholt! Keine Werbung im Fernsehen ohne Internet, Handy, Handyverträge, nicht mal: „Lass ihn raus, den Tiger", oder „Da weiß man, was man hat", oder „Sie baden gerade Ihre Hände drin!"
Ich erinnere mich noch: Bis ich 14 war, hatten wir 2 Fernsehsender. Der erste Fernseher, den ich hatte, hatte ein schwarzweißes Bild. Heute wachsen Kinder auf, da ihre Eltern mit der Chipstüte und dem Bier von morgens bis abends davorsitzen ... Internet bekam ich erst mit 25, ein Modem, das ich 8 Jahre hatte! Man konnte sich nicht mit dem 3-D-Drucker eine Waffe produzieren ... es gab auch kein Darknet, keine Bombenrezepte für einen Terroranschlag! Kaum war das Internet richtig im Kommen, fielen die Türme in New York und ein Terroranschlag jagte den nächsten ...
Ich bin mir sicher, wenn wir diesen Zustand erhalten, werden wir daran zu Grunde gehen ... Internet, Handy, keine Nachkommenschaft, die wirklich etwas macht!

179

Wir werden nicht nur ausspioniert, sondern es wird mit Sicherheit einen Krieg geben, der wegen unserer Missstände geführt wird.
Wir sind schon mitten dabei, aber keiner weiß es!

Deswegen: Wacht auf – denn wir sind dumm, wenn wir uns manipulieren lassen, zum Sklaven einer Sache werden, die wir nicht kontrollieren können! Das tun Geheimbünde, die uns zum Narren machen und nicht nur dies: Sie lähmen uns, dessen bin ich mir sicher –

Uwe Kraus

MEINE PFADFINDERZEIT – Freizeitgestaltung nach Corona!

Was kann man als Jugendlicher nach Corona tun. Eine Anregung:

Ich war 1985 6 Jahre alt, als ich zum Stamm „Goten" kam. Meine aktive Zeit beläuft sich von 1985 – 1998 und dann noch ein kurzes Gastspiel 2005. Es war eine schöne Zeit und wenn ich Kinder hätte, würde ich ebenfalls wollen, dass sie dahin gehen … Die wunderbaren musischen Stunden am Lagerfeuer, die Lieder, die ich auch heute noch selbst für mich singe, bringen mich dazu zu sagen: Es gibt für junge Menschen nichts Besseres. Die Natur, die Wanderungen, das Spurenlesen und nicht zuletzt die Knoten, die man lernt, um eine Jurte zu bauen, sind brauchbar, um direkt im normalen Leben angewandt zu werden … Meine erste Meutenführerin war Yvonne. Damals in dieser Zeit, 1985, war Charly Stammesführer und er ist derjenige, der den Stamm seit Jahrzehnten zusammenhält. Viele alte Rover und Ranger, so nennt man die erwachsenen Pfadfinder, sieht man kaum noch, da viele studieren gingen und eigene Wege bestritten … Zu meiner Zeit war der Stamm in den 90ern sehr gut aufgestellt.
Ein Beispiel hier für wunderbare Freizeitgestaltung:
Im Jahr 1995 fand das Sommerlager in Frankreich an der Atlantikküste statt. Es war meine schönste Fahrt. Wir packten

die Fahrräder in den Zug und fuhren nach Arcachon, von dort ging es die Küste entlang, fast bis nach Spanien und zurück ... Jeder hatte Verantwortung und musste mit seinem Fahrrad Lebensmittel und Zeltteile transportieren ... Es war ein Auf und Ab der Landschaft ... Steile Berge und Täler befuhren wir und suchten jeden Abend einen neuen Zeltplatz. Die Dune de Pilat, da blieben wir zwei Tage ... Es war heiß und wir mussten die Trinkwasserversorgung immer aufrechterhalten ... meist suchten wir Bäckereien und Metzgereien auf, um das Frühstück und Abendessen zu besorgen ... Ab und an kauften wir Dosen mit Gemüse oder Suppe und machten auch mittags Pause ... Was mir gut in Erinnerung ist, dass zwei von uns kaufen gingen und eigentlich sollten wir warten, fuhren jedoch los, und die zwei mussten das ganze Essen für 60 Kilometer alleine schleppen. Das war meine Schuld ... schön aber ist auch immer, wenn eine Fahrt endet... so schön wie die Fahrt selbst!

Aktuell ist der Stamm sehr gut organisiert ... Wer Interesse hat, sich über den Stamm „Goten" zu informieren, kann auf www.pfadfinden-kl.de nähere Infos finden ... Die Gruppen freuen sich auf Zuwachs. Ab 6 Jahren kann man zu den Wölflingen gehen ... bis zum zwölften Lebensjahr ca., danach gibt es Übergänge ... zum Pfadfinder/in und später zum Ranger/Rover. Jeder Übergang wird einem Versprechen gleichgesetzt. Man legt z. B. mit ca. 12 Jahren ein Pfadfinderversprechen ab, mit 16-18 meist einen Übergang zum Erwachsenen im Stamm. Meist wird von den Heranwachsenden gefordert, selbst Verantwortung zu übernehmen ... man kann Gruppenleiter werden und seine Erfahrung weitergeben ... Es gibt zudem für solche Leute das Sippenführertraining oder den Kurs für Meutenführer. Es sollte alles Hand in Hand gehen. Jeder ist gefordert, wenn Zelte auf- oder abgebaut werden oder man zusammen etwas unternimmt.. Ich könnte viel mehr schreiben ... aber überzeugt euch selbst ...

Gut Pfad

Uwe

181

Gedicht mit Interpretation zu Corona

Hier mein Gedicht ... viel Vergnügen! Uwe Kraus

am anfang

schuf gott das licht und die masse
den raum und die flüssigkeiten –
er schuf die einzeller, die amöben
die ursuppe, die ribosomen und den
schweren weltraum.

ja er schuf den menschen
der erschien im holozän
er schuf den antichrist und die bakterien
den gang nahm er auf ebenem grunde
und ließ pflücken die granatene frucht

die eva stieß von sich.
sie erbaute in ihrem körper die antikörper
den sohn des antikörpers.
doch der moloch warf blitze auf die körper –
gott war ängstlich,

so ließ er sterben david im kampf
gegen den feind aus dem hause pan
der sich anschloss das goldene siegel zu brechen –
nie war gott zürnender als damals.
er ließ den menschen sterben, wie david.

aus der pforte von oben kam ein laut:
selig sind die verlorenen und gott schloss das tor.
dann war friede, freude, eierkuchen!
dann war die PANDEMIE besiegt
und alle Kinder durften wieder zur schule ...

Uwe Kraus, 28.05.2020

Hier die Interpretation:

Also, in meinem Gedicht wird die Evolution verspielt mit der Genesis vereint. Erst gab es die Amöben, dann erschien der Mensch wie bei Max Frisch im Holozän ...

Dann beginnt mein Text:

Gott wollte den Menschen zerstören mit der Pandemie, da Eva den Apfel aß. Durch den Apfel wuchsen in ihr die Antikörper ... (Kain und Abel), die Gott töten wollte ... Er wollte den Menschen durch die Erbsünde bestrafen und töten, aber dann bekamen die Menschen die Antikörper, das Gegengift und überlebten ... Er warf Blitze und schloss das Tor! Dann war die Pandemie besiegt und es war „Friede, Freude, Eierkuchen" und alle Kinder gingen wieder in die Schule! Das ist eigentlich eine Komödie! Man sollte den Glauben nicht leichtfertig nehmen ... Aber man kann ja mal mit einem Augenzwinkern über die Bibel nachdenken!

Herzlichst,

euer Uwe Kraus

© Uwe Kraus

183

Für Kaiserslautern

heimat

den trunkenen duft von heimat
das lebendige dein in den mitten der schreibkonsole
der fügung geschuldet:
ich bin hier gestrandet
in den wiesen und auen der kaiserlichen burg
den kiffern vom rathaus
aber auch begrenzt von bäumen und bergen
die mich ins tal der kaiserstadt ziehen.
Geburt bleibt immer hier zu sein
zwischen humbergturm und kahlenberg
in der wahlheimat des efcekas
verdammt ihn nicht mehr zu lieben
den betzenberg.
ich fühle mich geboren hier
um unterzugehen wie ein welkes blatt im volkspark
an der einst ein junger dichter seiner ersten liebe huldigte ...
was ist k-town?
ein mythos
eine sage die barbarossa vom kyffhäuser weglockte?
wer wird jemals verstehen – es gilt nur hier zu bleiben.
Oder zu fremden welten zu kehren
die der vergangenheit mürbe scheinen –
ich freue mich dieser stadt gerecht zu werden
wenn ich sie zurücklassen mag
in den händen anderer propheten
die heimlich ihren rhythmus verdrehen könnten ...

liebe grüße aus K-TOWN

für meine Kollegen der Autorengruppe Kaiserslautern

© Uwe Kraus, 06.06.2018

184

Erschienen in der „Chaussee", der Zeitschrift des Bezirksverbands Pfalz, im Jahr 2018

Bäckereien, Handwerk und der goldene Boden

Wer weiß es nicht, dass immer mehr kleine Geschäfte und Betriebe am Discount zu Grunde gehen... Bei Aldi drückt man einmal und schon gibt's die Brezel für 0,29 €, aber dass daran richtige Bäckereien pleitegehen, ist dem heutigen Verbraucher nicht bewusst oder er will es nicht wissen. Dass das eine Backmischung ist, die keiner Rezeptur bedarf, weiß im ersten Moment nicht jeder ... Billig ist für den Verbraucher erst mal das Wichtigste. Bäckereien, die von Hand arbeiten, gibt es seit geraumer Zeit nicht mehr, wie auch, wenn man alles bei den Billigpreislern mit Geschmacksverstärkern überhäuft bekommt. Wie viele Arbeitsplätze gehen daran kaputt? Bäckereien, regional, wie „Barbarossa" im Lauterer Raum können da nicht mithalten. Es sind Großbetriebe, bei denen Bäcker arbeiten, Logistiker, Tranporteure und Verkäufer. Aber die werden eher arbeitslos, da es fast nur noch schnell gehen muss. Metzgereien, Bäckereien, Buchhändler, Gärtner, ja sogar Verlage kämpfen um Existenzen. Nicht nur der Knopfdruck bei Aldi, nein, Amazon oder der billige Supermarkt bieten ebenfalls alles, sogar Bücher. Angebote aus China, so weit das Auge blickt. Von Amazon braucht man erst gar nicht reden. Billiger Versand für viele Dinge ersparen den Kauf im Geschäft. In Corona-Zeiten wäre es verständlich, aber im normalen Leben? Früher, das Gütesiegel „Made in Germany"! Heute wird immer mehr ausgelagert. Unsere Industrie existiert fast nicht länger, bloß im Import, der weitergesendet wird. Lediglich Riesen wie Saturn oder Hornbach im Einzelhandel bleiben übrig. Gärtner, die früher auf dem Wochenmarkt ihre Blumen verkauften, mussten schließen, da Lidl usw. alles anbietet, sogar Blumenerde.
Nach den Arbeitern wird nicht gefragt. Die Politik sollte sich überlegen Sperren für die Discounter zu erstellen, da die kleinen Handwerker, z. B. Hersteller für Kleidung oder

Spielzeug vor dem Ruin stehen.
Ja, sogar die Märklineisenbahn gibt es bei Aldi. Und die Leute
sind beinahe gezwungen, das zu kaufen, da jeder Einzelne
kein Geld in der Tasche hat. So scheint alles einzubrechen.
Nicht nur während der Pandemie!
Bitte, liebe Politiker, setzen Sie dem Discount das Handwerk
entgegen! Sonst trägt es keinen goldenen Boden, sondern
eher eine Hartz IV-Bescheinigung ...
Wir müssen zurück in eine Zeit, die besser wäre. Ohne
Werbefernsehen und Verblödung. Eine Zeit, die uns
beschenken müsste, da wir uns gegenseitig unterstützen und
nicht einzig auf den Preis sehen!
Danke für Ihre Aufmerksamkeit,

Uwe Kraus

© Uwe Kraus

Über das Gesundheitssystem

Im Moment wird ja überlegt, die Produktion der Arzneimittel
nach Europa zurückzuholen ... Hier ein älterer Text, für den ich
von meinem Arzt 15 € bekam. Er sagte, ich solle mir das Buch
„Pharmacrime" kaufen ... Ich denke, es ist wichtiger, Medizin
mit richtigem Wirkstoff und mit Registrierung zu bekommen als
Placebos. Der Medizinmarkt in China und Indien erpresst uns
und wir benötigen unsere Arznei. Es folgt etwas zur
Rabattierung. Das Problem, welches im Text beschrieben ist,
kommt durch die Produktion in China und Indien. Wir müssen
zurück zur Eigenproduktion. Im Übrigen werden immer
weniger Medikamente neu patentiert. Die Forschung bleibt auf
der Strecke! Jetzt wird nach einem Wirkstoff gegen Corona
geforscht. Das wird teuer bezahlt. Aber in der
Schlaganfallforschung und in anderen Sparten der Medizin
gibt es schon Lösungen. Aber man will nicht darauf
zurückgreifen.

Rabatt und Rabattierung/der Betrug der Krankenkassen:

„Sehr geehrter Patient,Sie sind nicht privat versichert, ja, was soll ich machen?", lallt der Doktor und winkt mit dem Generikarezept ... keine Hoffnung auf Heilung, denkt der Patient und muss sich von seiner Krankenkasse jedes Mal ein anderes Präparat in der Apotheke geben lassen ... mit zum Teil schwerwiegenderen Nebenwirkungen und sich dazu von einem anderem Zusammensetzungscocktail erdrücken lassen: Etwa: Nimm die blaue Pille und du steigst aus der Wirklichkeit aus; You'll take the red one and you'll stay in wonderland! Manchmal gehen die Rabattverträge so weit, dass man noch nicht mal die richtige Packungsgröße bekommt; anstatt der versprochenen 35er Packung leider nur 28, und die sind dann billiger aus Dänemark, wobei man bedenken muss, dass das sogar eine bessere Lösung ist als ein 35er Präparat aus Indien, da ja die Großkonzerne nur noch für den Privatpatienten produzieren.. Warum gibt es ein Medikament, z. B. Seroquel, mit einer der am höchsten verschriebenen Tagesdosen, in Portugal für 35 Euro, bei uns aber für 250 Euro! Wer kontrolliert den Medizinmarkt eigentlich, und wer treibt die Leute mit ihrer Erkrankung in die Armut. Ich z. B. nahm früher von einem Produkt im Original eine weitaus geringere Dosis als von den Generika, und dies kann der ganze Körper nicht mehr so verstoffwechseln, so dass dies auf Dauer eine Beeinträchtigung meiner Gesundheit nach sich ziehen kann! Andererseits gibt es Medikamente, die für die Konzerne einfach zu billig sind, um sie weiterzuentwickeln: z. B.: Ibuprofen, fast jedem als Schmerzmittel bekannt, könnte laut Wikipediaquelle zu einem Wundermittel in der Alzheimerbehandlung werden, ist aber für ein Patent nicht lukrativ genug! Valproinsäure hingegen ist laut Studie ein krebshemmendes Mittel. Meine Mutter bekam für Ihre Chorea Huntington ein neu zugelassenes Mittel, welches in der Schweiz schon in den 50ern angewendet wurde ... Medizin, das ist kein Halbgott in Weiß, das ist eine Geldmaschine in der viele ihre schmutzigen Hände waschen! Man merke: Der hippokratische Eid wird immer wieder durch die Politik und die Medizinmafia, wie ich sie nenne, gebrochen ...

Darüber sollte nachgedacht werden,

herzlichst

Uwe Kraus

Zum Muttertag

Mit diesem Gedicht landete ich beim Deutschen Gedichtwettbewerb 2018 auf dem vierten Platz. Es ist von 2004. Leider habe ich keine Mutter oder Oma mehr, aber ich denke sehr gerne zurück ...

mama

als wir am ufer eine perle fanden
erzähltest du von der meerjungfrau
als ein blatt am ast sich bewegte
sagtest du vom himmlischen kind
und als ich größer wurde erzähltest du
von schlafläusen in der nacht
damit ich mich wohlig ins bett kuschelte
und dann schlugst du mir das kissen auf
damit ich besser träumen konnte
und als ich dann älter wurde
erzählte ich dir geschichten von damals
und du lachtest ganz leise
vom heiligen geist wenn ein flugzeug
vorbeiflog

Uwe Kraus

aus „Lichtwechsel" – Telegonos Publishing 2016 ... gibt es für 6,90 € überall, wo es Bücher gibt!

© Uwe Kraus

188

Liebe Bands aus KL und Kreis, unsere Bürgermeisterin Frau Kimmel hat bekanntlicheinen Wettbewerb ausgerufen, ein Lied für Lautern zu schreiben. Ich muss das ja nicht bewerben, aber ich habe meinen ersten Mundarttext geschrieben. Er ist ein Fragment! Wer Musik macht, kann sich mal mit mir in Verbindung setzen ... Ich möchte für eine Band einen Text schreiben! Es kann auf Hochdeutsch oder in Mundart sein. Ich schreibe seit 20 Jahren und ich brauche eine Melodie, nach der ich einen Text entwerfen kann ... Ich hätte gerne einen Text in Mundart im Refrain und zusätzlich Hochdeutsch ... Wenn jemand Interesse hat, hier: **uwekrauslyrik@gmx.de** – Bitte melden!

Immerhin gibt es eine Videoproduktion des Liedes für 2000 € ... Schaut, wenn ihr es nicht wisst und mehr erfahren möchtet, ganz einfach im Wochenblatt ... Einsendeschluss ist der 31.08.2020 ... also pronto!!!
PS: Falls ihr mich auch nicht braucht, macht alle mit ...

Euer UK

Grumbeerblues
Kumm häm in dei so große strose
Von der osschtwescht achs bis zum keiserbrunne
Obe ufm berch do bin ich ganz dehäm
Un drick die daume fer di deiwel
Will dasse widder obbe sinn

Unn sieh ich dei herzche uff de kerb
so sieh ich alles
Was mich glicklich macht
o lautre du bisch doch es bescht fer mich
Wenn die glocke suntags leiten von de stiftskersch
So fiel ich mich geborsche im pälzerwald
Un schrei for lauder freed: lautre du bisch mei ä un alles
Unn ich kann net ohne dich
Han mich verguckt in dich

Uwe Kraus

189

An das Finanzministerium

Dies ist eine Utopie, etwas, was nie funktionieren würde. Wir haben ein Steuersystem, welches alles gern sichert, z. B. Rente, Krankenkasse, Straßenbau, Bildung. Aber könnten wir mit einer Einmalabgabe im Monat leben? Es wäre ein Weg aus der Altersarmut. Viele Menschen in diesem Land sind alt und bedürftig. Aber auch eine Finanzierung von Pflegeplätzen will überlegt sein. Die Politik kennt viele Probleme, die wir verstehen müssen. Es ist mir zu dem Beispiel der Schutzmasken oder Medikamentenzuzahlung eingefallen. Ich weiß selbst nicht, ob in der Zuzahlung zur rezeptpflichtigen Arznei eine Steuer steckt. Es ist notwendig, dass Dinge, die wichtig sind, nicht besteuert werden, so wie ein Medikament, das man braucht um gesund zu bleiben. Ich wünsche mir, dass es eine Möglichkeit gibt, den Steuerzahler weniger in die Pflicht zu nehmen. Darum habe ich dieses Stück entworfen:

Einmalsteuer oder legalize „Netto". Für Herrn Vizekanzler und Finanzminister Olaf Scholz.

Meine Idee der Versteuerung ist einfach: Ich fordere eine Einmalsteuer zu Beginn des Monats. Das heißt, alle Waren, Benzin und z. B. Tabak sollen damit abgegolten sein. Ähnlich Duty Free, ähnlich der Fernseh- und Rundfunkgebühr, wäre es für den Bürger eine Entlastung, einen Obolus zu bezahlen, der Nettopreise ermöglichen würde. Natürlich würde das für jeden Bürger gelten.
Eine Einmalzahlung wäre der Schritt weg vom Steuervielfachen, das der Bürger jeden Tag ausgeben muss, um die Maschine Bundesrepublik am Laufen zu halten.
Mein Vater sagte, wenn ich einen Kotflügel lackiere, für z. B. 150 €, dann verdient beim Bruttopreis der Staat 28,50€ mit, obwohl er nichts Wirtschaftliches, Handwerkliches für den Ertrag gemacht hat!
Somit werden Handwerker und Einzelhändler bestraft, die für eine Leistung Geld und Material ausgeben und es dann versteuert bekommen!
Ein Leben ohne Steuern wäre Anarchie! Das würde nicht

funktionieren, selbst nicht bei Tausch!

Geld, sagte schon „Ton Steine Scherben", braucht kein Mensch, genauso wie Waffen. Aber das halte ich für eine schlechte Idee, da der Mensch nicht gleich ist, auch vom Charakter!

Also: Einmalzahlung ist der Weg aus der Altersarmut und für die untere Schicht, ein Weg aus der Dunkelheit.

Liebe Grüße,

Uwe Kraus

© Uwe Kraus

Meine Gedanken zu Corona

Hier, etwas speziell, ein Gedicht über die Pandemie. Erinnernd an Trakl und George verfasste ich diesen Text, der auch eine Antwort zum Gefühl aller Menschen darstellen soll. Was quält uns, eine Apokalypse, ein Untergang der Menschheit? Es gibt viele Fragen, warum und wieso. Der Mensch macht seine Feinde selbst lebendig. Schuld zuweisen kann man niemandem. Jedoch leidet jeder unter Ausgrenzung und Einsamkeit, vor allem die älteren Menschen. Man kann hoffen, es endet so abrupt wie es anfing. Dunkelziffern sind überschattet von positiven Meldungen. Genesene und Kranke werden sich hoffentlich die Waage halten. Gerne will ich, dass die Menschen ohne Schutzmasken das nachholen können und die Wirtschaft wieder „schwarze" Zahlen schreibt. Der Rückgang der Konjunktur und die Kurzarbeit müssen beendet werden. Geld investieren und Schulden machen, damit habe ich ein Problem; wenn jedoch nichts getan wird und der europäische Bankrott nicht in Sichtweite liegt, finde ich es richtig, diese Gelder zu verteilen. Vorstellen kann ich mir das nicht! Aber, wenn es möglich ist z. B. Heizöl in diesen Preissparten anzubieten, so frage ich mich, warum ist das nicht immer so? Hat Europa jetzt sein wahres Gesicht gezeigt? Banken und Industrie haben genug, um Ärmere mit zu versorgen. Warum dann nicht immer? Es gibt Reserven, von denen man träumt, es gibt Dinge, die hat man. Weiterhin möchte ich anführen: 2003/2004 starben über 20.000 Menschen an einer Grippewelle. Somit ist unser Gesundheitssystem noch auf einem sehr guten Weg. Ich hoffe, das bleibt so.

Uwe Kraus

buchstaben

gelegen entfernt in stiller frühe
der morgen eingehüllt –
moos friert unter nassem tau
der zeitenwechsel ist vollzogen
die zeit gestellt auf unsere zukunft
vergessen die seele entlegen wie seide
im damast zehrt die pandemie
an verwitterten ästen
morgen soll ein neuer anfang sein.
kontakte wimmeln
in der sperre, wann ist schluss damit
wenn man dem radio glauben schenkt
genießt man die stille –
alt arm und allein
quält sich durch atemnot
nur der park entleert
möge gott gerecht sein
wenn wir an uns selbst glauben

Uwe Kraus, 02.04.2020

© Uwe Kraus

Meine Osterpredigt

Im Jetzt gilt der Kampf gegen Corona. Doch die Politik sollte nicht stehenbleiben. Dieser Text handelt von einem globalen Problem, das trotz allem da ist. Genau wie der Klimawandel. Momentan herrscht Stillstand. Diesen Text schrieb ich vor zwei Jahren. Gerne möchte ich meine Gedanken teilen, denn die normalen Probleme sind auch da. Das Waldsterben, der Plastikmüll und so wie hier eine Erklärung, warum wir Menschen untereinander wie Streithähne sind. Es geht um keinen Vorwurf. Hier möchte ich erklären, warum viele falsch denken könnten. Ich bin kein Pfarrer. Bin Maler und „Verschmierer", ein kleines Licht, aber mir sind diese Dinge in philosophischer Sicht eingefallen, frohe Ostern,

Uwe Kraus

Menscheit vereinige uns oder der Turm der Sprache

Warum sind so viele Menschen rassistisch? Wir kommen aus derselben Wurzel – Australopithecus afarensis oder die Uramöbe, das Paradies des siebten Tages. Wann begann die Spaltung? Natürlich als die Menschen einen Turm bauen wollten, der in den Himmel führte. Gott veränderte die Sprachen. Was wäre, wenn die Menschheit eine Sprache hätte, unabhängig von Hautfarbe und Körpermerkmalen, die den Menschen selektieren, von Mensch zu Mensch. Ich muss sagen und glauben, dass wir uns dann nicht fremd untereinander fühlen würden und dieser chauvinistische, patriotische oder nationale Ton, der jetzt laut wird, nicht da wäre. Wer war der Brudermörder, wer machte die Religionen? Man bedenke, dass viele Teile des Koran und der Thora oder der Bibel gleich sind ... Auch antike Philosophen wiederholen in ihren Gedanken nur, was auch die fünf Gottesbeweise darlegen. Das führt mich dazu, zu sagen, dass alle Menschen dasselbe glauben – außer Agnostiker oder Heiden. Warum müssen wir uns bekriegen und untereinander hassen? Wir haben von jeder Kultur die besten Lehren für unsere Systeme gezogen! Sei es der achtfache Pfad oder die

Seelenwaschung im gelben Fluss ... Wir sollten uns fragen, in unserem Deutschland, einem der führenden Länder der Welt, warum wir fremdenfeindlich, ebenso wie andere EU Staaten und G-20-Länder sind. Ich wurde dreimal am Knie operiert, von einem Arzt aus Ägypten, einmal war ich in der Notaufnahme und wurde sehr nett von einem Inder versorgt. Welcher Deutsche schafft überhaupt ein Medizinstudium? Ich frage: Was ist besser, Freunde oder Feinde ... durchschnittliche deutsche Handwerker mit ekligen Manieren oder ein Arzt aus Weißrussland, der einem das Leben rettet? Jeder kann nun selbst beurteilen, inwieweit die Tragweite dieses Textes berührt ...

Ich verabschiede mich, UK –

© Uwe Kraus

Mein Tagebuch

Liebe Leser und Freunde der Literatur. Hier ein Auszug meines Tagebuchs. Theo Schneider hat aus 6 Teilen einen gemacht. Mein Leben, wie dieser Text zeigt, war hart. Ich bin seit 1996 endogen erkrankt. Diese Erfahrung spiegelt sich in allen Texten, natürlich ohne Fingerzeig: „Macht das nicht oder befolgt diese Regeln!" Hier vermischt sich meine Trauer zum Selbstmord meines Vaters mit dem Ausspruch von ihm : „Du wirst nicht wach.".Er meinte, ich werde nicht erwachsen. Das bin ich seit seinem Tod geworden, wobei diese schreckliche Erfahrung mich zu wach machte. Leider bin ich hart getroffen worden, denn ich blieb in der Vergangenheit. Meine Kindheit war so gut und ich machte pubertierende Fehler. Ich log, ich trank, ich nahm Drogen. Leider bin ich mit meinem Leben gestraft, wobei mir das Schreiben Kraft gibt. Ich kann jedem nur raten zu schreiben! Zumindest Tagebuch. Man lernt aus dem Geschriebenen und kann seine Seele spiegeln. Tiefenpsychologische Selbsterkenntnis ist sehr wichtig. Schreiben ist ein Spiegel, durch den man gehen kann, um in

eine andere Welt zu tauchen. Ich wünsche viel Freude mit
dem folgenden Text ... Vielleicht motiviert es jemand!

Uwe Kraus

Tears of the clown
Versuch eines öffentlichen Tagebuchs (Auszüge)

Ein Jahr später, als ich die Augen aufschlug, geboren, um zu
rennen, um zu jagen, mich in der Vergangenheit zu suchen,
fand ich einen kleinen Einschub in meiner Notiz; ein kleines
gebasteltes Glasschiff, eine Miniatur des kristallenen Schiffes
in einem Lied der Doors, verführte mich, nach der
Vervollkommnung meiner Seele zu suchen ... Nur wer den
Weg einschlägt, durch seine Seele zu schauen, der kann
jemals in seiner Seelenküche rasten ... Ich fror, als mir dies
bewusst wurde!
Ich habe die Musik in mir geweckt. Vielleicht war ich, wie
Lehnert formulierte, ein gefesselter Sänger, ein Schlag ins
Gesicht nach dem anderen ... ich werde wach... mein Vater
empfand, dass ich nicht wach werden würde, behütet durch
seinen Schutz, doch ich kämpfe, wieder zu schlafen, denn die
Wahrheit erkennt man in der Nacht. Nur einzig die Literatur
verfinsterte sich in expressiven Schüben ... bleibt mir das
Ehrlichsein, die Sportlichkeit und Genauigkeit, die meine
Gedanken beflügeln ...
What else could you read, as we belong together ... ich
glaubte die Unwahrheit, ein Schemen in meinem verlorenen
Schatten, der mich suchte, denn in ihn war eingewebt die
Wahrheit ... ich bin ein Taugenichts, ein liebender Prophet, der
sich entstellte und nur durch diverse Gedichte adaptiert ... folgt
mir doch mit den Mäusen in den Abgrund?
Ich liebe sie, sagte ich, als sich ihre Augen in meine bohrten!
Warum diese Zweifel, dieser Unwille, die Tage wurden länger,
das Frühjahr wurde gerufen und nur sie wird mir antworten:
Heile mein Herz, nur du kannst das! Nur du und die Bewegung
meines Herzmessers, der radiologischen Spur, die ich nie
verlieren will – Es begab sich, dass die Einsamkeit auf
Stunden begrenzt den Raum dieses Lebens bemisst. Ich

stehe in dieser Schneise und vergegenwärtige mich mit meiner Phantasie und spiele mit dem Sand der Erinnerungen. Was wird passieren, wenn ich den Käfig der Dunkelheit durch den gordischen Knoten löse und die Grundideen des Pathos meiner mürben Vergangenheit umspiele, die Gesellschaft der Wahrheit wird mich erreichen.
Es folgt. Der Weg, der nach Thule führt, die Erinnerung an alte Fahrten und Fährten ... wie hieß es: „Allzeit bereit" oder „Der Große schützt den Kleinen", und die musischen Stunden am Lagerfeuer .. War ich Pfadfinder, Fremder, in mir, doch ich finde Wege, die mit Wegzeichen den Pfad benennen ... Einst wie Mowgli geführt in der Meutenstunde, dann der rabiate Kampf um die Nutella im Morgengrauen ... Was gibt es Besseres, als an eine Fahne zu glauben, die der Romantik entsprang –

Uwe Kraus, 2018 – erschienen in der „Chaussee", der Zeitschrift für Literatur und Kultur des Bezirksverband Pfalz

Montagsgedicht

Heute ist wieder Montag. Zeit für ein Gedicht! Immer montags erscheint jetzt meine Serie. Dieses Gedicht schrieb ich als Antwort zu Durs Grünbeins „Erklärte Nacht". Er gewann als jüngster den Georg Büchner Preis. Das Buch erschien 2002. Er selbst, aus Dresden, wurde von Siegfried Unseld, dem Verleger des Suhrkamp Verlages kurz vor Mauerfall in den Westen geholt. Ich wollte seinen Rekord einstellen und noch jünger den Büchnerpreis gewinnen. Er war 33, als er 1995 den Preis gewann. Damals war ich eingebildet und nahm keine Ratschläge an. Ich bin immer noch nicht in einem großen Verlag, denn Schreiben ist wie ein Studium. Ich schreibe seit 20 Jahren. In dem Gedicht, von 2002, versuche ich meinen eigenen Weg zu gehen. Junge Autoren sollten nicht übermütig sein. Schreiben können sehr viele. Man ist nie richtig objektiv mit sich! Das ist der Fehler. Deswegen raten die Lektoren immer: „Lass es liegen und arbeite daran." Man sieht seinen

Text immer bloß aus seiner Perspektive. So ist das mit allem. Im Leben genauso. Deswegen mein Tipp, nie etwas zu schnell abschließen oder zu schnell entscheiden. Man weiß nie, worauf es hinausläuft, wenn man kopflos ist.

In dem Gedicht geht es um das Aufstehen ... Wenn der Wecker klingelt und man zur Arbeit muss ... Momentan arbeiten nur die Menschen an ihrem realen Arbeitsplatz, die medizinisch, pflegemäßig oder mit dem Versorgen von Verkehr und Lebensmitteln zu tun haben. Auch Polizisten, Feuerwehrleute und Bundeswehr. Und diesen Menschen muss man sehr danken. Sie halten uns am Leben und ich möchte hier ein herzliches Dankeschön für die sagen, die heute aufstehen und ihren Mann/Frau stehen. Danke, dass es euch gibt.

Euer Uwe Kraus

ist es das ende der welt ...

... wenn die maschinen schweigen was der himmel für fäden
durch die westbänder des mikrokosmos schneidet:
es sind die metaphern die in sich fließen wenn sie den kopf
verlassen die schweigenden steine die sie auf den kiesfeldern
verlieren die retter die die wellen brechen es ist wohl ein ende
der welt wenn die lampe ungeputzt im wolfram erlischt so
sterben wir den sanften abend gleiten durch die mäander der
träume in die wellen der radios aus den radioweckern die
summen das allmorgendliche sie müssen zur arbeit gedudel
doch das nirvana scheint in dieser nacht dem nah der sie
erklärte im traum um die beglänzten augen zu trocknen und
nicht die frischen brötchen vom bäcker holen muss.
ich bin als grashalm geboren und werde zertreten sterbe im
nebel der figuren wenn die nacht hindurchbricht im traum ich
stehe in den feldern im atomaren kriegserprobungsgebiet und
wiege sanft die müden sauren regen in mich hinein.
es war das ende der welt von der ich träumte und türmte die
hölle der nacht und hole brötchen doch die maschinen reißen
die nebel in westen und der sonnengang liegt tiefer:

so sterb ich auf feldern denn ich mag keine radiowecker und
höre sie nicht mehr spielen vom murmeltiertag:
es war das ende der welt die toasts sind geschmiert für die
maschinen die doch da wandeln durch städte und
radioweckern dienen.
bin ich gras so pflücket mich und flechtet mich dass ich nicht
sterben muss in den metaphern der ungeklärten nacht.

Uwe Kraus, 2002

Montagstext

Jetzt, liebe Leser, ist eine Zeit, da wir an Gott denken. Wir
denken und glauben an das Gute, dass das Schlechte geht.
Wir sollten untereinander helfen und an unsere Stärke denken.
Wie wir zueinander stehen und miteinander sein sollten – das
Gute besiegt das Böse. Immer und hoffentlich!
Ich habe gelernt, von meiner Großmutter: Hilf dir selbst, dann
hilft dir Gott! Ja, und zu diesem Spruch ist mir Folgendes
eingefallen, denn derjenige ist ein Kämpfer, der sich selbst
stark macht – ein Mensch, der aufersteht und sich von seinem
eigenen Willen leiten lässt. Wir können stark sein und wir
schaffen, dass der Virus uns nicht besiegt, wenn wir an uns
glauben ... Uwe Kraus

mONtags dachte ich an gott

Wie er aus den adern meines geists einstürmte
Mit pulsverbrannten wangen
Mein herz in stücke sog
Und sog aus das blut und fror das herz und
Log mein leben sei ein kontinent
In den ich schwimmen wollte
Ich glaubte ihm
Er gab die kraft
In meinen geist

Er gab das herz entzwei
Und brannte hinter ihm ein scheibengang
An den sie unser ende hoben
Und dachte er ich sei aus stahl geschnitzt
Aus mandarinen meine haut
Und in mir drinnen
Ein geist den könnt man klauben
Außen zärtlich des nachts an meinen stirnen
Den kuss ergeben
Und drinnen den verstand erzähmen.
Ich dachte wann
Gehst du aus meinem herz wann gibst du mein innres frei:
Er sagte wenn du nie mehr bei mir warst
So sei
Dann wirst du aus deim haben mich verschwimmen
Und drinnen tausend blitze glimmen
Du bist mein
Und lügst du nun mich an so zünden tausend quellen in deim
geist dich an
Dass deine mandarinenhaut nach innen gärt
Und deine muskeln schlaff und tausend reizen sich vermilchen
So sei ich bins der in dir sei.

So kam es immer und nun denk ich mONtags nie mehr an
gott.

© Uwe Kraus, 2003

Zu Excel und der Pandemie

Sehr verehrte Leserschaft, hier ein Prosagebilde, das ich in
meiner Umschulungszeit zum Kaufmann für Büromanagement
schrieb ... Es ist meinen Lehrern gewidmet. Der Teufel für uns
Schüler steckte im Excel Unterricht! Daraufhin malte ich ein
Endbild, das meine Schulzeit mit den „Wenn-Funktionen"
ironisch auf die Schippe nahm. Das Gedicht ist ein Epos ... der
Mörder ist der Computer. – Gute Unterhaltung!

Liebe Kinder, gebt fein Acht ...

Wer bin ich?
Was war ich?
Bin ich, weil ich denke oder entfällt dem denken die kraft wenn ich schweig. Das schweigen der lämmer wird ein windtreiben sein, denn wenn der wind die letzte posaune bläst, so wird der nette onkel doc vom himmel kommen und agenda 2010 und dieses hartz IV abschaffen: rechter engel, linker engel?

Ist alles geschwiegen wenn wir die worte biegen?

Der drache wird für 1000 jahre gebunden!

144000 soldaten ziehen mit der bundeslade vorneweg, die mit ihren spaten die dummheit der menschen begraben. 12 gemeinden, 12 stämme, aber auch 7 siegel, die gebrochen wurden, um den antichrist zu rufen ... ja, glaubt man der philosophie, ist die siebte posaune eine göttin, die den drachen freilassen kann und lösen vom bösen: philo der freund; sophia die weisheit ... ich werde im himmel dieses Meeres wie auch das luftgrab der milchnen taube die schwarze milch am morgen mit salbei verzehren.

Luftgott, ein abraumfahrer, ein ignorant und doch einfach zu mysteriös um zu verstehen, dass ich die fäden lenke, wenn ich mein haupt auf dein haupt senke ... (ich flechte gedanken)

Es beginnt wie gift: liebe. Liebe wäre kafkaesk, wenn sie niemals dazu führen würde sich zu trennen, oder die namen zu benennen ...

Ich dachte von morgen, dass dieser tag die stagnation in bildern trägt, doch täuschte mich und vergaß des drachens letzten fraß ...

666, die nummer, an der ich die nummer in drei speisen vermittle; oder teile ich die auffassung des sternenmannes der

wie gabriel das licht unter uns brachte (unter den scheffel).
War es prometheus, der das feuer schickte, oder war es
adam, der den apfel brach; wobei die sünde nicht diebstahl,
sondern geburt heißt!
Wobei sünde nur dann sünde ist, wenn sie gebrochen, wie
kotze aus deinen säureaugen dringt ...

Der odem ist pathos, ein hauch von frieden, ein primartier, ein
sukkulent, oder eine amöbe ...

Hister?

Michel de notre dame erklärte: am 31.12.1999 kommt der
antichrist/wobei putin gewählt wurde an diesem tag!

Es wäre fatal oder banal oder so oder so, wenn ich in
buchführung die konten saldiere und die erinnerung blockiere!

Warum bleibt alles?: nimm die blaue pille und du steigst aus
der zwischenwelt aus, nimm die rote: you'll stay in
wonderland!

Die geschichte des horrors beginnt!

Wird sie enden!?
Excel?
Dann, wenn, und, oder; Querverweis disvers magical = wenn;;
(wenn;;))

Oder doch nicht:

Formatiere mich, (schreit dieser aufsatz) und du wunderst
dich, wenn du verdichtest, wie du dich an die DIN-Form
richtest!

Uwe Kraus, 20.05.2016, Birkenfeld

Gedicht der Woche

„An den Pforten der Sinne" erinnert an „An den Pforten der Wahrnehmung" von Aldous Huxley, ein Essay über eine Erfahrung mit halluzinogenen Drogen. Auch William Blake und eben Aldous Huxley bildeten die Idee des Namens der Doors. Jim Morrison war interessiert an Okkulten und Drogenexzessen. Er verarbeitete z. B. Sigmund Freuds Traumdeutungen in The End. Huxleys Buch und seine Erfahrung mit der Droge Meskalin haben mich zu diesem Gedicht gebracht ... Bei Jim Morrison heißt es am Ende: „Goodbye my beautiful friend", und dann sagt er wieder Hallo im Abgesang ... Ich beziehe mich auf meine Wahrnehmung, da ich dies alles in Träumen erlebte, viel Spaß. Im Übrigen ist es das letzte Mal, dass ich über Psychedelika schreibe. Es wird sicher nicht gerne gesehen ...

an den pforten der sinne

an den pforten der sinne wandelte ich
zu finden einen neuen schein
ein neues licht
der tunnel das tal
war dunkel und undurchdringbar
der halluzinogene offenbarungsdrang
der weite des tales das mich umgab
gebunden von schwermut und stimmen
die lauerten überall und wollten mir
das böse einverleiben
doch mein herz und mein gespalten drang
erhielten den kampf des dämoniums
gott so sagt der götze wohnt in dir
der du nun bist
befreie dich durch den sturm des dunklen apokalyptischen meeres
bedenke der schmerzen des truges
auf dass du der sklave deiner selbst wirst
dämonium hölle des wiederbringenden ekels
der erinnerung der bannung der pforten der grenzen

bin ich noch ich selbst
was ist wahr und was ist falsch?
die realität schwindet und der moment verschwindet
durch die höllen der ewigen nacht
der wächter am tor:
es gibt kein entkommen
logik wird sterben
die moral begräbt sich im eigenen grabe der vernunft
die sklaverei kennt keine grenzen
von gott der ich einmal war
wurd ich zum sklaven
die seele dunkel die geister sterben den sanften tode
der irrgarten wird eines tages weichen
zeichen des irrationalen
des unlogischen offenbaren sich mir
der einsame junge zerstört unaufhaltsam seine träume
bläst mit dem winde
die zeichen der unsinnigkeit
des trüben scheines
der wind spielt in sanfter begegnung
das lied vom alten rosengarten
von bissen eines wolfes
der geteilt mit zwei arten von seelenbildern
das unergründliche sucht
und niemals findet
angekommen an den pforten der bestimmung
tausche ich den mantel der berührung
gegen ein neues altes leben
doch die musik spricht in worten
nicht in melodischen tönen
am himmel die fahne der tapferen
die mich zum assoziativen könig macht
gekrönt und doch geköpft von schlangenwesen
weiß ich mehr von dunklen meeren
übers wasser will ich fortan wandeln
doch gefühle hindern mich daran
gekreuzigt war ich einst durchs rad der wahrheit hexenbanner
nun bin ich ein minnesänger auf suche
nach freiheit
ewige metapher bleibt das licht des seienden

wesen und kreaturen
spielen das spiel der magie
die weite zerbricht
wird mir nun die krone genommen werden?
bin ich noch der von dem ich erzählt bekam?
lichter glühen auf dem kristallenen schiff
wer bist du fremder frage ich
die antwort wird gestohlen bleiben
in traum und über-ich
unsterblich bin ich neuerdings
denn relativität ist aufgehoben
von kaste zu kaste will ich nun gehen
bis ich wieder bin entblößt
und ewig frei
so wird die feierstunde zu großer zukunft
an den pforten war ich nun
und will niemals mehr zurück
gefühle sollen niemals blenden
das gefühl ein gott zu sein
sei verdammt und abgeschieden
psyche delois
die seelenoffenbarung wird nun sprechen:
geistige umnachtung
seelentransparenz
und heilige erfahrung
ich kann so manches doch verstehen
was viele große vor angst umgehen!
auch reiste ich durchs schlangental
halb mensch halb irgendwas
vergiss die antworten
nur einzig das licht wird zum schlüssel
der ewigen wiederkehr des unsinnes!

doch am ende vergesse ich nie den jungen der mit dem winde
sich
verstand der ihn wahrhaft zu beherrschen schien!
er bleibt in der erinnerung der könig des himmels und der
gezeiten:

der junge der mit dem wind spielte ...

Uwe Kraus, 2001

© Uwe Kraus

Rätselgedicht

So, hier wieder ein Text, der nicht alleine aus meiner Feder stammt. Er ist aus meinem zweiten Lyrikmanuskript. Das neue Atheaneum, benannt nach der Aphorismensammlung von Schlegel, der Zeitschrift der Romantik, der Epoche des Idealismus, an dem ich mich immer orientiere. Dort wurden Größen wie Novalis gedruckt.

Hier hatte ich mir ein Rätselgedicht für den SWR2 ausgedacht.

Der Text besteht aus Auszügen der Schlüsselmomente großer Philosophen. Es sind Textstellen aus den Werken diverser Denker, die an einen Moment erinnern, da derjenige seine Illumination bekam. Zu dieser Thematik gibt es ein zweibändiges Werk von Otto A. Böhmer, der in Bezug dieser Stellen erzählt, warum und wie, in prosaischer Form, die Denker zu ihren Willen kamen, Philosophen zu werden. Das Werk bzw. die zwei Bände sind bei C.H. Beck unter dem Namen „Sternstunden der Philosophie I und II" erschienen. Hier versuche ich diese Gedanken zu einem zu bringen. Nicht jeder Gedanke kann einem Philosophen zugebracht werden, aber ich verrate das Rätsel nicht ...

Hier zum Knobeln: Von wem sind diese Zeilen ... Im Übrigen, der Rundfunk wollte dieses Rätsel nicht ...

33.

meine schwermut steigt gegen mich auf
geboren aus geheimnissen der frühe
bin ich wer ich bin
als ich das licht einer wunderbaren einsicht zu sehen bekam
und plötzlich mehr als ein tiefgelehrter weiß:
die erklärungen haben ein ende
denn in den hallen der großen ist mein herz zu haus
nun weiß ich alles liegt zu unsern füßen
und die geister der nacht sind nun erwacht.
ich bin nur ein kleiner zauberlehrling
der nun zu verstehen sucht
was das wesen der wahrheit zu sein vermag
was haben und sein
was klar und rein
in den büchern der weisheit steht
womit die welt seit jahrtausenden lebt.
vom seienden und dem wesen bekam ich zu hören
vom cogito ergo sum
von glasklarer geometrie
von der hyperpolitischen manie
in sphären bin ich aufgestiegen
und weiß nun so will es der träumer
und noch viel mehr kenne ich jetzt
von der erhebung des endlichen
vom wesen der dinge
und trotzdem bin ich ein unwissender philosoph
doch meine wissenschaft sei menschlich
die philosophie unendlich!

Uwe Kraus, 2001, unter Mithilfe

© Uwe Kraus

Meine Meinung zum Spiel FCK – SV Meppen

Das Spiel gegen Meppen am Samstag vor 15.701 Zuschauern zeigte weder Besserung noch einen positiven Schub. Es war das am schlechtesten besuchte Spiel, bei dem ich seit 1990 war. Und es zeigte wieder die Angst der Mannschaft vorm Elfmeter! Immer wenn man führt und nach vorne spielen könnte, fehlt der Biss und der klare Kopf. Nach fünf Minuten zu führen und sich dann sofort einzuigeln ist ein Zeichen von schlechtem Selbstbewusstsein. Auch nach 3 : 1 kann man mehr machen. Im Prinzip gab es 10 starke Minuten und den Rest, daran erinnert man sich lieber nicht. Auch die Empfänglichkeit für Führungen zu vergeben liegt dem Betze. Man führt 3 : 1 oder manchmal 2 : 0 und bringt eine Führung nicht über die Zeit. Der Mannschaft fehlt die Cleverness, Ballsicherheit und vor allen Dingen Mut und Selbstvertrauen. Auch Anfängerfehler, wie Querpässe in der Abwehr machen das nicht besser. Es tut mir leid, aber ohne Selbstbewusstsein geht es nach unten. Auf den Rängen gab es erste „Schommers raus!"-Rufe. Ich weiß nicht ob es am Trainer hängt, aber Vertrauen in die eigene Stärke, so etwas muss ein Trainer seiner Mannschaft geben. Wenn er das nicht kann, erreicht er sie nicht mehr. Die Spieler sind wirklich nicht nur schlecht. Aber auch 5 Minuten vor Schluss in der Abwehr zu wechseln ist unklug! Deswegen denke ich, es müsste ein Hexer oder ein Quälix her. Ansonsten geht es noch etwas tiefer. Oder man stagniert als graue Maus der dritten Liga.

Herzlichst, Uwe Kraus

© Uwe Kraus

Mein erstes Poem

Hier bin ich wieder und teile heute mein Leben des
Steppenwolfes. Es war im Dezember 2000 mein erstes selbst
verfasstes Gedicht. Damals antwortete ich auf Hermann
Hesse und Nietzsche. Erst konnte ich das Buch nicht fertig
lesen. Dies geht nämlich nur, wenn man nicht unzufrieden mit
sich selbst ist. Der Steppenwolf war Hippieliteratur, ein Buch,
das Timothy Leary ein Psychologieprofessor empfahl, als
Einführung für psychedelische Drogen. Das sollte aber nicht
Sinn des Buches sein. Hermann Hesse schrieb es, um sich
selbst analytisch zu verstehen. Hesse war mit Carl Gustav
Jung, dem bekannten Psychiatrieforscher befreundet. Jung
und seine Tiefenpsychologie, sein kollektives
Unterbewusstsein, ist immer noch wichtig. Hesse verarbeitete
diese Lehre in „Demian" oder auch „Siddharta". Mein Gedicht
greift auch Nietzsches dionysische und apollonische Weltsicht
auf ... Diese wird im Werk Hesses wichtig. Durch den
„Steppenwolf", da ja viele Schriftsteller genannt werden,
kommt man unwillkürlich zu Novalis oder Adalbert Stifter ...
Wirklich lesenswert, so wie vielleicht dieses Gedicht!

das leben des steppenwolfes

einsam trabte er durch sandige dünen
des lebens undrüssig
der geist schreit: nihilist!
zugleich die seele brennt der hölle glut
warum, so fragt die litanei er nicht sterben
sondern leben will
die spaltung erhält seinen kreislauf seinen mut
allein kämpft er in sich und zugleich den kampf der titanen
der wettstreit der engel um sein haupt
der wettstreit gegen die welt
dabei wird keiner zum held
in seinem kopf hissen sie die fahnen zum letzten geleit
der tor seiner seele schreit:
nimm dich in acht bald ist es so weit
da kommt der letzte held der trauer

und nimmt dir dein leid
doch die geschichte will's
und er kommt an die heilige mauer der wölfe
nur für verrückte spricht sie zu ihm
bekräftigt den drang des wissensdurstes der vergangenheit
beschert das glück der unsicherheit
der durst nach altem sei gestillt der quell
der jugend hat ihn heimgeholt
die kraft schwand bis zum letzten bissen
eines wolfes tapferkeit
bringt des menschen ewigkeit
er fraß sich selbst in seinen dünen
die seele brach am end entzwei der wolf allein aus ihm heraus
die seele aber wanderte zu gott apoll
nun singt sie himmelslieder und vergaß
des wolfes letzter fraß!

Uwe Kraus, 2001

Juliane Liebert „lieder an das große nichts"

Wie kann man einen so gut gelaunten Slang schreiben? Die
1989 geborene junge Autorin schreibt normalerweise für Zeit,
Spiegel und Süddeutsche.
Ihre Texte sind wie Lieder der Popmusik, des Punk. Sie
schreibt von der Apokalypse über Wuppertal, wird nie
langweilig. Der Tod ihrer Mutter lässt kurz innehalten, aber
dann folgen Bildstrecken und kurzweilige knappe Sachen.
Lieder, die sich nicht dem Nichts nähern. Ein Buch wie ein
Besuch einer Achterbahn. Niemals habe ich so etwas
Herzerfrischendes gelesen ... Einen Auftritt auf einer Bühne,
einen Poetryslam sehnt sich der Leser herbei!
Man kann es sehr fröhlich, frisch, nicht fromm, aber frei
empfinden, was die Autorin preisgibt.
Es geht sogar so weit, dass Texte geschwärzt werden, um die
Leichtigkeit zu umgehen, wenn es um Schamhaare gehen
sollte.
Liebert hat einen Sound, eine goldige Metaphorik, ein Buch
wie ein Konzert einer ganzen Girlband ... mit vielen

wechselnden Stimmlagen. Sie wird frech in ihrem Stil und bricht auf in ein Neuland. Ich mag ihr lyrisches Ich. Es ist der Sound der hoffentlich neuen Generation.

Spice up your life!

Herzlichst,

Uwe Kraus

Meine Welt und die Bücher

Als ich aus der Schule kam, war ich unreif, was Bücher betraf. Ich lernte in der Schule zwar viele Autoren kennen, las aber nie selbständig viele Bücher. Ich verließ die Schule 1998 im Winter. Ich schaffte meine Qualifikation für das Abitur nicht, was schmerzte. Ich hatte einfach andere Dinge im Kopf, die jugendliche Freiheit, auch Drogen ...

Aber es wartete eine Welt voller Bücher auf mich. Mein erstes selbst bestelltes Buch war: Nietzsches „Zarathustra". Danach vertiefe ich mich in Hesse. Mein Deutschlehrer Herr Ruderer brachte mich nach dem Lesen von „Unterm Rad" dazu. Es wurde zeitweise eine Sucht. Ich zählte die gelesenen Seiten und kam in der Woche auf weit mehr als 1000 Seiten. Dann, als ich mich nur noch mit Gedichten beschäftigte, kamen fast keine Romane mehr in meine Lesewelt. Meine beste Zeit hatte ich bis 2002. Damals las ich fast jeden großen Philosophen und Autor, zumindest europäischen Autor. Dann wurde ich krank. Später las ich bloß noch Lyrik. Mein letztes Prosabuch für den Moment ist „Über Haschisch" von Walter Benjamin. Ich zehre mit meiner eigenen Literatur an der Vergangenheit.

Lyrik ist Sport. Man spielt mit den Worten und versucht zu überbieten.

Ich kann nur empfehlen, etwas zu schreiben. Auch das Lesen ist sehr wichtig. Und nicht allein Harry Potter.
Empfehlen möchte ich den Gedichtband: „Das Geheul" – Allen Ginsberg
Als Prosaband: Paul Austers „New York Triologie"
Als Essay: „Die Pforten der Wahrnehmung/Heaven and Hell" – Aldous Huxley
Für Fantasten: Carlos Castaneda: „Die Lehren des Don Juan – Ein Yaqui Weg des Wissens"

Das sind Dinge, die mir Spaß machten ...

Liebe Grüße,

Uwe Kraus

Mein Leben mit der Musik

Meine musikalische Leidenschaft beginnt bei A wie „Aerosmith" und geht bis Z wie „ZZ Top". Aber wie begann alles, was mich stark lyrisch prägte? Zuerst hört man ja als Kind Hörspiele. Davon hatte ich viele. Mit einem gewissen Alter räumte ich die in den Keller und begann Kassetten vom Radio mitzuschneiden. Die erste CD war eine Single von Michael Jackson, „Black & White". Vorher hatte ich nur Kassetten und wenige Originale. Stolz bin ich auf meine Kassettensingle von „No son of mine" von Genesis. Kassettensingles waren etwas ganz Seltenes für mich. Ich hatte nur zwei. Eine bekam ich geklaut. Alles war damals teuer. Meine ersten zwei Originalkassetten waren „Use your Illusion I & II". So begann eine Sammelleidenschaft. Als ich 20 war, wünschte ich mir zu Weihnachten einen DUAL Schallplattenspieler und ging auf die Flohmärkte. Meine erste Schallplatte, die ich kaufte, war von Barclay James Harvest, von 1975: „Time Honoured Ghosts".

Ein Geselle meines Vaters brachte mich dann zu Pink Floyd. Er sagte: „Wish you were here" wäre wie im Flugzeug. Danach begann ich alles durchzuhören, bis ich die 30 Jahre Anniversary von „The Piper at the Gates of Dawn" bekam. Syd Barrett faszinierte mich. Auch kaufte ich mir seine Soloplatten, wobei „Opel" extra von EMI gepresst wird, wenn sie bestellt wird. Mein liebstes Album blieb „More". Das war ein Soundtrack von 1969. Da gab es auch „Ummagumma".

Natürlich hörte ich auch anderen psychedelischen Kram. Glücklich war ich über das Album „Kings and Queens" von Renaissance. Später lernte ich das Brain Label kennen. Novalis, Klaus Schulze, Gate ...
Egal was ich danach hörte, Depeche Mode oder Stranglers, auch Metal oder Doors, Bob Marley, nichts wird mich mehr prägen als Syd Barrett.

Er nahm eine Überdosis LSD und lief durch London. Alles was Pink Floyd danach machte, hatte er im Prinzip verschuldet. Zum Beispiel wollte man das Lied „Atom Heart Mother" „Psychedelic Pudding" nennen. Dann sagten die Musiker von Pink Floyd, das wäre zu sehr Syd ... Als dann Syds CD „Barrett" in den CD Besprechungen war, war daneben in der Zeitung eine Abbildung einer schwangeren Frau, die ihr Baby zur Welt gebracht hatte. Die genaue Geschichte erinnre ich nicht mehr, aber auf jeden Fall, durch die Verbindung der Rezension und der Frau, nannte Pink Floyd das Lied „Atom Heart Mother". Auch die anderen Sachen, wie die Wall, behandeln das Thema Schizophrenie. Was man weiß ist, dass „Shine on you crazy Diamond" und „Wish you were here" direkt zu Syd geschrieben wurden ...

Ich empfehle hierzu das Buch von Michele Mari: „Mr. Pink Floyd". Lohnenswert ist es, sich seine Texte im Internet entweder anzuschauen oder ein Songbook zu kaufen. Es gab mit ihm nur das erste Album, wobei ein Lied der zweiten CD „A Saucerful o Secrets" von ihm ist. Dass die Gruppe sich später nach ihrem riesigen Erfolg splittete, lag wohl am Geld. Es gab einen Streit um den Namen. Roger Waters wurde nie mehr so

erfolgreich. Mittlerweile leben nur noch drei der Musiker.
Schade, dass vor allem die 60er Zeit nicht wieder kommt.

Herzlichst,

Uwe Kraus

Willkommen in der Hölle?

Was ich ahnte, wurde Wirklichkeit. Der Betze spielte in der
ersten Hälfte eine gute Partie, ging in der 25. Minute durch
Kraus in Führung, aber dann vergab man wieder dicke
Chancen und traf sogar den Pfosten.

Nach der ersten Hälfte und der Pause gelang den Hanseaten
gegen noch nicht richtig anwesende Lauterer der Ausgleich.
Warum man dann wieder rumpelte und am Ende in der letzten
Minute noch verlor? Ja, da streiten sich die Teufel.
Es ist egal, wie man spielt. So ein Spiel muss im
Abstiegskampf gewonnen werden!

Mann muss nicht den Ball ins Tor tragen! Man kann auch mal
schießen. Immer sieht man die Spieler, die versuchen
durchzustecken, aber aussichtsreicher wäre mal
draufzuhalten!

Ich sehe nichts Gutes in dieser Leistung! Man steht unten und
kämpft ums Überleben. Auch wenn irgendwo 1. und 2. Liga-
Erfahrung da ist, es fehlt der Teamgeist. Ich sehe zu viele
Baustellen. Kein Herz. Da ist zwar Pech, aber mit diesem
Potential, das in der Mannschaft sein soll, müsste man eher
5 : 0 gewinnen!

Ich sage das so hart, weil es Zeit ist zu sagen: Spielt gegen
den Abstieg und träumt nicht von anderen Vereinen.
Hier gab es noch nie solch eine schlechte Saison. Wenn man

213

so, wie der Sprecher im Fernsehen sagt, super Spieler hat, warum wachen sie nicht auf?

Früher gab es das Lied „Willkommen in der Hölle" ... Da ist der Teufel, 4. Liga!

Herzlichst,

Uwe Kraus

Betze-Historie, 2. Teil

Also, ich erlebte meine schönste Zeit mit dem Betze 1993/94. Da wurde man ja Vizemeister und gewann z. B.gegen Bayern 4 : 0. Es war ein wunderbares Jahr. 1990 erlebte ich das Pokalendspiel, mein erstes Betzespiel, die Meisterschaft. Es waren schöne Zeiten, doch heute wollte ich mal über den zweiten Teil der 90er schreiben, die Zeit von König Otto. Im Jahr 1996 wurde ich psychisch krank. Der Betze stieg durch die vielen Remispartien ab. So könnte es jetzt wieder kommen. Durch meine psychische Krankheit hatte ich nicht mehr so den Grund fröhlich zu sein. Ich war immer traurig. Den Pokalerfolg 1996, da war ich noch okay, aber nach den Sommerferien war nichts mehr mit mir los. Nach dem Abstieg kam ja König Otto an den Betze. In der Zweitligasaison erlebte ich ein tolles Pokal der Pokalsiegerspiel gegen Roter Stern Belgrad, bei dem Uwe Wegmann ein Tor machte. Im Rückspiel ging es sogar in die Verlängerung. Man machte eine tolle Zweitligasaison. Nicht überraschend. Man spielte 5 : 0 gegen Frankfurt, auch gegen Waldhof. Schön war zum Beispiel das Spiel gegen Rot Weiß Essen. Da stand es 0 : 2 und man gewann in der letzten Minute durch Rufer. Es war sicher, dass man sich nicht schwer tat in dieser Saison ... Da hatte ich auch eines meiner letzten Auswärtsspiele gegen Fortuna Köln im Südstadion. Mein Bruder sagte, das Spiel bekämen wenig auf den Zettel ...

Am Ende stieg man locker und leicht auf. Dass der Kader nach dem Abstieg gehalten wurde, das hatte man 2006 nicht leisten können. Aber dann ging es furios weiter. Man gewann in München und spielte sich wie in einen Rausch, beflügelt vom Publikum. Es waren hier auch schöne Spiele dabei. Man hatte sehr gutes Sturmpersonal. Olaf Marschall, Rische, Rösler, Kuka ... Auf den Flügeln war man ebenfalls sehr gut besetzt. Dazu in der Abwehr Kadlec, Roos, Lutz, Harry Koch ...

Es war ein schönes Jahr, man wurde verdient Meister! Ganz Deutschland spaltete sich damals für oder gegen Bayern. Otto Rehhagel war ein Garant für diesen Erfolg. Er war noch Trainer der alten Schule, aber trotzdem ein freundlicher Mensch. Weiter ging es dann in den nächsten zwei Jahren im Internationalen Wettbewerb mit zwei 5. Plätzen. Er konnte ähnlich wie Feldkamp seine Mannschaft einstellen und beflügeln. So zum Beispiel beim Fast-Ausscheiden gegen Tottenham Hotspur, bei dem man in einer Minute zwei Tore machte.

Was man natürlich kritisieren muss, ist der leichte Größenwahn, der die Oberen am Betze befiel. Daran wird heute noch gekaut. Dass Rehhagel sogar Europameister wurde, hätte man nie geglaubt.

Er war der letzte erfolgreiche Coach am Betze. Alles danach führte nicht mehr in den UEFA Cup, bis auf Gerets, nach einem verlorenen Pokalendspiel gegen Bayern.

Leider musste die Zeit enden. Man war in den 80ern Jahren erfolgreich, fast die ganzen 90er Jahre. Ich will nur erinnern, nicht böse machen.

Ich hoffe, es gibt nochmal einen Ruck in der jetzigen Mannschaft. Es sollte den Fans wieder erfolgreicher Fußball geboten werden.

Es wäre Zeit,

herzlichst,

Uwe Kraus

Liebe Leute,

wie schön, dass wieder mehr Alltag einkehrt. Man darf zum Frisör, manche kleinen Läden, im Pfalzcenter zum Beispiel, sind wieder offen. Man muss aber dennoch mit Kontaktbeschränkungen leben. Man spricht in den Nachrichten von einem löchrigen Käse, der den Lockdown ablösen kann. Es geht nicht mehr um sehr niedrige Inzidenzwerte, aber man muss auch mit den Virusvarianten leben und sich klar sein, dass es nicht ausgeschlossen ist, dass Deutschland einen Fehler machen könnte, so Söder.

Ich bin die Maske nunmehr gewöhnt. Es ist nicht mehr allzu schlimm, das Ding aufzuhaben. Egal wie es weitergeht, wir müssen eine neue Zukunft leben. Es kann in Zukunft, wie im Jetzt weitere schwierige Situationen geben.

Aber ich denke, **wir packen das**! Das Wir gewinnt. In Lautern herrscht ein sehr guter Inzidenzwert ... Bitte bleibt konstant und freut euch, dass wir in einem sehr komfortablem Zustand, in einem sehr guten Gesundheitssystem leben ...

Es geht aufwärts zum Frühling ... Und da gibt's bestimmt bald für die Wirte eine Lockerung ...

Gut Nacht &

lieben Gruß

Gedicht des Tages

Hier, für die, die nicht mehr über Umweltbelastungen nachdenken. Ich sah gerade den Artikel von Herrn Kohls über den Klimawandel im Garten, da fiel mir dieses ein ... Interpretation siehe unten ...

schmutzUmwelt = Umweltschmutz

gegoren im erdkern der schmutz

radioaktiver müll methan

hölle, der vorhof,

das pandämonium.

erdreich ertrinkt in saurem regen

kohle nimmt sauerstoff zu schaden

bleiben dioden

elektrolytischer unrat.

woher kommt energie?

ja, wenn nicht durch den gasplaneten

die sonne

217

lasst die spiegel die wärme zurückstrahlen

wir erleiden die hitze, den tod

der kohlendioxid stickstoff und monoxidatmosphäre

doch das wird dauern.

bis dahin liegt es an mir und uns nichts zu tun

die generation A wird unvorbereitet

für die generation C sein

denn die generation X hat vergessen

die natur zu schützen –

Gute Nacht

Interpretation

Also, das Gedicht bezieht sich auf das Weltende. Nicht
wirklich die Apokalypse. Doch wie soll diese Zeit enden? Man
vermutet, dass die Erde aufhört, sich zu drehen ... Das wissen
ja viele. Dass die Erde auf der einen Seite erkaltet bzw. zu
einem riesigen Angriffspunkt für die Sonne wird. Wenn es so
weit kommt, wird die Erde zur Wüste. Es wird nicht genug
Wald und Pflanzen geben, die dieser Hitze gewachsen sind.
Deswegen werden evtl. der Sauerstoff und die Photosynthese,
die diesen ja fördern, nicht mehr stattfinden bzw. Mangel

ausbrechen. Man erlebt das Ersticken des Planeten. Ich schreibe vom Erdkern, da man ja zum Beispiel in Schweden den Atommüll in den Erdkern zu bringen versucht. Jedenfalls war das so. Methan ist Erdgas. Welches evtl. den Müll angreifen könnte.

Das Gedicht soll nicht ängstigen! Aber ich versuche hier den Menschen zu sagen, dass die Generation A, das sind wir, erst nicht für später dachte. Es gibt immer noch genug, die das machen. Jedenfalls haben wir, die meisten, das lange getan. Umweltschutz ist das Wichtigste, das es für die Zukunft gibt. Den Ausstoß von Treibhausgasen verhindern, den Nutzen wiedererneuerbarer Energiequellen. Verminderung von Nutzen fossiler Brennstoffe.

Ich bin kein Chemiker oder Biologe. Den erhobenen Zeigefinger mag ich nicht.

Liebe Grüße,

Uwe Kraus

FCK – SV Meppen

Die ersten Minuten gab man sich Mühe, gab dann aber das Heft aus der Hand. Meiner Meinung nach muss man mal dreckig spielen … Mal nicht zu schön, dafür erfolgreich. Ein Spiel, bei dem man nicht gut spielt, aber trotzdem gewinnt. Meppen machte ein sehr gutes Auswärtsspiel. Der FCK reagierte nur. Das Spiel ähnelte dem Hinspiel. Letztes Jahr war ich da beim 3 : 3 mit meinem Bruder Josie das letzte Mal auf dem Betze. Damals war es das letzte Spiel vor einer größeren Kulisse. Dort führte man 3 : 1 und spielt dann noch Unentschieden.

Heute, beim Aufeinandertreffen der beiden Teams, ein ähnliches Bild. Nur das nach vorne nicht viel klappte. Man kann dankbar sein, für diesen Punkt. Eigentlich war er nicht verdient. Man muss nicht nur kraftvoll spielen und sich totrennen, aber etwas attraktiver wäre gut.

Gegen Ingolstadt spielte man wunderbar und verlor. Heute ist es ein Gewinn, diesen Punkt zu holen. Der erste negative Auftritt unter Antwerpen. Es ist, denke ich, um dreckig zu spielen auch eine Zuschauerkulisse nötig. Gegen Ingolstadt spielte man extrem kraftraubend, genauso wie gegen Waldhof. Ein Verlust ist dieser Punkt nicht. Denn man hätte ihn nicht verdient.

Herzlichst,

Uwe Kraus

Sehr verehrtes Publikum, verehrte Zuschauer,

hiermit möchte ich gegen Gewalt im Fernsehen bzw. verängstigende, verstörende Filme protestieren!
Ich muss sagen, dass ich meinen Vater im blutigen Gras fand, nach dessen Selbstmord, und mir schwor, keine blutrünstigen, gewaltverherrlichenden und verängstigenden Filme, so auch z. B. Tatort oder dergleichen zu sehen! Der letzten Polizeiruf, den ich sah, aus Rostock, behandelte das Thema Kinderschänder und Vergewaltiger, wobei die Ermittlerin in diesem Film vergewaltigt wurde!
Erstens: Wer schreibt die Drehbücher für einen so brutalen Film, den sogar Kinder im Kinderzimmer ansehen können. Auch der Tatort aus Kiel, mit dem Stalker, der die Zahnbürste seiner Opfer benutzte, war zum Haareraufen. Sicher, der Medienerfolg besteht darin, je blöder und brutaler, desto höher

die Einschaltquote ... es gibt sogar im Privatfernsehen weniger brutale, dafür nicht unbedingt geistreichere Filme. RTL macht Showfernsehen, wobei alle 10 Minuten eine zehnminütige Werbeunterbrechung folgt. Warum wird man ständig verblödet. Ich habe mir angewöhnt, nur noch die Nachrichten bzw. wirkliche Filme mit Tiefgang oder geschichtlichem Inhalt, dazu Dokumentationen oder Politisches anzusehen. Genauso die Frage, wie seicht kann Fernsehen sein ... man könnte auch mal eine Sendepause machen! Im Prinzip ist mein Hauptinteresse der Berichterstattung im Rundfunk angesiedelt ... man kann ja brutale Dinge zeigen, muss aber überlegen, ob man nicht ein käufliches Programm dafür erstellt. Der Endverbraucher muss wissen, wie alt und wie gefestigt er ist. Warum gibt es so viel Gewalt? Immer mehr Waffennarren, nicht allein in Amerika, inzwischen bei uns, machen durch Fernsehen und Kino mit Sicherheit Straftaten ... auch bei der Pornographie sollte es Sperren geben – es gibt jetzt fast jeden Scheiß im Internet zum Runterladen. Warum?
Ich habe Angst vor einer Gesellschaft, die sich gegenseitig im Handeln, wie auch im Gezeigten hochschaukelt – warum zeigt man nicht gleich eine öffentliche Hinrichtung oder Vergewaltigung? Im Mittelalter wurden schließlich „Hexen" verbrannt, die bei Hinrichtungen viele Gaffer und notgeile Menschen anzogen ... Die Gewalt wird immer schlimmer – geht es nicht ohne sie?

Ich habe keine Lust auf Gewalt!

Herzlichst, Uwe Kraus

Ingolstadt – FCK 1 : 0

Leider verloren. Wie ungerecht ...

Es war eine Superleistung, die der FCK innerhalb der ersten
Halbzeit zeigte. Man spielte wunderbar, holte eine Menge
Ecken heraus und stand in der Abwehr richtig gut. Man spielte
gegen einen Aufstiegskandidaten auf Sieg. Eine ganz tolle
Möglichkeit gab es für Ritter, die leider ungenutzt blieb.
Die Mannschaft hat den Geist des Kampfes, der auf dem
Betze zählt, zurück. Caiuby machte bei Ingolstadt ein gutes
Spiel. Er war immer im Weg.
Nach der Pause hatte die tiefstehende Sonne das Spiel zu
unseren Ungunsten verändert. Man spielte nicht mehr so
kämpferisch. Und verlagerte das Spiel etwas weniger. Aber
trotzdem kämpfte man und gab sich Mühe. Gerne hätte ich
Hanslik von Anfang an gesehen ...
Es wurde etwas ausgeglichener, und auch die Schanzer
bekamen mehr vom Spiel. Butler machte in der 85. Minute das
Tor für die Ingolstädter, aber der Kampf, nicht zu verlieren,
blieb bis zur letzten Sekunde erhalten. Man spielte eher wie
ein Aufsteiger!
Bitte, liebe Schwarzmaler, wir machten ein sehr gutes Spiel ...
Wenn man so weitermacht, kommt man aus dem Keller! Ich
sehe für das Ende der Saison einen einstelligen Tabellenplatz.

Bitte nicht meckern,

Uwe Kraus

Gedicht der Woche:

Liebe Leser,

ich schreibe seit 21 Jahren und mein Ziel war von Anfang an Suhrkamp. Da lernte ich im Jahre 2000 meine Mentorin Frau Landes kennen. Mit ihr kann ich telefonieren. Sie ist wie ein guter Geist. Ich wollte immer ihrem Anspruch genügen. Sie sagte immer: „Das ist ja ganz gut" ... Aber was sie ein paar Mal sagte, war: „Wenn Sie zu Suhrkamp möchten, müssen sie so gut sein wie Goethe." Daraufhin schrieb ich eines Tages dieses Gedicht. Danach sagte sie das mit Goethe nie mehr! Suhrkamp war einst der stärkste Verlag in Europa. Er druckt Hesse, Max Frisch, Bertolt Brecht, Samuel Beckett ... Jedes gute Buch, das ich in der Schule las, war von Suhrkamp. Ich bin stolz, dass ich dahin schreiben kann und so nette Hilfe bekomme. Deswegen widmete ich das Gedicht Frau Landes. In ihm sind sehr viele Dichter in Metaphern und Assoziationsketten versteckt. Zum Beispiel weiß man auch, das Triumvirat der europäischen Dichtung bilden Cervantes, Shakespeare und Goethe ... Und die nahm ich dichterisch auf die Schippe ...
Ich stelle dieses Gedicht nicht ein um anzugeben, nein, ich will jungen Dichtern zeigen, wie hart es ist, einem guten Verlag zu genügen. Ich werde vielleicht nie in einen großen Verlag kommen. Es gibt sehr gute Kollegen und für Lyrik gibt es nur Nischenverlage, Kleinverlage. Suhrkamp macht in einem Jahr vielleicht 4 Gedichtbände! Es gibt 100.000, die in Deutschland schreiben. Wer einen Verlag sucht, muss erst mal Zeitschriften und Anthologien erreichen. Danach einen kleinen Verlag ... Wer wirklich seine Texte reifen lässt, gewinnt. Also erst überdenken, überarbeiten und dann einsenden!

Viel Spaß.

Tunnel for exhibitions (wegen meiner Lektorin Frau Landes)
1.
Der Tunnel, das Tal war dunkel – erstickend stieg der saure

Geschmack der Tränen in mir hoch wie Kotze; doch ich hielt
mich an die Vorgabe meines Mentors – ewiglich verbürgt sich
das Licht im Schacht ... dort ist kalt und klamm UNHEIMLICH::
ANHEIMELND:: auch befremdlich – wenn ich nur so wie
Goethe verdichte, kann ich dann Gedichte?
2.
Klar der Sturm; das Gewitter; ein Götterfunken von oben –
Goethe zitiert Spinoza und zeitgleich tauchen Wesen aus
seinem 20000 Wörter gewaltigem Gesamtwerk ... das
Triumvirat der Dichtung Europas gerät ins Wanken. –
Ich lenke euch in eure Schranken..
3.
Märtyrer aus Liebe? Warum sollte man Psychopath werden,
wenn die Verinnerlichung des Gedankens nur einzig einer
blauen Blume entspricht ...
Wer liest schon Goethe, wenn er Novalis lesen kann?
Meine Aphorismen brechen aus mir hervor wie krachendes
Eis, das dunkel veratmet ...
4.
Wenn ich zitiere, dann nur der Unendlichkeit versprechend,
wie Wesen hervorbrechend und stille atmend, der
gebrochenen Münder klang ...
Opiate in dicken Zigarren schwelgend der Schwester gleich ...
ewiger Mut
Glocken tönen der Wörter Masken – wie Epitaphe von
ehedem!
Wenn Celan vom Wolkenwagen schreibt, auch der Muse
bereit, so folgt das wallende Haar der Raucherin ...
5.
Um auf Goethe zurückzukommen ... habe sein nichts oder in
Fromm wiederentdeckt, das goldene Gesträuch seiner
Sparsamkeit ... aber auch Schnitt der Qualle, sticht das Kraut,
ist besser als an Risiken und Nebenwirkungen zu denken, da
Goethe nur Richter war, Freimauer; Jurist; Prokurist;
Philosoph ... was hat der eigentlich nicht vers. Standen?
Seine Frauen? Oder der Begehr einer neuen Schule, die in
Ewigkeit alles vergibt, wie wenn man wandelt im dunklen
Gras; der Hände mürbe und vergessen ist das Grab hinter
dem Autobahntunnel ...

Mein Romanbeginn einer Verserzählung, fiktiv!

Die stille Flut:

einst waren die menschen herrscher ihrer schänder und
herrscher ihrer länder, bis eines tags der geist ein flecken blut
der erde schuf
in diesem blut verunreinigte sich abraham und es wurden
keine schafe mehr geschoren.
eines tages kamen die bildermacher und schufen ein antlitz so
glücklich. es war ein gnom, der zur erde kam. ein covidiot, wie
man ihn schandlos nannte,
er bekam das blut in sich und die flederhexen und rentiere
zogen hinfort.
nur blieb der covid-gnom vergiftet und steckte versteckt die
menschen an, um sie zu löschen den durst der bleichenen
quelle.
ich sah einst die menschen durch ihn malträtieren verführen.
sie sollten alle covidianer sein.
er gründete den stamm der covidianer, die geimpft sein
müssten, um zu leben das ewige leben.
nur ich verstand: die, die sich nicht impften, waren abtrünnige,
wie im chor der religionen ...
die aber, die sich impften, starben schon zahm und handlahm,
und es blieb nur der eine, der nicht geimpft war und nicht zum
jordan ging ...
es war der könig, dessen speise die freiheit war. er war frei
von maschinen, frei von programmen. nur ein einziger ... der
überlebte ...
er hatte sich stille geimpft und dann das gegenmittel
genommen ...
so erzählten sie, die steine, und er wurde alt und stärker, der
highlander ...

ENDE

Buchtipp für „Ein Herz für Kinder"

Liebe Leser,

2019 machte ich zusammen mit 40 Künstlern ein Buch, bei dem der ganze Gewinn des Projektes dem Verein „Ein Herz für Kinder" zu Gute kommt. Wir machten dazu auch im WebEnd eine Lesung, die sehr gut besucht war. Das Buch ist bei Books on Demand erschienen und kostet als Printbuch 9,90 € und als E-Book 7,49 €. Bei einem Buch gibt es immer eine Gewinnspanne. Und diese beträgt bei diesem Werk 2,50 €. Diese 2,50 € spende ich „Ein Herz für Kinder". Im Januar 2020 hatte ich dann die ersten 270 € zusammen. Seitdem ich damals diese ersten 100 Bücher verkaufte, habe ich nicht mehr viel verkauft, und deswegen will ich nochmals an dieses Werk erinnern. Die 40 Autoren stammen aus dem deutschsprachigen Europa und haben zusätzlich Fotos und Bilder beigesteuert. Es ist mehr als nur ein Kinderbuch. Es ist für alle Altersklassen ...

Hier ein Auszug:

Die Geschichte vom kleinen Kater Heinz:

Also, das, was ich jetzt erzähle, ist zum Teil wahr, denn den Heinz gibt's wirklich und ich will nun mal von ihm und seinen Abenteuern berichten!
Es war ungefähr vor einem dreiviertel Jahr, als eine Familie mit Namen Maus den kleinen schwarzen Kater Heinz von einem Bauernhof holte, um endlich wieder ein Haustier zu haben, doch so wie die Mauses sich das vorstellten, dass der Kater bei ihnen bleiben würde, erwies es sich als falsche Vorstellung.
Der kleine Kater wollte nämlich nicht nur bei den Mauses bleiben, er wollte viel spielen und vor allen Dingen die Welt erkunden. Ein paar Wochen vergingen und alles schien in der Familie in Ordnung, bis eines Tages der kleine Heinz nicht mehr nach Hause kam und alle sich große Sorgen um ihn

machten. Bis dahin stimmt die Geschichte, doch was dann passierte, weiß niemand so genau und deswegen hab ich mir diese Geschichte für euch ausgedacht!

Ich glaube, dass das nämlich so war:

Auf dem Bauernhof hatte der Heinz ja ganz viele kleine Brüder und Schwestern, die er scheinbar ziemlich vermisste und deswegen machte er sich wohl auf den Weg, um zu seinen kleinen Freunden zurückzukommen. Er lief bestimmt durch den Wald und so wie ich den Heinz kenne, der ja eine Menge Unsinn im Kopf hat, hat er sich bestimmt auf die Suche nach einem kleinen Weggefährten gemacht.
Im Wald gibt's ja viele Tiere und da der Heinz ein ganz Lieber ist, hat er mit Sicherheit einen kleinen Freund gefunden.
Also, der Heinz läuft durch den Wald und mit einem Male begegnet ihm ein kleines Erdhörnchen, mit dem er Freundschaft schließt und den ganzen Tag spielt, bis auf einmal der Heinz Hunger gekriegt haben muss und die beiden Freunde Heinz und Rosi, das Erdhörnchen, sich auf den Weg machten, um was Essbares zu finden. Auf ihrem Weg entdeckt der Heinz eine kleine Maus, die er so süß findet, dass er auch mit ihr Freundschaft schließen muss, ohne der Maus ein Haar zu krümmen. Als sie so auf Nahrungssuche sind, entdecken die drei ein Bienennest, und da Heinz und seine zwei Freunde Rosi und Paul alle drei ganz große Schleckermäuler sind, wollen sie von dem Honig der Bienen fressen und müssen schließlich flüchten, da die Bienen nicht grade freundlich auf Naschkatzen gestimmt sind. Bei ihrer Flucht vor den Bienen kommen die drei Freunde von ihrem Weg ab und verlaufen sich. Noch dazu kommt ihnen der Fuchs Füchsli in die Quere, der auch gerade auf Nahrungssuche ist, und da der so gierig ist, müssen die drei sich vor ihm in einem kleinen Erdloch verstecken, weil Erdhörnchen wie Rosi eine beliebte Leckerei auf der Fuchsspeisekarte sind. Paul, Rosi und Heinz müssen, um nicht entdeckt zu werden, bis zum Abend in ihrem Versteck bleiben, bis Füchsli nicht mehr zu sehen ist. Nach der langen Wartezeit beschließen die drei ein kleines Nickerchen bis zum

Morgengrauen zu machen, da es jetzt sowieso unmöglich ist, den richtigen Weg zum Bauernhof zu finden. Am nächsten Morgen haben die drei Freunde schon ihr Missgeschick vergessen, dass sie sich ganz und gar verlaufen haben, erst als Heinz die anderen fragt, ob sie nun aufbrechen können, erinnern sich Rosi und Pauli, dass sie eigentlich gar nicht wissen, wo sie sind.

Die drei sind ratlos. Wie sollen Paul, Rosi und Heinz bloß wieder den Weg finden, fragen sie sich und Heinz ist ganz traurig, da er ja zu seinen Brüdern und Schwestern will. Da der Heinz traurig ist, werden seine beiden Spielkameraden auch ganz traurig, bis Pauli, die schlaue Maus, eine Idee hat: „Warum fragen wir nicht einen Vogel nach dem Weg zu deinem Bauernhof, der weiß bestimmt den Weg", sagt er zu Heinz.

Heinz ist begeistert: „Das ist die Lösung", jubelt er und fängt vor Freude zu schnurren an.

Die drei rufen also einen Vogel, den Hansi, herbei und der zeigt ihnen schließlich den Weg zum Bauernhof, indem er ihnen den Weg vorfliegt. Die drei folgen dem Vogel, bis sie endlich an der Scheune des Bauernhofes sind, in der die ganzen schwarzen kleinen Verwandten von Heinzi leben, und als sie den Heinz erkennen und merken, dass er wieder bei ihnen ist und für immer mit ihnen spielt, feiern alle Kater und Kätzchen des Bauernhofes zusammen mit Paul und Rosi ein ganz großes Katzenfest.

Ende

Viel Spaß bei der eventuellen Lektüre des Buches,

euer Uwe Kraus

Meinung zum Spiel

Schade drum

Der FCK legt nicht nach, machte aber nach dem starken Auftritt gegen Waldhof ein gutes Spiel. Jeder Lautrer wünschte sich den Beginn einer Serie und es schien, als würde der Trainerwechsel und auch der bevorstehende Wechsel im Sportmanagement mit Hengen weiter beflügeln.

Es war auf jeden Fall so, gegen den letztjährigen Meister Bayern München Amateure, dass der FCK kaum Chancen zuließ und stark nach vorne spielte. Man setzte schnell das Mittelfeld um, es gelangen schöne Pässe und es wurde zügig und ernsthaft abgeschlossen.

Nach der Gelb-Roten Karte gegen die Bayern Amateure ließ dann der Druck der Pfälzer nach und die Bayern gingen durch Oberlin in Front, was Hanslik egalisierte. Kurz nach dem Tor fiel dann gleich ein zweites durch Redondo für den FCK, welches zu Unrecht wegen angeblicher Abseitsstellung abgepfiffen wurde.

Leider blieb es ungerechterweise beim 1 : 1, bei dem die Bayern ihre einzige Chance nutzten.
Ritter gefiel mir nach seiner Einwechslung sehr gut. Ich hoffe, es kommt kein Flashback und man verfällt in einen Remismodus 2 ... Aber ich möchte das ausschließen. Das Spielverhalten und die Körpersprache der Spieler ist eine ganz andere ...

Herzlichst,

Uwe Kraus

Auf einem Konzert von DOTA

Im Januar 2020, vor Corona, freitags, war ich auf einem Konzert der „Kleingeldprinzessin" bzw. von DOTA in Mannheim. Die Band um die Liedermacherin Dorothea Kehr macht sehr gute deutsche Musik, z. T. mit klassischen, auch mit Technorhythmen, vor allem aber mit handgemachtem Sound ... und interpretiert sogar Mascha Kaleko, eine sehr gute, 1975 verstorbene Texterin, eine Dichterin, die sehr dichte Geflechte schrieb. DOTA war auf Tour und zwar mit großer Besetzung. Das heißt, im Normalfall besteht die Band manchmal nur aus der Gitarristin Kehr, aber auch zu viert tritt sie in Erscheinung. Bei dieser Tour waren sie zu sechst. Kehr ist eigentlich Ärztin und hat einen brasilianischen Einschlag in ihrer Musik, wohl, da sie vor Jahren ein Stipendium in Brasilien hatte. Mein liebstes Stück stammt von der Platte „Schall und Schatten" ... Es geht um eine kranke Person, die, an ein Klinikbett gefesselt, Luftschlösser in Ruinen fallen lässt. Das Ganze klingt etwas nach Psychiatrie. Ich vermute sogar, Frau Kehr ist Psychiaterin. In ihrer Stimme klingen irgendwie zwei Tonlagen auf einmal ... Und der Raum dazwischen ist wie Rauch, nicht rau, aber es klingt, als würde sie mit sich selbst im Duett singen. Ihre Musik ist für mich als Dichter äußerst inspirierend. Sie hat sehr ernste Seiten, aber dazu witzige Texte zu bieten. Stark empfehlenswerte Musik. Ich habe ein Gedicht in ihrem Sprachraum geschrieben und es war so, als würde ich den Text von ihr gesungen hören. In ihm sieht man die Facetten, die in mir durch das Hören der Musik entstanden sind ...

Lied 2 – traumautomat

nachttischlampe an, aus
radau auf den straßen
ich gehe hinaus ...
brenne den teer in meine lungen
und fort bleiben die lieder doch ungesungen.

nirgends wird es morgen
das kleingeld für den traumautomat ist verloren –
nur einmal mit ziel
finde ich meinen gang im spiel
wo warten die menschen
auf licht, wenn es durch gänge der synapsen bricht.
ich überfülle das glas
verfalle den tagen die ich las –
ja ich lese die seiten
wie die saiten in mir
die harfe erklingt und wir sind nun 4
dort wo der ziegel fällt vom dach
ein herzkönig im weißspielenden schach –
wann stillt man die sehnsucht
niemals durch trunksucht –
ja nur trunken der ganglien spalt –
gefroren denn es ist kalt
es sind worte ineinander gelebt –
ich gehe zurück, denn es ist schon spät.
falle zurück und schalte den schalter der lampe aus –
nirgends und nirgends war ich zu haus ...

Uwe Kraus, den 29.01.2020

SV Waldhof – FCK 0 : 2

Irgendwie wusste ich, dass in der Mannschaft irgendwo Klasse
und Anspruch ist. Dass jetzt mit einem neuen Trainer ein Weg
nach oben möglich ist. Bei Saibene war keine Ordnung, kein
klarer Ton und keine Spielbegeisterung da.
Am Samstag hat man wirklich gekämpft und aus den ersten
zwei Chancen 2 Tore gemacht. Eiskalt.
Man lief und lief. Es herrschte Struktur in der Abwehr.
Man lief nicht in die falsche Richtung, so könnte man sagen.
Bei Schommers war gar keine Abwehr auf dem Platz, bei
Saibene war die Ordnung in der Abwehr etwas präsent, dort
hing es am Toreschießen.

Heute waren die Abschlüsse da. Die Laufbereitschaft, die Mitelfeldpositionen wurden bespielt, nicht wie z. B. gegen Dresden, als man überhaupt nicht ins Mittelfeld fand, im ersten Saisonspiel.

Ich hätte mir schon früher einen Trainerwechsel gewünscht und glaube, jetzt startet der FCK in die Saison.
Neue Trainerbesen kehren gut.
Es war so schön, endlich wieder Fußball zu sehen, nicht das Gehoppele.
Irgendwo habe ich Respekt vor Antwerpen. Er hat die Mannschaft erreicht.

Hoffen wir, dass es weiter so geht! Und hoffentlich können wir das mal im Stadion wieder miterleben ...
Es war sehenswert ...

Karl Krolow – Meine Gedichte

Es ist schwer, Karl Krolows Verse auf den Punkt des Reimschematas zu lesen.
Um genau zu sein: Er schreibt sehr komplexe Gedanken, die er fast verwirrend einsetzt.
Nach der Lektüre des Buches „Meine Gedichte", frage ich mich, wie lange Krolow von einer Strophe zur anderen dachte? Es kann sein, dass er seine Schreibmaschine für Tage ruhen ließ, bis er weiterschrieb. Wahnsinn, was er von Zeile zu Zeile sagte.
Zum Beispiel hier, bei dem „Lied um sein Vaterland zu vergessen", die vierte Strophe:

In Spuk und Schwärze – Schattenland
Der Banden, schwer von Mord –
Vernehm ich DEUTSCHLAND. Unverwandt
Raunt's alte herbe Wort
Das tote Wort, das sich entringt

Der Kehle, fieberkrank.
Mit süßen Jenseitsstimmen dringt
Es ein in den Gesang.

Also, hier sieht man den Kreuzreim, quasi 1 und 3 und 2 und 4, die sich reimen. Aber man kann es schwer rhythmisch lesen, da es störend ist, die riesigen Gedankenwelten zu resorbieren. Auch ein hartes Brechen von Schattenland zu Mord stört das rhythmische Lesen. Krolow machte sich hier massiv um Vertreibung und Mord, Holocaust und Nationalsozialismus Gedanken. Seine Verse sprechen von Trauer und Nie-Vergessen. Es sind freilich pointierte Spitzen dabei, auch Witziges, z. B. sein Gedicht über die Müllabfuhr. Krolow wählte selbst zu seinem 75. Geburtstag 1990 diese Sammlung aus, die bei Suhrkamp erschien. Krolow starb 1999 in Darmstadt. Was ihn besonders macht: Er war in der NS-Zeit bei der Hitlerjugend und war kein Jude, spricht aber auch deren Leid aus. Er veröffentlichte sogar in NS-Propagandazeitungen und wurde 1942 freier Schriftsteller. Dass er nach dem Faschismus weiter Fuß fasste, ist bewundernswert. Er erhielt sehr viele Anerkennungen und Preise und war einer wichtigsten Nachkriegslyriker.

Wer sein Buch „Meine Gedichte" lesen will: Es ist bei Suhrkamp erschienen und kostet 14 €.

Buchrezension „Über Haschisch" – Walter Benjamin

Es gibt viele Bücher über den Gebrauch von Drogen, auch mein eignes „Brainspotting". Aber eine philosophische Abhandlung, mehr als nur den Rausch und die Wirkung, hat der Philosoph der Frankfurter Schule Walter Benjamin geschrieben.

Das Buch ist wie eine Rezension über Erlebtes. Tagebuchförmig oder in Beschreibung während des Rausches wird dargestellt wie sich Benjamin fühlt, wie er mit seinem Rausch umgeht.

Er erwartet zum Beispiel ein Telegramm und verliert sich in seinen Gedanken. Läuft auch an Schiffen vorbei und lässt die Wirkung, die diese Wahrnehmung ihm gibt, genau und stilsicher in seinen kurzen Essays aufleben.

Er schreibt vom Haschischessen.

Ich habe seit Jahrzehnten nicht mehr gekifft und das tut mir gut. Ich habe 2003 mit Drogen komplett abgeschlossen und fühle mich freier. Früher merkte ich immer, wie falsch sich manche verhalten und wie gefährlich das Kiffen sein kann.

Ich nahm sehr viele Drogen und kam in die Psychiatrie. Den Alkohol meide ich ebenfalls, fühle mich aber mit den Erinnerungen von Walter Benjamin verbunden.

Benjamin zeigt die schöne Seite des Kiffens. Die Gemütlichkeit, das Lachen, das Genießen.

Ich empfehle das Buch, bin allerdings im Allgemeinen gegen Drogen und wünsche mir stark, dass die Menschen nicht in ihrer Erfahrung scheitern.

Kiffen kann gefährlich sein, das habe ich selbst zu spüren bekommen.

Am Anfang lacht man, aber irgendwann führt stetiger Gebrauch zu Lethargie und Langweile. Es kann sogar eine psychische Abhängigkeit entstehen oder Schizophrenie!

Du musst Dein Selbstbewusstsein ohne Drogen finden, sagte mal jemand zu mir. Und ein Genuss von Drogen hat immer etwas mit dem Selbstbewusstsein zu tun. Ist es schwach, ist man empfänglich für mehr und mehr Drogen, da man sich selbst ohne Drogen nicht wohlfühlt.

So ist das auch mit dem Alkohol. Der gemeine Mensch ist schwach und muss sich brüsten. Auf jeden Fall ist Sucht ein Resultat.

Walter Benjamin beschreibt dies nicht, da er eine positive Seite erlebte. Kiffen ist nicht gut, das ist meine Meinung. Einen Rausch kann man gut durch Sport erleben. Durch einen Kuss.

Wirkliche Dinge sind wichtiger als Kopfkino, das Langeweile erzeugt oder Paranoia.

Meine Erfahrung zeigte: Ein klarer Kopf ist das Wichtigste, was es gibt.

Das Buch Walter Benjamins „Über Haschisch" ist im Suhrkamp Verlag als Taschenbuch No. 21 erhältlich..

Herzlichst, Uwe Kraus

Heute vor 72 Jahren wurde das Grundgesetz erlassen. Deswegen hier meine Nationalhymnenidee aufgrund des Mißbrauchs der alten Nationalhymne. Sie ist eine Verschmelzung der west- und ostdeutschen Hymne. Ramelow forderte vor Jahren eine neue, da die alte zum Teil ja Inhalte im kompletten Lied hat, die faschistisch mißbraucht werden können. Mich ärgert, dass die AfD immer das ganze Lied singt ... Jetzt wünsche ich frohe Pfingsten und hoffe, dass das Grundgesetz und die Freiheit nicht durch die Corona-Auflagen in eine falsche Ecke gedrängt werden.

Heimatlied des deutschen Volkes

Auferstanden aus Ruinen
Und mit Glückes Unterpfand
Danach lasst uns alle streben
Reichet uns dem Sonnenband
Bruder, Schwester
Hand zur Hand
Glück und Friede sei beschieden
Soll nie mehr Schmerz und Träne sein
Hier im Herzen Vaterland
Wollen wir den Frieden ehren
Freiheit nimmermehr verwehren
Glück um Glück
Zum Großen bringen
Einig einig Heimatland
Soll's in den Tälern klingen.

Uwe Kraus, 22.05.2019

Religionen und der Glaube unter einem Dach (Bitte zu Ende lesen!)

Mein Vater sagte immer, die einen, er meinte die Palästinenser, schmeißen einen Feuerwerkskörper, und die Israelis, also die Juden, setzen Kampfjets und neueste Kriegstechnologie ein.
Gestern sah man in den Nachrichten: Die Palästinenser wehren sich mit Molotowcocktails und Israel lässt die Panzer auffahren.
Hier in Deutschland gehen jetzt Moslems auf die Straße und verbrennen den Judenstern. Eigentlich sind die Palästinenser zum Teil Christen und ich glaube, der fast abgesägte Netanjahu will im Amt bleiben.
Jetzt meine Frage: Ein Land wie das ehemals antisemitische Nazideutschland beherbergt friedlich alle Religionen, genau wie jedes andere europäische Land.
Warum werden hier in Deutschland wieder Judensterne verbrannt, und der gemeine Bürger wird wieder in die Nazi-Ecke gedrückt, obwohl das nichts mit Deutschlands Vergangenheit zu tun hat.
Nach dem Krieg hieß es in dem jetzigen Israel: israelischer Bürger in Palästina.
Es hieß zu biblischen Zeiten immer Palästina. Und Jahre später gibt es Krieg durch die Religionen, wobei die Juden sich absolut falsch verhalten.
Wie gesagt: In jedem europäischen Land können die Menschen nach ihrer Fasson selig werden, nur nicht in Israel.
Ich bin kein Antisemit oder Faschist, doch ich fordere augenblicklichen Waffenstillstand.
Auch will ich, dass sich Moslems und Juden verstehen!

Es muss akzeptiert werden, dass jeder das glauben darf, was er will, ohne Krieg! Meiner Meinung nach muss Netanjahu weg. Und diese Unruhe hat er ausgelöst.

Eine Bevölkerungsschicht wegen einer Religion zu bekriegen klingt eher nationalsozialistisch!
Netanjahu sollte schon dreimal gehen!

Lebt friedlich. Denn die Religionen, seien es Christen, Juden
oder Moslems, glauben an etwas Gutes.
Ein Freund sagte mal zu mir: Die Gottesbeweise sagen aus,
dass nur eine gute Kraft existiert, da sich alle an eine Hoffnung
klammern. Das heißt: Jeder glaubt, dass irgendwo etwas
Gutes ist. Ob das Jesu, Jehova, Mohammed oder Buddha ist,
ist nie belegt worden ...

Bitte akzeptiert einander, sonst existiert die Gewalt.

PS: In der Bibel wird in der Offenbarung von der Apokalypse
geschrieben, die auf der Welt herrschen solle. Meiner Meinung
findet sie in diesem Land statt. Da ist alles, die 12 Gemeinden,
die 12 Stämme, die 144.000 Soldaten. Es ist ein Kampf, bis
der Drache für 1000 Jahre gebunden wird. Für mich ist es
schade, dass gegenseitig so wenig Akzeptanz existiert. Der
Staat Israel wurde 1948 gegründet. In meiner Bibel heißt es
„Palästina". Ich bin für eine Welt ohne Waffen und Krieg.
Wenn es so wäre, dass man nicht einfach auf den Knopf
drückt, sondern sich selbst mit Faust auf Faust schlägt, dann
wäre eher Frieden.

Herzlichst,

Uwe Kraus

Viktoria Köln – 1. FCK

In den 90ern wurde ich im Fußball viel von meinem Bruder
unterrichtet und bastelte mir selbst Wimpel für
Traditionsvereine, die ich gerne im Pokal gegen den 1. FCK
sehen wollte.
Gern wollte ich zum Wuppertaler SV, da sie mal in der
Bundesliga 5. waren ...
Mich interessierten alle Stadien. Holger wusste wirklich alles!
Er sagte zum Beispiel, dass es nur eine Meisterschaft gab,

HSV – Nürnberg, da wurde gelost, da es damals kein Elfmeterschießen gab. Das war 1922. Der HSV wurde zum Meister gekürt, aber dies ist umstritten. Auch das seltenste Pokalendspiel Schwarz Weiß Essen gegen Borussia Neunkirchen und lauter Statistik brachte er mir bei. Anfangs der 90er gab es für mich ein Lieblingscomputerspiel auf dem Amiga 500: Bundesligamanager! Und da wollte ich immer die Wappen kennenlernen ... Ich spielte mit dem Bonner SC, aber auch mit Viktoria Köln. Damals dachte ich niemals, dass der Betze dort mal spielen würde! Heute zum zweiten Male ein Auswärtsspiel in dem rechtsrheinischen Sportpark Höhenberg. Man weiß nicht, warum das Spiel so verlief, aber der FCK fing gut an. Immerhin konnte man jetzt den Klassenerhalt klarmachen!

Man spielte die ersten Minuten ganz gut, bis zum Treffer von Hanslik, der immer mehr Fahrt aufnimmt! Leider ging sofort wieder die Unsicherheit im Höhenberg um, als der ehemalige Lautrer Thiele zweimal mit sehr viel Gefühl den Ball über Spahic chipte. Man war stark offensiv ausgerichtet und es wurde zunehmend deutlich, dass der FCK heute ängstlich und unorganisiert wirkte. Klefisch machte sogar das zwischenzeitliche 3 : 1.

Es schien beinahe uneinholbar. Ich muss sagen, ich gab die Hoffnung auf und wollte abschalten, als dann der Kampf begann und ein zweiter Treffer von Huth den Anschluss brachte. Es geht wirklich ans Herz, denn das fast nicht mehr geglaubte 3 : 3 fiel wirklich! Heute war Antwerpen cool. Er war eher zurückhaltend.

Nun ist durch das 1 : 0 von Krefeld noch nicht sicher, ob der FCK wirklich gerettet ist. Wenn morgen die Bayern Amateure ihr Spiel schlecht gestalten, dann wäre wirklich der, vor noch 10 Spieltagen sicher geglaubte Abstieg, verhindert.

In einem meiner Artikel schrieb ich, immer bis zum Schlusspfiff laufen! Das tun die Teufel wieder und springen dem Teufel Regionalliga von der Klinge.

Danke fürs Kämpfen, Uwe Kraus

FCK – KFC Krefeld

Die erste Halbzeit war wunderbar ... 3 : 1 stand es nach einem tollen Spiel. Hercher spielte sehr gut. Götze zeigt Klasse. Es ist wieder was los auf dem Berg, auch in Geisteratmosphäre ... Drei Tore in einer Halbzeit, das hat Seltenheitswert. Wenn man bedenkt, was das für ein Spiel in den Anfängen der 80er war. Jetzt leider 3. Liga. Feldkamp war Trainer beider Mannschaften und holte mit dem damaligen FC Bayer 05 Uerdingen den Pokal, stand im Halbfinale des Pokalsiegerwettbewerbs.

Die Grotenburg-Kampfbahn war zu Feldkamps Zeiten ein uneinnehmbares Pflaster ...

Jetzt nunmehr ist dieser Verein so runtergewirtschaftet und es geht ihm ähnlich wie allen Traditionsvereinen, die in der 3. Liga oder der Regionalliga spielen.

Geld regiert die Fußballwelt! Warum gibt es für das Sponsoring keine Grenzen!

Genau jetzt in Coronazeiten sollte es das geben.

Bayern München kam in der Bundesliga auf ehrliche Art zu seinen Erfolgen, aber Hoffenheim und Leipzig?

Jetzt steht in der 2. Liga Heidenheim abermals vorne. Man kann dankbar sein, dass sich Audi bei Ingolstadt zurückhält.

Wann wird der Sport wieder ehrlich?

Ich bin froh, dass es wirklich noch „Fritz-Walter-Stadion" heißt, selbst wenn man unten steht.

Der Sport ist kaputt. Und genau deswegen stehen die, die ehrlich arbeiten, unten!

Was passiert mit dem FCK nächste Saison. Alle guten Kräfte sind ausgeliehen ...

Ich möchte einen ehrlichen Sport und ein 5 : 1 für den FCK heute!

Es ist schrecklich, dass so ein Traditionsduell in der dritten Liga stattfindet und dass man fast ausweglos dahin schippert ...

Gerne würde ich wie früher hören: Macht sie platt, schießt sie aus der Stadt. Heute habe ich einen ernsten Text geschrieben, weil diese Ungerechtigkeit im Sport aufhören muss!

Usain Bolt hat das PUMA-Zeichen in seinen Kontaktlinsen.
Für mich ist das ein Zeichen, dass das aufhören sollte!

Ich freue mich auf spannende letzte Minuten. Der FCK hätte
es verdient, vorne zu stehen und erwacht aus seinem Corona-
Schlaf.

So weit, UK

Trittin und das Dosenpfand

2003 war es, da kam ein Politiker darauf, das Flaschenpfand
für Einwegflaschen und Dosen einzuführen.
Ich frage mich, was bringt es. Saftflaschen kosten keinen
Pfand, Kaffeedosen.
Früher nahm man die Flaschen und steckte sie, wenn man
ordentlich war, in den gelben Sack. Heute muss man
gezwungenermaßen die Flaschen im Supermarkt abgeben,
obwohl sie nicht anders behandelt werden als früher die
Flaschen und der Plastikmüll.
Meiner Meinung nach: Stopp dem Flaschenpfand. Eine
einheitliche Pfandflasche muss her!
Bierflaschen bringen 8 ct Pfand ... Die werden eher im Wald
entsorgt, obwohl sie die einzigen wirklichen Flaschen sind, die
man weiterverwenden kann. Weinflaschen, Sektflaschen
ebenfalls. Wein gibt 3 ct, Sekt nichts an Pfand ...
Und die landen im Glasmüll.
Jetzt mal ehrlich. Warum keine bessere Abfüllung, mit
sinnvollem Material.
Ich selbst habe etliches Leergut im Keller und es nervt mich,
dass man damit erst zum Supermarkt muss und sich die
Hände verklebt.
Flaschensammeln ist ein Zeugnis, dass die, die sowieso eine
Flasche wegschmeißen, dies auch weiterhin tun ...

Ich finde es unnütz, da es weit mehr oder weniger
Umweltbelastung ist, die Flaschen, statt von der Müllabfuhr,
erst zum Supermarkt zu fahren und dann wieder zum Müll zu
bringen.

Das Flaschenpfand macht niemanden reicher, außer die, die
die Flaschen auflesen –
Eine grüne Idee wäre das, zu sparen ...

Herzlichst,

Uwe Kraus

Wer nicht rechnen kann, hat verloren

Meiner Meinung nach ist es so, dass man sich auf nichts mehr
verlassen kann. Unehrlichkeit gibt es überall, sogar von
Vorbildern.
Selbst Chefs von Supermärkten nutzen manchmal den
Kunden aus, der nicht schnell genug rechnen kann.
Vielleicht auch nicht beabsichtigt!
Gestern kaufte ich Sachen im Wert von 17,44 €. Aber
bezahlen musste ich 18,54.
Das ist mir sofort aufgefallen. Eine Flasche Cola kostet 0,99 €
plus 25 ct Pfand.
Das heißt, das Päckchen Zigaretten von 10 € plus ein Sixpack
Cola müssten 17,44 € kosten ...
Wie der Preis zustande kam, weiß ich nicht. Bei Aldi bekommt
man an der Kasse nicht mehr gezeigt, wie viel man
herausbekommt. Da muss man selbst rechnen. Meine
Großmutter, von der erbte ich das, kontrollierte früher
ebenfalls.
Damals, in den 80ern, standen nur die Preise, nicht die Artikel.
Sie kannte das ganze Geschäft vom Preis her.
Ich beschuldige niemanden, aber es heißt immer: „Brauchen
Sie den Kassenbeleg?" ...
Auch wenn man Angebote kauft, z. B. ein Tüte Chips für 0,99
€, sollte man wirklich aufpassen, ob man den richtigen Preis
bezahlt!
Angefangen zu kontrollieren habe ich vor drei Jahren, als ich

an der Tankstelle einfach 0,38 € zu wenig bekam.
Selbst habe ich in einem Getränkemarkt geholfen und hatte
bei der ersten Kassenprüfung 1,40 € falsch. Dabei hatte ich
noch 0,80 € Trinkgeld.
Ich wurde geschult, dass die Kasse stimmt.
Anderen Märkten ist dies anscheinend egal. Manche
Bäckereien geben einfach 1 € zu wenig.

Ich bin kein Pfennigfuchser. Aber ich bin ehrlich und habe nie
jemanden in irgendeiner Weise betrogen. Zufälle gibt es. Aber
man sollte trotzdem aufpassen ...

Deshalb will ich, dass die Leute ehrlich sind.
Ich hätte nie gedacht, wie gierig manche sind.

Bei Geld hört die Freundschaft normalerweise auf.

Also mitdenken ...

Was das Ganze verbessern könnte, wären glatte Preise! Von
mir aus könnte man das „Kupper" beerdigen ...

**Dieses Gedicht erinnert etwas an „Karl der Käfer" von
„Gänsehaut" ... In ihm flammt das Ölembargo auf, die
Erinnerungen an die 70er und 80er Jahre, die grüne
Bewegung. Der blaue Planet. Das Umweltbewusstsein.
Mein Bruder hörte gerne „Der blaue Planet" von Karat ...
Es muss eine gute Zeit gewesen sein. Ich versuche hier,
mich zurückzubeamen ... Gerne nehme ich euch mit, auf
meine Zeitreise ...**

Im Mai

Fröhlich summte die hummel in ihrem brummen ein kläglicher
gesang der dohle –
Ja gier in der natur
Fantastik fanatik ... nur der abraum der baustelle,
Der die natur stören könnte – karl der käfer wurde nicht

243

gefragt -
Tierlärm rastplätze an autobahnen, karl wohin?
Der drahtesel wäre besser gewesen –
Ich wollte mich setzen auf moos
Farniger grund
Dann sah ich den kleiber
Weg mit der baustelle
Autobahn
Müll- windräder in entlegener stille –

Wieder die große baustelle.
Zaunaufschrift: Kinder haften für ihre eltern, startbahn west
der blaue planet von karat im kassettenradio
Entlegen das ölembargo –
Nur wir kinder spielen frisbee ohne auf den schotterweg am
bach zu achten
Immens der hall des steinbruchs überbordernd ...

aber der schachtelkäfer vom mai eingeholt summt
immer noch ohne zukunft!

© Uwe Kraus

Tatort Betzenberg

Irgendwann sterbe ich bei einem Fußballspiel an einem
Herzinfarkt.
Gestern, beim Spiel gegen Haching, ging es erneut in die
Nachspielzeit, und es war wieder sehr knapp, dass die
Münchner Vorortmannschaft keinen Treffer erzielte.
Wenn man die Fans im Hintergrund nicht hört und dieses Spiel
quasi auf Kreisklassenniveau stattfindet, was den Fanandrang
angeht, und man die Spieler und Trainer agitieren hört, dann
muss ich sagen, Antwerpen kriegt irgendwann kein Wort mehr
raus.
Er schreit und fordert eisenhart. Er ist ganz dabei. Beim

Elfmeter zum 3 : 2 durch Pourié, konnte er nicht hinsehen. Einen engagierteren Trainer als ihn habe ich selten erlebt. Ich dachte gestern, der platzt.

Schön und wichtig sind die drei Punkte. Wir haben die Abstiegsränge verlassen. Jetzt muss der FCS uns etwas helfen. Die Bayern München Amateure spielen ja erst am Montag gegen die Saarbrücker.

Zum Spielgeschehen gestern muss ich nicht viel sagen. Es war wie immer in dieser Saison. Man führt, dann passt man mal nicht auf ... Beim Lied „Willkommen in der Hölle" heißt es: Immer bis zum Schlusspfiff laufen!

Das ist jetzt das Wichtigste! Konzentration ohne Ende, Kampf bis in die 95. Minute. Jeder Fehler wird bestraft.

Macht euren Trainer glücklich, sonst verliert er seine Stimme ...

Herzlichst,

Uwe Kraus

Gedicht der Woche

Einst hatte ich während meiner ersten Krankheitsphase eine Vision. Ich betete, und auf einmal kam mir ein Mann mit langen Haaren im inneren Auge entgegen. Seine Augen leuchteten wie Lichtkegel in phosphoreszierendem Grün. Ich konnte nicht in seine Augen sehen. Dazu schrieb ich 4 Jahre später dieses Poem. Es war in meiner ersten Sammlung, den „Geboten der Liebe" enthalten. Dieses Manuskript schickte ich 2000, nach dem „Reromantischen Manifest", nach Frankfurt zu Suhrkamp. Es waren meine ersten 30 Gedichte. Ich finde es lesenswert. Euer Kraus Uwe
-

der messias
–

im leben wünscht ich mir
dein gesicht zu sehen
zu wandeln messias mit dir
im traum zu schweben zwischen himmelsfeen
doch geblieben ist dein antlitz
aus den augen kam der blitz
das grüne licht der hoffnung strahlte mir entgegen
wann wirst du mir wieder begegnen?
wann bricht der nebel zwischen uns?
der traum ein guter war der half
und mich bewahr vor trauer
einsam war ich in melancholie
doch der traum von dir wie melodie
zertrümmerte die bilder der götze phantasie!
es war kein wahn als ich das bild des bärtigen sah
vielmehr wusst ich nun: du stehst mir nah!
heilige magie die mich umgab
zeigt sie nun ihr wahres ich?
messias heut weiß ich mehr: ich brauche dich!
gefallener engel sinfonie schutz
ich hasste mich
doch dichtend will ich nun fortan sein ein humanist
vorleben lieben ohne list
für das bild meiner seele das mir niemand mehr stehle
lieben will ich dank deiner kraft
messias strahle über der welt
ewiglich von deinem himmelszelt!
–
2000

Hans.lik im Glück

Es war ein tolles Spiel, ein Offensivfight, bei dem
Kaiserslautern zunächst unter Druck geriet.
In der Anfangsphase gab es einen Zusammenprall von
Hanslik und dem übereifrigen Ouahim. Wenn Hanslik da nicht
hätte mehr spielen können, hätte er seine zwei Buden nicht
machen können.
Er war der Spieler des Spiels. Das 1 : 0 fiel in der 11. Minute,
nach toller Vorarbeit von Jean Zimmer.
Danach egalisierten die Saarländer durch ein Standardtor,
durch einen wuchtigen Kopfball von Zeitz in der 22. Minute.
Dann ging der FCK postwendend in der 24. Minute wieder in
Front.
Es war mehr als bemüht, was der Betze zeigte. Ich sah eine
sehr starke Mannschaft, in einem ihrer besten Spiele dieser
Saison.
Nun ist man nur noch 1 Törchen vom Nichtabstiegsplatz
entfernt, da die Bayern Amateure lediglich durch die
Tordifferenz vor uns stehen.Jetzt glaube ich wirklich mit aller
Macht an den Klassenverbleib!

Es ist wirklich wichtig, dass das Spiel gegen den FCS in den
letzten Minuten nicht kippte. Man hätte am Ende locker und
leicht noch ein Tor machen können und war ständig in
Ballbesitz!
Es ist so wichtig fürs Selbstvertrauen. Die Fans freut es umso
mehr... Auch glaube ich, Antwerpen war die richtige Wahl.

Nur muss er nicht derart oft die Rote Karte bekommen.

Aber das zeigt, dass er absolut hinter seinem Team steht ...

So weit,

Uwe Kraus

Bis demnächst in diesem Theater!

247

Die Ausgangssperre

Ich war bis dato nicht gegen die Corona-Auflagen, aber jetzt wird es wirklich unangenehm. Ich habe die Sterbestatistik im Wochenblatt verfolgt. Es gab innerhalb von mehreren Tagen drei Tote in der Stadt.
In der „Rheinpfalz" standen an einem Tag 26 verstorbene Menschen drin.
Wir haben in Deutschland 80.000 Sterbefälle gehabt. Das sind gerade 200 am Tag.
Wie man weiß, sterben 300 Menschen in Deutschland nur am Rauchen, sowie fast 1 Million Menschen in einem Jahr –
Meine Befürchtung ist, dass das Ganze nicht mehr lange bei der Bevölkerung gut gehen kann.
Viele Menschen verstehen das nicht.
Wieso dürfen 75 Menschen gleichzeitig in den Supermarkt und wieso darf man gleichzeitig bloß eine Person treffen.
Die Polizei kontrolliert gerne das Geschehen!
Corona ist gegen den Menschen. Auflagen, die nicht korrekt sind.
Ich bin kein Covidiot. Aber ich frage, wer sind die Covidioten?
In England sitzt man gemütlich beim Bier und geht schön shoppen, und hier?
Wie ich sagte, hält die Spritze überhaupt nicht lange. Ein Jahr nun. Es wird immer krasser.

Jetzt wird sogar den allerehrlichsten Menschen auf die Finger geschaut. Ich meine, feiern muss nicht sein, aber man muss mal Menschen sehen dürfen.
Ich war seit letztem Jahr Januar nicht mehr in der Autorengruppe. Seit fast einem Jahr kein Besuch mehr im „WebEnd". Keine Lesung, kein Kino, keinen Menschen bekommt man zu Gesicht, bis auf 255 Menschen gleichzeitig, wenn man ins „Real" geht. Denn so viele dürfen in den Markt! Aber mit Maske! Bitte lasst uns leben!

Ich gehe sonst auf dem Zahnfleisch,

euer Uwe Kraus

Gedicht der Woche

Hier, in Erinnerung an „Fields of Gold" von Sting. Ich dachte
bei diesem Lied immer, er sänge „Fields of Body" anstatt
„Fields of Barley". „Fields of Body" interpretierte ich als
Friedhof anstatt des Roggenfeldes .... Da ich nun schon lange
die Richtigkeit kenne, versuchte ich mit meinem ersten
Gedanken, des Friedhofes oder Seelenfeldes, ein Gedicht zu
schreiben. Der Anfang klingt unbewusst oder nicht
beabsichtigt nach Trakl. Bei ihm heißt es „Wenn am Abend die
Glocken Frieden läuten." Ich hab viel zu viele Gedichte
gelesen. Da gibt es manchmal Annäherungen. Dies ist das
Ergebnis:
–

Wenn ...
-
Am Abend
Der Tod streift
Zwischen dem Farn
Der Wiesen
Dann wandle mit mir
Hand in Hand
Durch die Reife
Der Ähren
Ich leuchte
Mit meinen Augen
In deine
Und greife
Die Nacht
Mit unseren Händen
–
Uwe Kraus, 2012
veröffentlicht in „Die Buchstaben, in denen ich schwimme"

Gedicht der Woche

Wer es nicht weiß, Nietzsche lebte in seiner Pension als
Philologe in Sils Maria. Er schrieb über den Ort, er wäre 6000
Fuß über dem Meer. Als er seine Erkenntnis der Wiederkunft
des Gleichen bekam, musste er weinen und lachen
gleichzeitig. In Turin schlug ein Kutscher seine Pferde und er
umarmte das Pferd. Nietzsche war ab 1889 geistig umnachtet.
In ihm lebte eine Krankheit, die man zuerst als Syphilis
bezeichnete. Er bekam eine Gehirnerweichung. Sein Credo:
„Gott ist tot!" rührte von der Vision des Übermenschen ...
Viel Spaß mit dem Gedicht ...
-

sils maria
-
droben auf den gipfeln
6000 fuß über dem meer
steht eine kleine hütte
wer darin wohnt:
ein armer philosoph
dem tränen von den wangen liefen
als er seine bestimmung der wiederkehr erfuhr
es war als wenn die götter nach ihm riefen
doch er glaubte ja dass diese schliefen
nein für tot hielt er sie gar
fand das ganze wunderbar
der übermensch schien nun geboren
der philosoph hielt sich für auserkoren
als er lachend-weinend die illumination erfuhr das
denkgewitter
doch sein leben war hart und bitter
denn genies leben schwere leben
am end er in turin um des pferdes halse fiel
ward er doch zum sklaven seiner selbst
und das war ganz und gar nicht sein ziel
wollt er doch bestimmt ein einfaches bescheidenes hiersein
doch gott ihm nicht verzieh

er nur im wahren sinn ein einfach mann
o bittere erkenntnis der autonomie
starb sein geist an zu viel phantasie?
-
Kraus Uwe „Der Stern des Lebenssinnes – Gedichte,
Hymnen" erhältlich für 9,90 €, überall, wo es Bücher gibt ...

Liebe Fans,

es war ein hartes Stück Arbeit, aber unser FCK rückt nach
dem 3 : 1 gegen Halle wieder an die Nichtabstiegsränge.
Man hat am Mittwoch die Möglichkeit, gegen FSV Zwickau
nachzulegen.
Bei einem Dreier am Mittwoch ist man nur noch knapp 1 Punkt
zurück.
Es war gut, dass man auch mal in Unterzahl, nach der Gelb-
Roten Karte gegen Redondo, das Spiel gewann.
Halle ist ein gutes Pflaster, auswärts wie in Heimpartien.
Zwickau war in der Hinrunde der erste Sieg dieser Saison.

Jetzt gilt es!

Ich prophezeie, dass der Betze jetzt Blut geleckt hat. Auch
glaube ich an eine Entscheidung am letzten Spieltag. Und da
müsste den Teufeln Glück beschieden sein.

Es sei nicht so, dass, wie die Rheinpfalz mal titelte, „Die Hölle
gefriert".
Mein Bruder, der ein riesiger Fan war, wollte vor der Saison
sogar Geld sammeln, bevor die Insolvenz kam.
Er würde nie wollen, dass zum Beispiel Waldhof vor uns
steht ...

Ich hoffe, es bleibt gerecht und der FCK macht gegen Zwickau
ein gutes Spiel ...

Liebe Grüße an die Mannschaft,

Uwe Kraus

Uhrumstellung

licht gefaltet
auf warmem gras
stilles glitzerndes moos
taubedeckt.

voll der samtene gesang der vögel
klares gurren in kehlen der lerche.
auch auf dem fast vollendeten spaziergang
ein lied auf meinen lippen.

erinnerungen getragen
von waldiger früh –
ich strahle wie der fleck der sonne
der sie schwärzt.

der skeletthimmel –
wolken pyramidenförmig
es wurde die uhr umgestellt
auch wenn das frühjahr so eine stunde früher beginnt?

Uwe Kraus, 14.04.20 – für Dr. Andreas Rueff

Erklärung:

Also, da steckt etwas King of Pain, King Crimson, Nietzsche
und Dr. Andreas Rueff drin ... Wobei ich offen ließ, ob es gut
oder schlecht ist, die Uhr umzustellen ... Herr Rueff setzt
darauf, uns vorm Schlafentzug zu befreien, im anfangs kalten
Frühjahr nicht früher zu heizen, Energie zu sparen ... Ich

empfehle die Seite facebook.com/Dr-Andreas-Rueff
Er macht wirklich Schule ... für Schüler, die Interesse haben!

Zitate:

King of Pain = „There's a skeleton chokin on a crust of bread",
„There's a little black spot on the sun today"
King Crimson = Larks tongues in aspic
Nietzsche = „Geboren aus den Geheimnissen der Frühe" –
Der Wanderer
Dr. Andreas Rueff = https://www.facebook.com/Dr-Andreas-
Rueff-277059862437090/

Uwe Kraus

Sting „Duets" – CD-Besprechung

Zuerst muss ich sagen, Sting ist für meine Lyrik der wichtigste
Ideengeber. 1993 kamen die Coladosen mit den Musikern
raus, evtl. erinnert man sich, dort dabei war neben den
„Scorpions" und anderen Größen eine Dose mit dem Konterfei
von Sting. Damals kannte ich seine Musik nicht.

Dann kam zu den drei Musketieren das Lied von Rod Stewart,
Bryan Adams und Sting heraus und ich wurde neugierig.
Ein Mitarbeiter meines Vaters brachte mir eines Tages die
„Police" „Best of Schallplatte" und ich war überzeugt.

Von 1993 ab, bis jetzt, bin ich interessiert an lyrisch
hochwertigen Texten. Unlängst ist das neue Album „The
Duets" herausgekommen. Ein Sampler mit seinen
mehrstimmigen Songs, z. B. dem Lied „It's probably me" mit
Eric Clapton.

Ich denke, das Album wird ein Erfolg. The Police verkauften
von 1977 bis heute 75 Mio. Tonträger. Das ist Rekord für eine

Band.
Sting schlug ja einen eigenen Weg ein. Seine
Erfolgsgeschichte pflastern Platin- und Goldalben, so weit das
Auge reicht. 17 Grammys.
Die Duette sind angenehm zu hören, mit neuen Vertonungen
und recht artifiziellen Stücken, in vielen Sprachen umgesetzt.
Sogar Charles Aznavour ist dabei.

Ich hoffe für ihn auf eine Chartplatzierung. Sein letztes Album
verkaufte sich durch Youtube usw. nur 130.000 Mal.
Das ist wenig. Von „Fields of Gold", seinem „Best of Album",
verkaufte er über 6 Millionen Tonträger.

Sein meistverkauftes Police-Album ist „Synchronicity" mit 8,9
Millionen Exemplaren.
Das Duett-Album kostet 19,99 € als CD oder als Schallplatten-
Doppelausgabe 29,99 € ...

Viel Freude. Momentan ist es bei dem Internethändler Amazon
die Nummer 1!

Uwe Kraus

Meinung zum Spiel

Der ehemalige Meister FCK gegen den „Pokal der
Pokalsieger"-Gewinner FCM. Man hätte vor 40 Jahren viel
Geld bezahlt, wenn man als Fan dabei sein wollte. Jetzt sind
die Ränge leer und es ist kein Europapokal oder dergleichen –
nein, es ist Abstiegskampf pur in der dritten Liga.
Was mir auffällt ist, dass bei Lautern die Struktur in der
Abwehr immer mehr verlorengeht. Das Tor fiel nach absoluten
Zuordnungsfehlern. Der Kampf mündet in Unvermögen.
Warum sind so wenige Offensivkräfte gleichzeitig auf dem
Platz? Auch gibt es kaum noch eine richtige
Chancenerarbeitung.
Das Spiel war wirklich nicht gut, das kann man nicht
schönreden. Ich weiß wirklich nicht, was man verändern

könnte. Am Trainer liegt es nicht, eher am Selbstvertrauen.
Gut fand ich wieder mal Spahic.
Er ist in der dritten Liga einer der besten Torhüter.

Unterm Strich: Ein Ergebnis, mit dem man nicht leben kann.
Ich hab wirklich die Befürchtung, Mainz steigt in der
Bundesliga nicht ab, aber wir in der dritten Liga. Zu hoffen
wäre es umgekehrt. Richtige Lauterer werden niemals Mainz-
Fans!
Vielleicht gibt es ein Wunder wie gegen Köln beim 3:0 unter
Sasic ...

Verliert nicht den Mut,

Uwe Kraus

Vita – Uwe Kraus

1979, am 17. Februar, wurde ich in Kaiserslautern geboren. Ich machte eine Ausbildung zum Maler und Lackierer an der Meisterschule für Handwerker in Kaiserslautern. Vor Jahren entdeckte ich die Literatur und Philosophie für mich, die mich zum Schreiben und Antworten zwang..
Seit 2003 bin ich Mitglied im „Literarischen Verein der Pfalz", sowie seit 2006 in der „Autorengruppe Kaiserslautern".
2009 erschien ein Buch von mir im „Conte"- Verlag: „Fernwehpassagen", 2010 „Brainspotting". Beide sind nunmehr vergriffen. Weitere Publikationen folgten – Verlagsveröffentlichungen: „Lichtwechsel" und „Auf dem Weg zurück zu mir" bei Telegonos. Letzte Veröffentlichungen: „Hallo.peridol" und meine Herausgeberschaft „Ungewisse Zukunft/Wagnis des Morgen" plus „Das reromantische Manifest".